경향 · 동아 · 조선 · 중앙 · 한겨레
주요 언론사 정치부 30대 기자들이
진보와 보수의 벽을 넘어 함께 머리를 맞댔다!
이제 편견을 깨고 객관적이고 공정한 시선으로
정치와 마주하라!

서른, 정치를 공부할 시간

2012년 11월 11일 초판 1쇄 발행
지은이 · 김경진, 김외현, 박국희, 윤완준, 임지선

펴낸이 · 박시형
기획 · 김범수
편집 · 정현미, 이혜진 | 디자인 · 김애숙

경영총괄 · 이준혁
마케팅 · 권금숙, 장건태, 김석원, 김명래, 탁수정
경영지원 · 김상현, 이연정, 이윤하
펴낸곳 · (주) 쌤앤파커스 | 출판신고 · 2006년 9월 25일 제406-2012-000063호
주소 · 경기도 파주시 회동길 174 파주출판도시
전화 · 031-960-4800 | 팩스 · 031-960-4806 | 이메일 · info@smpk.kr

ⓒ 김경진, 김외현, 박국희, 윤완준, 임지선(저작권자와 맺은 특약에 따라 검인을 생략합니다)
ISBN 978-89-6570-098-2 (03320)

쌤앤파커스(Sam&Parkers)는 독자 여러분의 책에 관한 아이디어와 원고 투고를 설레는 마음으로 기다리고
있습니다. 책으로 엮기를 원하는 아이디어가 있으신 분은 이메일 book@smpk.kr로 간단한 개요와 취지,
연락처 등을 보내주세요. 머뭇거리지 말고 문을 두드리세요. 길이 열립니다.

서른,
정치를
공부할 시간

| 김경진, 김외현, 박국희, 윤완준, 임지선 지음 |

정치는 당신이 느끼는 세상의 온도이자,
생각의 크기를 확장시키는 도구입니다.
그 새로운 경험 앞에 선 당신께
열정적인 프러포즈를 하려 합니다.

우리는 각박한 정치 현장에서 어른으로 성장해간다

　2년 전 정치부로 처음 발령을 받고 서울 여의도 국회로 출근하던 날이 생각난다. 전날까지 운동화에 청바지, 배낭을 메고 시내 경찰서를 전전하던 사회부 기자의 티를 벗고, 옷장 한쪽 구석에 처박아둔 양복을 꺼내 입었다. 누가 양복을 꼭 입어야 한다고 주의를 준 건 아니었지만 이제부터 국회의원들을 취재원으로 대해야 한다는 생각에 스스로 예의를 갖추고자 했던 것 같다.

　개인적으로는 막 서른이 되고 얼마 지나지 않았을 때였다. 오랜만에 입는 양복인지라 넥타이 매는 법도 어렴풋했고 포털 사이트에서 각종 넥타이 매는 방식을 검색한 끝에 겨우 출근을 할 수 있었다. 줄줄이 이어지는 검은색 승용차 대열에서 하나둘씩 내리는 국회의원들, 서류 가방을 들고 총총히 출근하는 보좌진들, 입법고시를 통과하고 국회에서 근무하고 있는 사무처 직원들 틈바구니에 막 서른이 된 넥타이 차림의

6

내가 끼어 있었다. 어른이 된 듯한 기분이었다. 진정한 직장인이 된 건 가 싶기도 했다.

아닌 게 아니라 난 어른이 되어야 했다. 아버지뻘 되는 의원들을 일대일로 상대해야 하는 건 차치하더라도 이곳은 대한민국에서 가장 힘 있는 기관 중 한 곳인 대한민국 국회였다. 이곳까지 올라온 사람들이라면 갖은 인생 풍파를 겪을 대로 겪고 인생의 달고 쓴 맛을 볼 만큼 본 베테랑들일 터였다. 저마다 인생에서 한 획을 그었다고 자부할 사람들이 이제 갓 서른을 넘긴 초년병 기자를 어떻게 볼지는 안 봐도 눈에 선하지 않은가. 기껏 살인범과 노숙자를 쫓아다니며 세상을 다 이해한 것처럼 으스대던 사회부 기자가 그전까지 놀던 물과는 차원이 다른 망망대해였던 것이다.

사람은 누구나 자신이 처한 상황에서 부딪히고 경험하며 실패와 좌절 끝에 성장하기 마련이다. 불행인지 다행인지 모르겠으나 나는 막 어른이 되려는 시점에 흔히 '정치판'이라고 불리는 여의도 국회에 홀로 내던져졌다. '정치9단'들이 모여 있는 곳. 언론 플레이가 난무하고, 표리부동한 행태가 '정치적'이라는 수사로 뛰어난 능력처럼 묘사되는 곳. 각종 정치 드라마와 영화에서 보듯 권력 쟁취를 위한 음모와 술수가 실제 눈앞에서 펼쳐지는 버라이어티한 이곳에서 나는 세상의 질서를 배우고 인생의 이치를 터득해야 했다. 맹수들이 우글거리는 아프리카 사막의 초원에서 이제 막 걸음마를 뗀 어린 초식동물의 모습이 내 처지와 오버랩됐다.

사회부 시절 '수사搜査=생물'이라고 배웠다. 검사나 형사들이 즐겨 쓰는 말이었다. 칼자루를 쥔 수사 기관의 능력 여하, 허락되는 주변 상황의 여건에 따라 수사 상황이 어떻게 전개될지 검사나 형사 스스로도 자신할 수 없을 때 저 말을 즐겨 썼다. 국회에 와서 가장 많이 들은 말 역시 '정치=생물'이라는 말이었다. 다 죽었다가도 또 살아나는 것이 정치인이고, 날아가는 새를 떨어트렸던 권력도 티끌만 한 사건 하나로 나락으로 떨어졌다. 정치야말로 살아 있는 생물과 같아서 정치판이 어떻게 굴러갈지 그 누구도 정확하게 예측하지 못한다는 말을 절감했다.

2년이 지난 지금, 나는 정글의 질서를 터득한 영리하고 눈치 빠른 초식동물이 되었을까. 고담준론高談峻論이 오고가는 국회에서 때로는 애늙은이가 된 듯 스스로 성장한 것에 뿌듯했던 적도 있었지만 그보다는 노회한 육식동물 틈바구니에서 삶의 이면에 감춰져 있던 날것 그대로의 인생을 대면한 뒤 방황하고 당황했던 기억이 더 많았던 것 같다.

'친이', '친박'으로 나뉘어 정권 내내 으르렁댔던 이명박 대통령과 박근혜 전 새누리당 대표가 카메라 앞에서 누구보다 다정한 모습으로 악수 나누는 건 그냥 그렇다 치자. 과장이 아니라 입만 열면 새누리당과 박 전 대표를 비난했던 민주통합당 문재인 대선 후보 역시 언제 그랬냐는 듯 오랜 정치적 동지처럼 박 전 대표와 서로 따뜻한 시선을 주고받는 것을 보며, 마음속에 생각하고 있는 것을 얼굴에 그대로 표출하는 것은 세 살배기 어린애나 하는 짓이란 걸 새삼 깨달았다. 정치권은 놀랍게도 이러한 삶의 아기자기한 지혜들을 우리에게 선사해줬다.

1년간 뜬구름을 타고 다니듯, 온 나라가 아무리 떠받들어도 차분히 때를 기다리며 효과의 극대화를 노렸던 안철수 후보를 보며 인생을 살아가는 데 냉철한 상황 판단력과 끈기, 인내가 얼마나 이점이 되는 것인가 절감할 수 있었다.

뻔히 떨어질 줄 알면서도 대선 후보에 출마하는 정치인을 보며 서너 수를 앞서 내다보는 그들의 혜안과 도전 정신, 내줄 것은 내주고 얻을 것은 얻는 실리주의에 감탄해야 했고, 수백 수천만 원의 선거 기탁금을 내고도 사소한 명분 하나만으로 후보직 사퇴를 감행하는 정치인을 보며 눈앞의 이익에만 급급해 옹졸하게 살아오진 않았는지 내 삶을 돌아보기도 했다.

생업마저 포기한 채 자기 돈을 들여 지지 후보를 따라 전국을 누비는 자원봉사자를 보며 30대에 이미 나는 열정을 잃어버리지 않았는지 반성했고, 뒷돈을 받고 정치자금법을 위반한 혐의로 검찰 수사선상에 이름이 오르내리는 상황에서도 당황하지 않는 정치 고수들을 보며 삶의 고난이 닥쳤을 때 필요한 포커페이스를 나는 갖추고 있는지 반추하며 쓴웃음을 짓기도 했다.

공천을 받기 위해 자신의 대학 후배, 까마득한 고향 후배에게도 두 손모아 읍소하고 정성을 다해 매달리는 전·현직 국회의원들을 보고 좋아하는 일만 하고 살 수 없는 세상이라는 진리를 다시 한 번 깨달았다. 선거철마다 60~70대의 당대표가 하루 3~4시간만 자는 살인적인 스케줄을 소화하며 혼신을 다해 전국 방방곡곡에서 에너지를 뿜을 때 두말할 것 없이 절로 고개가 숙여졌다.

아군에 악재가 터졌을 때 적군의 허점을 파고들어 위기를 기회로 만드는 정치인들의 지략과, 뛰어난 연설과 말 한 마디로 사람의 심금을 울렸다 웃겼다 하는 그들의 화술에 마음 놓고 감탄했다. 왕부터 거지까지 국내외 누구를 만나도 말문을 트고 화제를 화기애애하게 이끌 수 있는 정치인들을 보며 세상에 대한 그들의 관심을 나도 본받자고 생각했고, 누구도 거들떠보지 않는 약자와 소외된 자를 위해 엄동설한 길바닥을 전전하며 노숙을 마다않는 정치인들의 모습에서 생색내기용이라도 누군가를 위해 뜨거운 연탄처럼 타본 적 있는지 자문한다.

이 글은 그러한 고민의 산물이다. 나는 마침 20년 만에 한 번씩 돌아오는 총선과 대선의 해를 맞아 운 좋게 가까이서 지켜볼 수 있었던 정치권의 내밀한 이야기를 쓰고 싶었다. 정치부를 출입하는 타사 선배 기자 4명에게 이러한 아이디어를 제안했고, 뜻을 같이한 5명은 누구보다 치열하게 보냈던 2012년 '정치의 해'를 각자의 관점에서 찬찬히 곱씹어보기로 했다.

이 책을 읽는 여러분들을 가르치려 들거나 무엇을 설명하려 할 생각은 추호도 없다. 그저 30대 기자 5명이 정치판에서 어른으로 성장하며 느끼고 각자 체험했던 일들을 공유하고 싶을 뿐이다. 한때 유행한 〈나는 꼼수다〉처럼 정치 현상을 분석하려 들거나 호불호를 내세우며 옳고 그름을 따지고자 할 생각은 더더욱 없다. 정치적 중립성을 맞추기 위해 일부러 민주통합당 등 야권을 담당하는 조선·중앙·동아일보 기자와 새누리당을 담당하는 한겨레·경향신문 기자가 의기투합했다.

2012년 초부터 우리는 수십여 편의 글을 쓰고 공유하며 토론을 했다. 작업공간을 빌려 새벽까지 서로가 느낀 정치적 감성을 나눠보고 생각을 교류하며 그중 25편을 추렸다. 우리 모두는 제각각 관찰한 살벌한 정글의 세계에 대해 무언가 하고 싶은 말들이 많았고, 자신이 처해 있던 상황에서 맨몸으로 부딪치며 어른으로 변모해갔던 감상들을 꺼내어놓고 싶었다.

25편의 글들은 문체에서부터 내용, 현상을 바라보는 시각까지 전혀 통일성을 갖추지 않고 있음을 미리 밝혀둔다. 그 자체로 우리들의 혼란스럽고 정제되지 않았던 그 시절 그 인생을 그대로 보여주는 것 같아 일부러 인위적인 조정 과정을 거치지는 않았다. 이 점은 미리 양해를 구한다.

5명은 오늘도 어느 국회의원, 어느 보좌관들과 여의도 어느 곳에서 숟가락을 들고 술잔을 부딪치며 책에서는 배울 수 없었던 삶을 살아가는 지혜를 각자 터득하고 있을지 모른다. 그 경험을 여러분들과 공유하고 싶다. 이 책은 독자 여러분들께 전하는 우리의 소박한 프러포즈다.

박국희

| 차 례 |

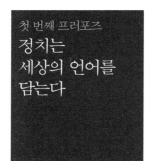
첫 번째 프러포즈
정치는
세상의 언어를
담는다

1장
프로는
티를 내지
않는다

정치화 과정

p.24

2장
진심을
기대하는 건
이제 사치인가?

정치 브랜딩 전략

p.36

3장
이미지 저편에
현실이 있다

이미지 정치

p.48

4장
사람의 마음은
다가갈수록
알기 어려워진다

여론조사

p.60

5장
우리는
그 무언가와
연결된 세상을
살아간다

나비효과

p.72

지금의 당신에게
정치를 권한다

우리 또래에게 정치란, 수학능력시험을 치기 위한 암기 과목이거나 취업 준비를 위한 시사 상식의 하나였다. 또래 중 일부는 20대 시절 대통령 선거에 열정적으로 참여하기도 했고, 더러는 집회의 현장으로 나서기도 했지만, 대부분은 정치와 거리가 먼 삶을 살아왔다. 회식자리에서 누군가 정치 이야기를 할 땐 열심히 고기만 구웠고, 때론 남자들이 군대에서 축구한 이야기보다 더 재미없는 주제로 느끼곤 했다. 신문의 정치면에는 눈길도 주지 않은 채 몇 페이지를 통째로 넘기기도 했고, 포털 사이트의 연예와 스포츠 뉴스를 먼저 클릭하고 있는 자신을 발견하기도 했다.

그러다 우리는 서른을 만났다. 그 길목에서 우리는 막연한 분노와 좌절, 불안을 경험했다. 20대엔 당장 눈앞에 보이는 목표가 있었고, 목표를 향해 달려 나가면 됐다. 이끌어주는 손도, 기댈 수 있는 어깨도 있었다. 그런데 서른이 되면서부터는 주변에서 나를 지탱해주던 버팀목이 하나 둘 사라지고, 홀로서야 한다는 부담감이 어깨를 짓누르기 시작했다. 막 번데기에서 나온 나비의 날개에 떨어지는 이슬처럼 세상은 차갑고 냉정했다.

그래서일까. 우리는 쉽게 정치를 욕했다. 우리가 힘든 이유는 우리 사회의 잘못된 구조, 권력의 어쩔 수 없는 추악한 속성, 자기 잇속만 차리는 정치인 탓이라 생각했다. 우리는 언제부터인가 기성세대를 흉내내고 있었다.

그러면서 우리 내부에는 누가 가르쳐준 것도 아닌데, 불신의 탑이 자라고 있었다. 우리에게 정치인은 우리들의 눈과 입은 안중에도 없는 오만한 존재였고, 우리는 그런 그들을 탐욕의 존재로만 인식하는 편견에 사로잡혀 있었다. 이런 오만과 편견 속에서 정치인 역시 그들만의 성 안에 그들만의 룰대로 그들만의 문화를 만들어나갔다. 그렇게 우리 사이엔 두터운 이중의 벽이 생겨났다. 벽은 결국 우리들의 문제를 해결하기는커녕, 우리 삶을 고립시키고 더욱 막연한 불안감 속으로 우리를 내몰았다.

그래서 30대의 필자 5명은 이 책을 쓰기로 했다. 또 다른 우리들이 갖고 있는 편견의 벽을 조금이나마 허물고 우리를 잠식해오는 무기력함을 함께 부수고 싶어서였다. 또한 이런 우리들의 잠재된 열정이 선거 때만 반짝 빛을 발하는 것이 아니라, 지속적으로 우리가 우리의 문제들을 직시하고 해결하는 데 도움이 되길 바랐다. 그러기 위해선 무엇보다 정치를, 이 세계의 속살을 조금 더 깊이 들여다볼 필요가 있다는 생각이 들었다.

분노와 한탄만으로는 성 안의 사람들을 성 밖으로 불러낼 수 없다. 우리가 성 가까이로 다가가 그들을 향해 우리 삶의 문제들을 해결해달라고 더 큰 소리로 외쳐야 한다. 다행히 우리에겐 과거보다 더 많은 확성기, 더 다양한 소통의 통로가 열려 있다.

그러므로 이제 당신에게 정치를 권한다. 전세 가격이 올라 신혼집을 구하지 못해 한숨만 내쉰 당신이라면, 회사를 퇴직할 즈음엔 국민연금이 적자로 전환될 수 있다는 소식에 불안한 당신이라면, 어린이집 파업으로 당장 아이를 맡길 곳이 없어 발을 동동 굴렀던 당신이라면, 지금부터 정치하라. 국회의원이 되라는 얘기도, 당장 시위 현장으로 나서란 얘기도 아니다. 다만 냉정한 비판과 합리적인 제언을 할 수 있는 30대가 되길 바란다.

그런 의미에서 이 책은 정치와 정치인에게 한 번의 기회를 더 주고 싶은, 한 오라기 희망과 기대를 가슴 한편에 남겨 놓은 당신을 정치의 세계로 안내하는 소박한 안내서다. 이 소박한 안내서에는 거창한 이론도 극단적 이념도 과격한 선동도 없다. 이 책은 정치권 안에서 바라본 정치와 정치인에 대한 또래들의 관찰기다. 그 속에는 좌충우돌하는 30대를 살아가고 있는 필자 5명의 모습도 반영돼 있다. 이 길의 끝에 이르렀을 때 당신이 정치를 좀 아는, 정치적인 인간이 되어 있길 바란다. 그래서 우리 모두 지금보다 더 탄탄한 정치적 토대 위에 따뜻하고 포근한 저마다의 집을 지을 수 있게 되길 바란다.

김경진

정치는
운명을 넘어선
의지다.

마키아벨리|Niccolò Machiavelli

정치는
세상의 언어를
담는다

정치는 질문의 언어입니다.
우리가 정치적으로 어떤 질문을 하느냐에 따라
세상이 달라지기 때문입니다.
…
정치는 답변의 언어입니다.
세상에 대해 가장 친절하고 지혜로운 답변이
정치이기 때문입니다.
…
그래서 정치는
질문과 답변으로 이어진 세상의 언어입니다.

1장

프로는
티를 내지 않는다

: '정치화 과정'을 통해 알게 된 타이밍의 정치

우리 모두는 불충분한 자료에 기초해서 사랑에 빠지며,
우리의 무지를 욕망으로 보충한다.

알랭 드 보통 Alain de Botton

남녀관계에서 중요한 덕목은 무엇일까? 많은 연애학 교과서들이, 그리고 연애에 조언을 한다고 나서는 이들은 주저하지 않고 '밀당'을 꼽는다. 밀고 당기기. 어느 연애 블로그에서는 여성들에게 조언하길, '밀고 당기기'가 아니라 '당기고 밀어야 한다'고 강조하기도 한다. 사실 '밀당'의 다른 말은 '타이밍'이다.

남녀관계에서 '밀당' 원칙의 처음과 끝은 인내다. 일단 절대 먼저 연락하지 않아야 한다. 상대를 기다리게 하고 애를 태우는 전략이다. 먼저 연락하고 싶고 상대방이 무슨 생각을 하는지 궁금하더라도 허벅지를 찔러가며 참으라는 것이 밀당의 제1조건이다.

그런데 연애에 '밀기'만 있는 게 아니다. '당기기'도 있어야 한다. 내

연애사로 보면 상대가 먼저 연락하는 횟수가 세 번 정도 되면 그때 한 번쯤은 먼저 연락했다. 연락을 하고 싶을 때도 상대방의 문자메시지가 몇 번 먼저 왔더라, 따져가며 참았던 적도 있었음을 고백한다. 기다리고 애태우게 만들어야 하지만 그 기다림이 지나쳐서도 안 된다는 '고도의 계산된 행동'이었다. 너무 먼저 연락을 안 하면 상대방이 지쳐서 포기할 수 있으니까. 제풀에 꺾이게 해서는 안 되니까. 세 번 정도 간격이 적당하다고 생각했다. 그런데 남녀관계에서의 밀당은 정치권에서도 찾아볼 수 있다. 안철수 무소속 대선 후보를 보자.

잊을 만하면 등장하는 그 이름

2012년 9월 19일 대선 출마선언 이전까지 안 후보는 타이밍을 조절했다. 서울대 융합과학기술대학원장 시절 그는 잊을 만하면 정치 뉴스에 반짝 등장했다. 그 타이밍이 연애의 밀당처럼 절묘하디 절묘하다.

안철수 후보는 2011년 10월 26일 서울시장 재보궐 선거를 앞두고 지지율이 50%까지 치솟았다. 그때까지 견고하던 새누리당 박근혜 대선 후보를 위협한 최초의 인물이었다. 50% 지지율을 등에 업고도 안 후보는 박원순 당시 희망제작소 상임이사에게 서울시장 후보를 양보했다. 이후 잠재적 대권 후보로 부상했지만 곧장 수면 아래로 내려갔다.

안 후보가 다시 등장한 때는 10월 24일 시장 선거를 이틀 앞두고서다. 그는 박원순 서울시장 후보에게 자필 메시지를 전달했다. 그리고 보름 남짓 흘렀다. 11월 14일 안철수는 안랩(옛 안철수연구소) 직원들에게 연구소 지분의 절반을 사회에 환원한다는 내용의 이메일을 보냈다. 무려 1,500억 원이었다. 언론은 대서특필했다. 이 돈을 어떻게 어디에 쓸지를 밝힌 타이밍은 더욱 놀랍다. 종합편성채널의 개국일인 12월 1일 종편 3사가 모두 안철수 후보의 경쟁자인 박근혜 대선 후보의 인터뷰를 내보낸 날이었기 때문이다. 이날 안철수 후보가 기부하는 구체적인 재단 관련 내용을 밝히자, 언론은 박 후보의 인터뷰와 비슷한 크기로 이를 다루었다. '안철수의 신당 불참, 강남 불출마 선언' 등이 이때 흘러나왔다.

안 후보는 2012년 새해가 되자마자 미국 구글과 마이크로소프트 회장과 미팅했고, 2월 6일 안철수 재단 설립을 발표했다. 그리고 3월 말 서울대 강연에서 "정치 감당할 수 있다"는 말을 해 정치권에서 설왕설래를 일으켰다. 총선을 앞두고 4월 유튜브 동영상에서 앵그리버드 인형을 들고 투표를 촉구하기도 했고, 5월 말 부산대 강연에서는 "결정을 내린다면 분명히 말하겠다"고 했다. 그리고 7월 19일 《안철수의 생각》을 출간했고, 7월 23일 SBS 예능 프로그램인 〈힐링캠프, 기쁘지 아니한가〉에 출연했다. 녹화날은 책이 출간된 19일 전날이었다.

그는 언론에서 잊힐 만하면 나타나서 기존 정치인과 차별적이고도 파격적인 행보를 보이고 이내 사라졌다. 거의 매달 공개적으로 등장했다 들어가 궁금증만 남겼다. 남녀관계로 보면 안 후보는 밀당의 고수다.

출마선언 전 안철수 후보의 타이밍은 '오후 3시'였다. '오후 3시 법칙'은 안 후보의 중요한 발표가 거의 오후 3시 이후에 이뤄졌다는 데서 나온 말이다.

안 후보는 9월 17일 오후 3시 26분쯤 대선 출마선언 일정을 취재진에게 이메일로 알렸다. 다음날인 18일 출마선언 시간도 오후 3시였다. 출마선언 직전 9월 11일 "민주당 후보 선출 뒤에 며칠 내로 출마에 대한 입장을 밝히겠다"고 말한 것도 오후 3시 30분쯤이었다. 9월 13일 안 후보가 박원순 서울시장과 면담을 했다. 이 내용을 공개한 시간도 오후 3시 50분쯤이었고, 9월 6일 안 후보측의 금태섭 변호사가 새누리당 정준길 공보위원의 '안철수 불출마 종용 협박 의혹' 제기를 한 기자회견도 오후 3시였다.

안 후보는 출마선언 전까지 중요한 발표를 오후 3시 이전에 한 적이 없다. 이유는 여러 가지 해석이 나오지만 가장 유력한 설은 주식시장 관련설이다. 주식시장 마감이 오후 3시이기 때문에 안 후보의 정치적 행보가 안랩의 주식에 영향을 덜 주기 위해서라는 것이다.

안 후보의 외교안보 포럼에서 좌장역할을 하는 최상용 고려대 명예교수는 "정치는 '타이밍'과 '워딩'의 결합이다. 타이밍과 워딩의 결합을 가장 잘하는 사람이 안철수"라고 말한 적이 있다. 시간도 정치에서는 전략이다.

계산하지 않은 것처럼 계산하다

정치는 T.O.P다. Time(시간), Opportunity(기회), Place(장소)라는 뜻이다. 이 3원칙에 비춰, 적어도 시간과 기회의 측면에서 안 후보를 두고 탁월한 정치 감각을 지녔다는 평가가 나오는 이유다. 정치인 선언 이전에 이미 그는 누구보다도 가장 고도의 정치를 하고 있었다. 방법이 비정치적이었을 뿐이다. 비정치의 정치화라고 표현할 수 있을까.

타이밍의 정치, 또 비정치적인 것의 정치화에 있어 원조격은 사실 이명박 정부 기간의 박근혜 전 대표다.

2007년 한나라당 대선 경선에서 진 박근혜 전 대표는 이명박 정부 기간에 드러내놓고 '정치'를 하지 않았다. 그가 기자회견을 자청한 적은 거의 없었다. 공개적으로 발언을 한 적도 많지 않았다. 쉽게 말해 전면에 나서지 않았다는 뜻이다. 박 전 대표는 무대 뒤에 있다가 가끔 등장했다. 그 가끔은 이명박 정부를 향해 '반기'를 들 때였다.

2009년 박 전 대표는 이명박 정부가 추진한 종합편성채널 승인 내용을 담은 미디어법안에 '언론의 다양성'을 들어 반대했다. 측근 의원의 입을 빌려서였다(이후에 박 의원은 미디어법이 수정되자 "그 정도면 됐다"면서 찬성했다).

이후 박 전 대표는 또 다시 무대 뒤로 사라졌다. 그리고 2010년 박 의원은 다시 이명박 정부와 다른 길을 걸었다. 대표적인 사례가 세종시 반대 발언이다. 박 전 대표는 2010년 6월 29일 국회 본회의 연단에 섰다.

국민과의 약속을 강조하면서 세종시 원안으로 가야 한다고 발언했다. 이 때 박 전 대표는 그의 트레이드마크가 된 '신뢰'라는 가치를 얻었다. 이 모습에서 국민들은 박 전 대표를 정치적인 계산을 하지 않는 '정치인'이라고 느꼈다.

만약에 박 전 대표가 당시 이명박 정부가 하는 모든 일에 사사건건 훈수를 뒀다면 지금 새누리당 대선 후보로서의 위상과 지지율은 없었을지도 모른다. T.O.P에서 시간과 기회를 잘 조절했기 때문에 집권여당이지만 이명박 정부와 다른 정치인이라는 이미지를 쌓을 수 있었다고 본다.

비정치의 정치화는 신비주의라는 토대 위에서 형성된다. 연애에서 '밀당'이 그렇듯이. 그런 점에서 박근혜 후보와 안철수 후보는 닮았다.

안 후보는 출마를 선언하기 전까지의 행보를 알 수가 없었다. 휴대전화로 수시로 연락을 할 수 있는 대상이 아니기 때문이다. 공식적인 출마선언 전에는 일정도 대변인을 통해 뒤늦게 공개했다. 2012년 8월 23일 강원도 춘천에서 노인들과 가진 간담회 행사 역시 행사가 끝난 후 대변인을 통해 기자들에게 문서로 알려줬다. 대선 출마선언 직전에 5·18 광주 묘역을 참배했을 때도 공개하지 않았고, 참배를 마치고 나서 언론에 참배 장면이 담긴 사진을 배포했다.

이런 방식을 보노라면, 공식 후보가 되기 전 박근혜 전 대표의 행동이 스쳐지나간다. 박 전 대표는 2011년 8월 서울 서초구 남태령 마을 일대에 수해가 발생했을 때, 비서실장과 수행원만 데리고 현장에 갔다. 카메라가 없었음은 물론이다. 그러나 다음날 박 전 대표가 이곳을 방문해 비닐모자와 우비를 입고 다닌 사진이 모든 신문에 실렸다. 박 전 대표의 대변인격인 이정현 전 의원이 사진을 찍어서 언론에 뒤늦게 배포했던 것이다.

박 전 대표도 개인 휴대전화가 있기는 하지만 직통 전화번호를 알 수 없는 구조다. 전화는 항상 발신자 표시 제한으로 걸려온다. 이준석 비대위원은 발신자 표시 제한 번호로 걸려오고 나면 카카오톡 친구 추천으로 뜬다고 말한 적이 있다(박 후보가 번호를 저장했다는 뜻).

베일에 가려졌기 때문에 한때 박 전 대표의 일정을 알아내는 게 새누리당을 출입하는 막내 기자들의 중요한 숙제였다. 박 전 대표의 일정을 알아내는 꿈을 꿀 정도였다. 출마선언을 하기 전까지 안철수 원장을 담당하는 기자들도 이 숙제 때문에 꽤나 고통스러웠다.

너무 순진해도 탈이다

비정치의 정치로 설명되는 또 다른 한 사람은 민주통합당 문재인 의원이다. 그는 정치인 같지 않은 맑고 선하고 반듯한 이미지로 순식간에 지지율을 끌어올렸다. 특히 특전사 옷을 입은 사진 한 장으로 지지율이 반짝 오르기도 했다.

그의 비정치적 행동 가운데 하나는 2012년 7월 17일 결선투표제를 수용하겠다고 밝힌 부분이다. 이날은 제헌절이라 비非문재인 주자(손학규, 김두관 등)들과 문 후보 간의 결선 투표제 논란이 크게 가열되지도 않았던 상황이었다. 그런데 문 후보가 전격적으로 17일 오후 늦게 도종환 대변인을 통해 "대승적으로 수용하겠다"고 발표해버렸다. 너무 쉬운 발표였다.

보통 이런 경우 며칠을 더 끌다가 여론에서 한참 떠들고 파행이니 뭐니 관심을 가질 때 이를 전격 수용해 양보의 효과를 극대화시키는 방법을 쓰는데, 문 후보는 이런 전략적인 고려를 전혀 하지 않은 채 휴일 오후 늦게 발표해버려 정치권에서 김이 빠졌다는 말도 나왔다. 문 후보 측에서는 "아쉽지만 그게 문 후보의 매력"이라고 했다.

어쩌면 진정한 정치공학이리라

다시 연인 사이의 '밀당'으로 돌아가보자. 난 20대까지만 해도 '밀당'의 원칙, 또 나만의 '세 번에 한 번' 원칙을 철저히 지켰다. 결과는 실패한 적이 없었다. 나 혼자만의 기억일지도 모르지만 보통은 내 줄다리기에 다 넘어왔다고 감히 말해본다.

그런데 딱 그건 20대까지만이었다. 서른이 넘어가면서부터 과연 '밀당'이 잘하는 짓일까 싶었다. 물론 나이가 들어 '귀차니즘'이 발동해서 그랬다는 것도 인정한다. 그렇지만 그보다 밀당도 적당히 해야 하는데 오랫동안 밀당만 하다 보면 영영 '안녕'하는 수가 있었다. 속된 말로 간보다가 끝나기도 하더라는 것이다. 그때 알았다. 좋으면 좋다고 말해야 한다는 것을. 누가 먼저 말하기를 기다리고, 연락이 오지 않는다고 노심초사하고 있기에는 시간이 아깝다는 것을.

　박근혜 후보, 문재인 후보, 안철수 후보, 이 3명은 정치 공학적 계산을 하지 않을 것 같은 이미지를 지닌 정치인이다. 그간의 과정에서 실제로 정치적인 계산을 하지 않았을 수도 있다. 연애에서도 태생적으로 밀당이 몸에 배어 있는 사람이 있는 것처럼 어쩌면 T.O.P를 몸소 실천하는 정치인이 이 3명인지도 모른다. 프로는 티를 내지 않으니까.

대통령제

2012년 18대 대통령 선거는 12월 19일 수요일이다. 공직선거법상 대통령 선거는 임기만료 전 70일 이후 첫 번째 수요일로 규정하고 있기 때문이다.

우리나라가 택하고 있는 정부 형태는 대통령제다. 이는 입법부, 사법부, 행정부 3권 분립에 기초하여 대통령이 독립해 행정권을 행사하는 정부 형태다. 대통령이 국가원수인 동시에 행정부의 수반이다.

대통령은 행정수반으로서 외국과의 조약비준, 공무원 임명, 특사 등의 권한과 의무를 가지며, 법률로서 위임된 사항과 법률 집행의 책임을 진다.

입법부와 행정부 견제와 균형을 위해 대통령은 5년 임기 동안 탄핵소추의 경우를 제외하고는 국회에 대하여 정치적 책임을 지지 않는다. 국회도 대통령에 대하여 불신임결의를 할 수 없다. 또 대통령이 국회 해산권을 갖고 있지 않다. 다만 대통령은 입법부 견제 차원에서 법률안 거부권을 행사할 수 있고, 국회는 대통령을 비롯한 고위직 공직자를 대상으로 법적인 책임을 헌법이 정하는 특별한 소추절차에 따라 탄핵을 의결할 수 있다.

미국에서 시작된 대통령제는 부통령제를 채택했다. 우리나라의 경우 국무총리제가 있는데 이는 의원내각제 요소의 하나로 꼽힌다. 대통령제는 대통령의 임기 보장으로 정국을 안정적으로 이끌 수 있다는 점이 장점으로 꼽히지만 대통령이 국회에 대해 책임지지 않기 때문에 독재적 운영으로 흐를 수 있다는 단점이 있다. 이 같은 단점 때문에 최근 정치권에서는 '분권형 대통령제'로 개헌하자는 주장이 나오고 있다. 현재 5년 단임의 대통령제에 너무 많은 권한이 집중돼 이를 나누자는 것이다. 분권형 대통령제는 대통령이 통일, 외교, 국방 등 안정적 국정 수행이 요구되는 분야를 맡고 총리가 내정에 관한 권한을 맡는 제도다.

2장

진심을
기대하는 건
이제 사치인가?

: '정치 브랜딩 전략'과 시대적 가치

진심은 소박해서 눈에 잘 들어오지 않고,
세련되지도 않고 화려하지도 않지만,
나름의 '무게감'이 있다.
우영미, 《나는 너와 통하고 싶다》 중에서

　우리에게 잘 알려진 네덜란드의 화가 빈센트 반 고흐Vincent van Gogh
는 사후에 가치를 인정받은 사람의 대명사로 통한다. 생전 그의 일생은
불행 그 자체였다. 평생을 가난하게 보냈던 그는 친구였던 폴 고갱Paul
Gauguin과 절교 후 자신의 귀를 자르고 정신병원에 입원했다가 퇴원한
지 두 달여 만에 권총으로 자살했다. 그의 작품은 자신과의 치열한 싸
움의 결과물이었지만, 당시엔 그 가치를 인정받지 못했다. 그래서 그는
더 고독했고, 절망했다.

　역사의 위대한 순간 중에는, 당대엔 아무도 알아주는 이가 없다가 시
간이 지나고 나서야 진가를 인정받게 되는 경우가 있다. 시대적인 분위
기나 당대의 사람들이 이를 받아들일 수 있는 정신적, 물질적 여건이 무

르익어야만 그 가치를 인정받게 되는 것이다.

슬로건에는 시대적 가치가 담긴다

같은 시대라도 얼마간의 시차를 두고 사람들의 평가가 달라진다. 지난 정권에선 '애국자'로 칭송받았던 일이 이번 정권에선 '매국노'라는 오명으로 바뀌기도 하고, 아무것도 한 게 없어 비판을 받던 이가, 적이 없다는 이유로 인정을 받게 되는 때가 오기도 한다. 정치인이 자신이 지향하는 가치와 주장을 담은 슬로건slogan 역시 쓰는 시점에 따라 가치가 달라지는 정치인의 발명품 중 하나일 것이다.

박근혜 새누리당 후보는 18대 대선의 슬로건으로 '내 꿈이 이뤄지는 나라'를 내걸었다. 원래 박 후보의 슬로건은 '내가 기다려온 대통령'이 될 뻔했다. 오만하다는 인상을 줄 수 있다는 캠프 내부의 지적에 따라 '내 꿈이…'로 바뀌었다. PI(President Identity, 원래는 최고경영자 이미지, 여기선 대통령 이미지)는 스마일 모양의 말풍선 안에 박근혜의 초성인 'ㅂㄱㅎ'을 넣어 만들었다. 국민 행복과 소통의 의미를 담았다는 게 캠프의 설명이다. 그래서인지 '박근혜 국민 행복'의 조합으로도 읽힌다. 박 후보는 캠프 이름도 '국민행복캠프'로 지었다. 국민 행복은 박 후보가 늘 강조해오던 말이었지만, 2007년 대선 때 정동영 후보가 내걸었던 '가족이 행복한 나라'와 유사하단 지적을 받기도 했다.

그런데 가족 행복과 국민 행복에는 차이가 있다. 글자의 차이도 아니고 후보의 차이도 아니고, 정책 실현 가능성의 차이도 아니다. 그보다 큰 차이는 시대정신의 차이다. 정 후보가 가족 행복을 내세울 당시 한나라당 이명박 후보는 '국민 성공 시대'를 내세웠다. 이 대통령이 당선된 데는 여러 이유가 있겠지만 당시 국민들이 정신적 행복보다 물질적 성공을 그 시대에 필요한 시대정신으로 받아들였던 이유도 크다고 볼 수 있다.

그러나 경제 성장이 둔화된 데다 양극화까지 심화되면서 2012년은 유독 삶의 질을 높이는 데 대한 국민적 요구가 어느 때보다 무르익었다. 여당과 야당 모두 정당의 이념과 상관없이 경제 민주화와 복지를 최우선 해결 과제로 제시하는 것도 이 때문이다.

저녁이 있는 삶은 좋은데 대한민국 남자는 싫은 이유

삶의 질에 대한 개개인의 욕구가 커지고 시대적인 분위기가 무르익었다는 또 하나의 증거는 민주통합당 손학규 상임고문이 경선과정에서 내세웠던 '저녁이 있는 삶'이란 슬로건이 호평을 받았다는 점이다. 이 슬로건이 다른 시대에 탄생했더라면 '무슨 한가한 소리냐'는 비판을 들었을지도 모른다. 그러나 최근 들어 경제적으로나 정신적으로 지쳐 있는 사람이 많아져서인지, 이 서정적이고 감상적인 표현은 거창한 구호보다 더 큰 호소력을 갖게 됐다.

사실 손 고문의 '저녁이 있는 삶'은 대선용으로 만들어진 슬로건은 아니었다. 손 고문은 이미 2011년 9월 정당 대표 라디오 연설과 기획재정위원회의 국정감사 등에서 "저녁이 있는 삶이 복지 국가의 출발"이라며 근로시간 단축을 제안했다. 당시 손 고문의 딸 손원평 씨는 라디오 연설을 듣고 "아빠가 20년 정치활동하면서 사용한 메시지 중에 가장 가슴에 와 닿는다"라고 했다.

독립영화감독인 둘째 딸의 마음을 사로잡았던 이 용어는 손 고문의 메시지 담당 비서관인 김계환 씨에 의해 처음 만들어졌다. 그러나 처음 언급했을 당시에는 별다른 주목을 받지 못했다. 그러던 것이 대선 출마 선언을 앞두고 정책 담당인 손낙구 보좌관이 손 고문의 정책을 다함께 포괄할 수 있는 개념을 궁리하던 끝에, 그동안 잊혔던 '저녁이 있는 삶'이란 세 단어를 다시 찾아냈다. 정책의 내용이 '저녁이 있는 삶'이라는 표현(형식)과 잘 맞아떨어져 효과가 극대화됐다. 이 세 단어는 대선 출정식에서부터 사용되기 시작해 손 고문의 대표 상품으로 떠올랐다. 이후엔 하나의 '브랜드'로 자리잡아 손 고문의 책 제목으로, 정책 발표회의 주제로도, 심지어 컬러링으로도 사용됐다.

이 슬로건에 호평을 보인 건 언론뿐만이 아니었다. 2012년 7월 23일 열린 첫 예비경선 TV토론회에서 문재인 후보는 "내가 대선 후보가 되면 저녁이 있는 삶이라는 훌륭한 슬로건을 빌려가도 되겠느냐"고 손 후보에 물었다. 물론 문 후보는 그 자리에서 손 고문으로부터 "내가 후보가 될 것이기 때문에 그럴 일은 없다"라는 무안을 당했지만 말이다. 그만큼 이 슬로건은 경쟁자도 탐냈을만 한 성공작이었던 셈이다.

이에 비해 문재인 민주통합당 후보는 PI로 '대한민국 진짜 남자'를 내걸어 오히려 역효과를 봤다. 당시 캠프에서는 PI와 함께 "자신보다 가족을 먼저 / 가족보다 나라를 먼저 / 자신에게는 / 무엇보다 소홀해야 남자다 / 대한민국 남자, 문재인"이란 광고 카피 같은 문구도 함께 선보였다. PI가 발표된 날 주변 친구들에게 전화를 걸어 이 PI에 대해 어떻게 생각하느냐고 물어봤다. 정치에 아무런 관심이 없는 친구들조차 "박근혜 후보가 여자라서 자기가 남자라는 걸 강조하려는 건가?"라는 반응을 보였다. 국민을 성별이란 이분법적으로 나누고, 남성을 우위에 두는 마초적인 느낌이 들어 거부감이 든다는 얘기들이 들려왔다.

이에 대해 이철희 두문정치전략연구소장은 흥미로운 분석을 내놨다. "우리는 어떤 전략에 대해 결과를 놓고 이런저런 해석을 하지만, 실제로 전략을 짤 때는 상대 후보를 생각할 여유가 없다. 상대를 겨냥하기보단 자기 자신의 장점을 부각시키거나 자기 자신의 부족한 부분을 보완하는 데 집중한다. 문 후보 측도 박 후보와 대척점을 세우려고 했다기보다는 비서실장 출신의 2인자 이미지를 극복하기 위해 이런 PI를 내건 것으로 보인다."

결국 문 후보는 "페이스북과 트위터로 의견을 물었는데 역시 반대의견이 많아 받아들인다"며 PI는 쓰지 않는 채 '사람이 먼저다'라는 메인 슬로건만 사용하겠다고 밝혔다. 문 후보 캠프는 이 슬로건에 대해 "이념, 성공, 권력, 개발, 성장, 집안, 학력보다 사람이 먼저인 세상을 만들겠다는 후보의 의지가 담겨 있다"고 설명했다.

박 후보가 '꿈', 문 후보가 '사람'을 키워드로 내세웠다면, 무소속 안철수 후보는 '변화'를 강조했다. 그는 '국민이 선택하는 새로운 변화가 시작됩니다'라는 문장형의 슬로건을 출마선언 당일에 공개했다.

안 후보 측은 "구체제와 미래 가치의 충돌 속에서 새로운 변화를 만들어 달라는 국민적 열망이 안철수 현상을 만들어냈고, 국민의 선택으로 이러한 변화가 시작된다는 의미가 담겨 있다"고 설명했다. 이 슬로건은 지금은 캠프에 합류한 어느 자원봉사자의 제안으로 처음 만들어졌다고 한다. 그래서인지 홍보 전문가를 영입해서 만든 다른 두 후보들의 슬로건에 비해 세련미가 떨어지고, 슬로건인지 카피인지 잘 구분이 되지 않는다. 정치권과 차별화하는 것이 안 후보의 선거 전략인 만큼 슬로건 역시 관행에서 벗어난 느낌을 주는 것으로 고른 것으로 보인다.

슬로건에 과거, 현재, 미래를 묻다

PI나 슬로건이 중요한 이유는, 후보들의 정체성과 비전을 한마디로 정의하고 있는 것이기 때문이다. PI를 통해서 일반 유권자들은 해당 후보가 어떤 사람인지, 어떤 가치를 지향하는지, 어떤 이미지로 우리에게 다가오고 싶어 하는지를 알 수 있다. 슬로건을 통해서는 후보가 우선 순위에 두는 정책과 비전이 무엇인지를 엿볼 수 있다.

PI와 슬로건은 말하자면, 후보가 우리에게 안겨주고 싶어 하는 꾸러미 그 자체라 할 수 있다. 모든 선물이 그러하듯 포장보다는 그 속에 든 내용물이 더 중요한 법이다. 이 꾸러미의 색깔과 모양만 보고 마음에 든다, 안 든다를 결정할 게 아니라 꾸러미 속 내용물을 하나하나 잘 살펴야 하는 이유다.

그러나 사실 꾸러미를 풀어 그 안에 든 내용물을 보고 그 가치와 의미를 알아내기란 여간 어려운 일이 아니다. 전문가가 아니고서야 대북정책에 대한 후보들 간의 입장 차이가 뭔지, 경제 민주화와 복지를 실현할 방법론과 접근법은 저마다 어떻게 다른지 평가하기란 쉽지 않다.

이럴 때 도움이 될 만한 개념이 'Sense and Simplicity'다. '이해하기 쉽고, 단순하게'라는 뜻으로, 우리가 흔히 사용하는 다리미나 커피메이커, 면도기 등 소형 가전으로 유명한 필립스란 회사의 경영 철학이다. 필립스는 필요 없을 정도의 많은 기능과 이를 조작하는 복잡한 버튼 대신 소비자가 제품에서 필요로 하는 한두 가지의 기본적인 기능에만 충실한 제품으로 소비자의 사랑을 받고 있다.

대통령 후보야말로 국민들에게 정책을 이해하기 쉽고 단순하게 설명하려는 노력을 해야겠지만, 이를 받아들이는 유권자들 역시 정책에 대한 단순한 접근이 필요하다. '더 나은' 후보를 고르기 위해 수많은 정보들을 종합하기보다는 오히려 자신이 갖고 있는 많은 정보들을 가지치기를 해보자. 정책 중에서 본인에게 중요하지 않은 것들을 제외해 나가기 시작하면, 결코 버릴 수 없는 한 가지가 남을 것이다. 미혼인 여자 선배 한 명은 "반값 '듀오(결혼정보회사)' 공약을 내놓는 사람을 뽑겠다"고 얘기 했던 적이 있다. 물론 농담으로 한 말이지만, 이렇게 자신에게 가장 필요한 정책 하나만 제대로 할 사람을 뽑는 것도 대통령을 선택하는 좋은 방법이 된다.

누구나 최고의 브랜드가 될 수 있다

만약 이것도 복잡하다면, 더 심플한 방법이 있다. 후보의 '진정성'을 보는 것이다. 그 사람의 살아온 이력과 그 사람의 발언과 행동들, 그리고 어떤 문제점을 해결해나가는 방식 등을 통해 이 사람은 과연 믿을 만한 사람인가 따져보자. 우리가 식품을 고를 때 성분분석표를 아무리 들여다봐도 그 속에 뭐가 들었는지 다 알 수 없지만, 해당 브랜드나 제품을 만든 회사를 믿고 구입하게 되는 것처럼 말이다. 멋진 PI와 슬로건, 이를 뒷받침하는 훌륭한 정책도 좋지만, 누가 국민에게 진정성 있게 다가오느냐가 가장 단순하고도 중요한 기준이 아닐까.

고흐의 그림 중에는 〈꽃 피는 아몬드 나무〉란 작품이 있다. 그가 자살로 생을 마감하기 반년 전 정신병원에 입원해 있을 당시 그린 것이다. 평생 고흐의 후원자였던 동생 테오는 갓 태어난 아들에게 형의 이름인 '빈센트'란 이름을 지은 뒤 형에게 "아이가 형처럼 인내와 용기를 가지길 바란다"는 편지를 보냈다. 편지를 보고 감동한 고흐는 아이 침실에 놓길 바라는 마음을 담아 이 그림을 그렸다. 그림을 보고 있노라면, 평생을 불운하게 살았던 자신과는 달리 조카만큼은 파란 하늘을 배경으로 만개한 아몬드 나무의 꽃처럼 희망차고 밝게 자라나길 바라는 삼촌의 진심이 고스란히 전해져온다.

이 진심 하나로, 우리는 회화사적 가치와 전문가들의 평가에 상관없이 작품에서 감동을 느끼게 된다. 누군가가 진심을 이야기할 때, 우리는 그 표현이나 방법에 상관없이 마음이 움직임을 느낀다. 진심이야말로 시대와 이념을 뛰어넘는 최고의 슬로건이자, 한 개인의 삶에서 우러난 고유한 아이덴티티가 아닐까.

역대 대선 슬로건

 슬로건은 가치나 주장을 담은 짧은 구호를 뜻한다. 기업이 내세우는 슬로건이 기업에 대한 좋은 이미지를 만들어내 구매 욕구를 불러일으키는 것이 목적이라면 정치에 있어 슬로건은 정당이나 후보에 대한 강렬한 인상을 심어 후보를 지지하게 만드는 게 목적이다. 특히 후보의 이미지에 맞고 국민이 중요하게 생각하는 시대정신에 부합될 때 시너지가 생긴다. 역대 대선에서 이러한 기준을 충족해, 후보자를 대통령으로 이끈 승리의 슬로건에는 어떤 게 있을까.

 1992년 실시한 14대 대선에서 김영삼 후보는 '신한국 창조'라는 슬로건으로 김대중 후보의 '이제는 바꿉시다'를 눌렀다. '신한국 창조'라는 이 슬로건은 3당합당이라는 여론의 비판을 상쇄하고, 미래 비전을 제시했다는 점에서 일거양득의 효과를 얻었다. 약점을 오히려 장점으로 전환시킨 셈이다. 변화를 외쳤던 김대중 후보는 1997년 대선에선 '준비된 대통령'이란 슬로건을 내세웠다. IMF외환위기 극복이 가장 큰 시대적 과제였던 상황에서 이 슬로건은 김 후보의 안정감과 위기관리능력을 부각시키는 데 큰 공을 세웠다. 결국 김 후보는 '깨끗한 정치, 튼튼한 경제'를 내세웠던 이회창 후보를 누르고 대통령에 당선됐다. 김 후보에게 패배한 이회창 후보는 2002년 '나라다운 나라'를 내세우며 대선 재수에 나섰지만 이번에는 노무현 후보의 '새로운 대한민국'에 고배를 마셨다. 당시 노 후보의 '새로운 대한민국'이란 슬로건이 국민들에게 더 큰 반향을 불러일으킬 수 있었던 이유는, 권위주의와 기득권 청산을 바라는 국민적 요구와 '바보 노무현'이라는 후보가 가진 개혁적 이미지가 잘 맞아떨어졌기 때문이다. 2007년 대선에선 이명박 후보의 '국민성공시대'와 정동영 후보의 '가족이 행복한 나라'라는 슬로건이 맞붙었다. 결과는 성장과 선진화를 강조한 이 후보의 승리였다.

2012년 대선 슬로건의 트렌드는 개인화였다. 새누리당 박근혜 후보는 '내 꿈이 이뤄지는 나라'를, 민주통합당 문재인 후보는 '사람이 먼저다'를, 무소속 안철수 후보는 '국민이 선택하는 새로운 변화가 시작됩니다'를 슬로건으로 정했다. 역대 대선 슬로건이 내걸었던 거대담론보다는 개인의 삶을 우선시하는 경향이 뚜렷해진 것이다.

3장

이미지 저편에 현실이 있다

: '이미지 정치' 시대가 놓쳐버린 것들

지성은 아무 것도 직관하지 못한다. 감각은 아무 것도 사유하지 못한다.
오직 이 둘의 결합을 통해서만 지식이 태어난다.
이마누엘 칸트Immanuel Kant, 《순수이성비판》 중에서

"우와, 저 할아버지 연예인인가 봐!" 여고생들이 까르르 웃으며 사람들의 무리로 달려갔다. 2012년 6월, 햇살 따사로운 어느 날 '젊음의 거리' 광주광역시 충장로는 그를 보러 몰린 이들로 인산인해였다. 젊은 여성들이 환호성을 지르며 이 '할아버지'와 함께 스마트폰 사진을 찍기 위해 줄을 섰다. 대선 출마를 선언한 정치가가 시민들에게 지지를 호소하기 위해 연 행사였지만 그를 대하는 시민들의 모습은 정치적 지지를 넘어 팬덤에 가까워 보였다.

팬덤을 형성한 정치가들
다다음 날 아침 그는 목포의 한 호텔에서 동행한 기자들과 차를 함께

했다. 기자들이 '인기가 연예인 못지않다. 워낙 이미지가 좋아 도움을 받는 것 같다'라는 짓궂은 질문을 건넸다. 그가 특유의 낮은 톤으로 허허허 웃으며 답했다. "제가 좋은 인상을 준다고 생각합니다. 하지만 실제와 다르게 보이려는 건 마음에 들지 않아요. 아직까진 살아가는 있는 그대로를 보여주자는 생각이죠." 그날 가까이서 본 문재인 민주통합당 후보는 담박했다.

그의 소탈한 매력은 2012년 1월 SBS 〈힐링캠프, 기쁘지 아니한가〉에서 극적으로 발산됐다. '인간 문재인'을 넘어 '좋은 정치인 문재인, 대선 주자 문재인'의 이미지로 유권자의 감성에 어필했다는 점이 중요하다. 대중에게 각인된 그의 이미지가 실제 성정과 같더라도 그 이미지는 이미 문재인 개인을 떠나 선거 전략으로 활용될 자산이 됐다는 뜻이기 때문이다. 방송 뒤 일주일도 안 돼 그의 지지율은 두 배 가까이 치솟았다.

문 후보는 대선 출마선언 뒤 야구선수 유니폼을 입고 배트를 휘두르거나 유도복을 입고 유도 국가대표 선수와 시합을 벌였다. 특전사 출신인 그가 특전사 전우회 행사에 특전사 군복과 선글라스 차림으로 참석하자 지나치다는 뒷말이 나왔다. 민주통합당의 한 최고위원도 비슷한 인상을 받았던 모양이다. 민주당 대선 후보 선출을 위한 경선을 앞둔 여름의 어느 날 그는 이렇게 걱정했다. "문 후보 캠프가 지나치게 이미지 캠페인에 치중하는 것 같다."

문 후보는 대선 출마선언을 한 날 저녁 경희대에서 열린 '스피치 콘서트'에 참석해선 아내 김정숙 씨에게 가족에 대한 애틋함이 담긴 편지를 읽어줬다. 결혼한 뒤 아내에게 보내는 편지가 처음이라던 그가 멋쩍은 듯 툭 던진 한 마디다. "요즘은 지지율에 도움이 되면 뭐든지 합니다." 꾸미기 싫어하는 성정의 '인간 문재인'과 선거에서 승리하기 위해 이미지 선거 캠페인도 불사해야 하는 '정치인 문재인' 사이의 고민이 느껴졌다.

현실보다 더 현실에 가까운

공교롭게도 박근혜 새누리당 후보, 안철수 무소속 후보, 문재인 후보 모두 〈힐링캠프, 기쁘지 아니한가〉에 출연했다. 박근혜 후보는 방송에서 차가운 이미지, 불통不通의 이미지, 젊은이들과 거리가 있다는 이미지를 깨려는 모습이 역력했다. 댄스 가요를 부르고 스피드퀴즈에서 개그콘서트 코너와 걸그룹의 노래를 맞췄다.

박 후보는 그 뒤로도 이미지 선거 캠페인에 공을 들였다. 대선 출마 선언을 앞두고 이름 초성을 따 'ㅂㄱㅎ'을 웃는 얼굴처럼 디자인한 심벌 아이콘을 만들었다. 캠프의 홍보·미디어본부장에 TV 광고 캠페인 전문가인 변추석 국민대 디자인대학원장을 임명했다. 8월엔 홍대 앞에서 선글라스 낀 젊은 여성들과 함께 사진을 찍으며 젊은이들과 소통하는 이미지를 만들려 애썼다. 대선 출마선언을 젊은이들이 몰리는 서울 영등포의 쇼핑몰 타임스퀘어 광장에서 한 것도 같은 이유였다.

안철수 후보는 《안철수의 생각》을 출간한 직후 〈힐링캠프, 기쁘지 아니한가〉에 출연해 인간적 면모와 정치가로서의 비전을 동시에 보여주었고, 정체되어 있던 지지율도 급상승했다. 안 후보에 대한 국민적 열망의 바탕도 MBC 예능프로그램 〈무릎팍도사〉 출연에서 시작됐다.

솔직한 대화와 유머가 오가는 토크쇼 형식의 예능프로그램만큼 정치인의 면모를 알리기에 효과적인 수단도 없다. 좀처럼 대선 후보들의 속내를 알 기회 없는 대중의 '알 권리'를 충족시킨다고 볼 수도 있다.

문제는 대중매체에서 드러난 이미지가 정치가의 정책 능력과 리더십을 판단하는 절대 기준이 될 수도 있다는 점이다. 정치가가 보인 모습이 감동적인 인생 역정뿐일지라도 말이다. 정치인들이 예능프로그램에 출연하는 의도가 대중에게 어필하고 싶은 이미지를 극대화하려는 데 있다는 점은 곧잘 잊힌다. 더욱이 방송에 출연한 정치인의 장점은 재미와 감동을 극대화하려는 방송사의 편집으로 최고조에 이른다. 그래야 시청률이 오르기 때문이다.

후보들의 TV 정책토론회와는 본질적으로 다르다. 토론회에선 정치가와 후보들의 약점이 드러난다. 예상하지 못한 질문과 시각에 흥분하고 말문이 막힌다. 유권자는 여러 후보를 비교해가며 장단점을 파악할 수 있다. 예능프로그램은 정치가나 후보가 수많은 대중에게 내보이고 싶은 모습만 단번에 보여준다.

예능프로그램에 드러난 정치가의 모습은 잘 편집된 이미지의 단편이다. 정치가의 실제 모습을 반영할지언정 현실 그대로는 아니다. 철학자들의 말을 빌리면 현실 가운데 복제하고 싶은 것만 복제한 시뮬라크르(simulacre, 현실의 복제물)다. 시뮬라크르는 현실보다 더 현실 같지만 실제가 아니다. 대중매체는 현실보다 더 현실 같은 이미지를 창조하는 데 능숙하다. 박근혜 후보가 예능프로그램에서 걸그룹이 부른 노래 제목을 맞췄다고 정말 아이돌 가수들의 노래를 듣는지 알 수 없는 일이다.

과연 이미지가 메시지일까?

정치인들은 이미지의 힘으로 자신들을 스타로 만들어줄 대중매체의 힘을 잘 안다. 2012년 초부터 새누리당 대선 경선후보였던 김문수 경기도지사, 민주통합당 대선 경선후보였던 손학규 전 민주당 대표, 김두관 전 경남도지사가 앞다퉈 〈힐링캠프, 기쁘지 아니한가〉의 출연을 타진한 것도 그래서다. 방송사는 이들의 출연은 거절했다. 시청률 때문이다. 냉정한 현실이지만 방송사는 이들의 상품성을 따져보고 출연 여부를 판단했을 것이다. 이미지를 내세워 인지도와 지지율을 높이려 했던 정치가들은 아이러니하게도 낮은 인지도로 인한 낮은 상품성 탓에 시청률을 보장할 수 없다며 기회를 얻지 못했다.

취재 현장의 기자들은 대선 후보 '박근혜, 안철수, 문재인'뿐 아니라 당내 경선에서 약세를 면치 못했던 김문수, 김태호, 임태희, 안상수(새누리당 대선 경선 후보)와 손학규, 김두관, 정세균(민주통합당 대선 경선 후보)이란 인물에도 자연스레 익숙해져 있다. 보통의 '우리'도 그럴까. 민주당 대선 경선이 한창이던 2012년 9월 초 벤처회사에 다니는 30~40대 남녀 몇 명에게 손학규, 김두관, 정세균 후보 하면 뭐가 떠오르는지 물었더니 '없다'고 답한 사람이 많았다. 당신은 어떤가.

상황이 이러니 후보 캠프도 겉으론 정책 경쟁이 중요하다 외치면서도 효과적인 이미지 캠페인으로 당장 '우리 후보 이름을 어떻게 알릴까'에 골몰하게 된다. 외국의 CF를 패러디한 '팬더학규'란 영상엔 팬더의 얼굴을 한 손학규 후보가 등장하고 점잖은 성품의 정세균 후보는 케이블 방송의 코미디 프로그램 SNL에 출연했다. 김두관 후보는 번지점프를 했다.

이미지 선거가 지나치면 뒷전으로 밀리는 건 정책 비전이다. 2012년 대선 경선 때 민주통합당의 한 후보 캠프에서 일하는 의원은 "정책이 중요하다고 하지만 결국 이미지로 승부가 나는 것 아니냐"며 속내를 털어놨다. 또 다른 한 캠프의 의원은 이런 말도 했다. "정책을 보고 대통령 뽑지 않죠. 정책 내세워도 아는 국민이 1%나 되겠어요? 선거에서 정책이 이슈가 되는 건 많아야 두어 개죠."

쓸쓸해도 틀린 말은 아니다. 유권자인 우리가 후보들의 정책에 무관심하기 때문이다. 주변에서 '어떤 후보가 이런 인생 스토리가 있고 저런 이미지여서 좋다'는 얘기는 많이 들었어도 그들이 내세운 정책이 무엇인지 자신 있게 대답하는 이는 별로 보지 못했다.

:: 2012년 10월 13일, 한 마라톤 대회에 나란히 참석한 안철수, 문재인, 박근혜 후보.

(출처: 연합뉴스)

붉은 꽃은 붉지 않다

팬은 스타의 노래 부르는 모습, 연기, 패션에 반한다. 스타의 이미지를 좋아하는 것으로 족하다. 스타의 이번 앨범이 기대에 못 미치거나 이번 영화의 연기가 '발연기'라 할지라도 실망하면 그뿐이다. 정치가는 다르다. '좋고 싫음'의 이미지로 판단될 대상이 아니다.

정치가는 우리에게서 권한을 건네받은 사람들이다. 대의민주주의 제도 하에 사는 우리는 우리 삶을 풍요롭게 만들기 위해 우리 대신 정책을 펼치고, 우리가 낸 세금으로 예산을 쓸 권한을 선거를 통해 정치가들에게 양도한다. 우리가 맡긴 일을 정치가가 얼마나 잘할지 판가름하는 건 정치가의 이미지가 아니다. 정치와 정책을 꾸려낼 능력과 리더십이다. 선거는 우리를 대신할 대표자들이 이런 자질이 있는지 경쟁하는 공간이다.

정책과 리더십을 따져 묻기 어렵고 골치 아프다 해서 이미지에만 길들면 우리는 방관자가 된다. 내 살림을 잘 꾸리라고 머슴에게 곳간 열쇠를 넘기고선 장부를 제대로 쓸 마음이 있는지조차 확인하지 않는 주인을 주인이라 부를 수 있을까.

우리는 시각을 자극하는 황홀한 이미지의 시대에 살고 있다. 프랑스의 철학자 기 드보르Guy Debord의 말을 빌리면 '스펙터클의 사회'다. 영화나 드라마 같은 대중매체는 현실보다 더 현실 같은 이미지를 창조해낸다. 영화와 드라마, 방송 광고에 등장하는 상품은 완벽하고 세련된 이미지로 우리를 유혹한다. 그 배우가 입었던 원피스, 이 탤런트가 찼던 팔찌…. 우리는 스스로의 판단으로 상품을 소비하는 게 아니라 대중매체가 만들어낸 상품의 이미지에 길들어 무의식적으로 유행을 따라가는지 모른다. 이렇듯 대중매체에선 정치인도 상품이 된다.

아름다운 붉은 꽃은 매혹적이다. 실제론 꽃잎이 붉은색에 해당하는 파장의 빛을 받아들이지 못해 공기 중에 흩어진 빛을 우리 눈이 받아들인 결과다. 붉은 꽃은 붉지 않다. 이미지 너머에 현실이 있다.

영국인들은 이미지 너머 현실을 직시하려는 노력을 하고 있다. 도쿄 신문 기자 카나이 타츠키가 쓴 《매니페스토의 탄생》이 전하는 얘기다. 선거를 앞두고 영국 서점엔 정당의 매니페스토(정책약속)가 깔린다. 책자는 분야별 정책과 정책의 우선순위를 소개하고 정책을 실현하기 위해 재원을 어떻게 마련해 어떻게 배분할 것인지 구체적으로 담고 있다. 가격은 2파운드(약 3,500원). 이 책자는 수십만 부가 팔리는 베스트셀러가 된다. 영국의 한 여론조사기관에 따르면 영국인의 최소 50%는 이 책자를 제대로 읽는다고 답했다.

　1997년 보수당 정권을 누르고 영국 총리에 오른 노동당 당수 토니 블레어는 매니페스토에서 젊은 유권자들에게 이렇게 썼다. "우리는 이런 노력을 하고 있습니다. 여러분도 스스로 기회를 잡으려고 노력하기 바랍니다." 그의 매니페스토는 영국 매니페스토 사상 최고의 걸작으로 불린다.

매니페스토Manifesto

  선거가 다가오면 언론에서 종종 들리지만 고개를 갸웃하게 하는 낯선 말. '매니페스토'다. 매니페스토란 한마디로 선거 공약이다. 공약 중에서도 정책 목표가 분명하고 현실화 가능성이 매우 높으며 예산 확보의 근거를 명확히 제시한 공약을 말한다. 유권자의 눈과 귀를 현혹시키지만 실현 가능성 없는 장밋빛 공약은 매니페스토가 아니다.

  매니페스토는 증거 또는 증거물이라는 라틴어 마니페스투manifestus에서 유래됐다. 마니페스투가 이탈리아어 마니페스또manifesto가 되면서 '과거 행적을 설명하고 미래 행동의 동기를 밝히는 공적인 선언'이라는 의미로 사용됐다. 영어권 국가에는 1644년 소개됐다고 한다.

  어떤 공약을 매니페스토라 부르려면 구체성specific, 검증 가능성measurable, 달성 가능성achievable, 타당성relevant, 기한 명시timed 5가지 기준을 충족해야 한다. 각 기준의 영어 단어 첫 글자를 딴 '스마트SMART 지수' 공약을 분석하고 평가한다. 공약의 지속성sustainability, 자치력 강화empowerment, 지역성locality, 후속조치following의 첫 글자를 딴 셀프SELF지수도 평가의 기준으로 사용된다.

  책임 있는 선거 공약으로서 매니페스토는 1834년 영국의 보수당 당수였던 로버트 필Rogert Peel이 '유권자들의 환심을 사기 위한 공약은 결국 실패한다'고 강조하면서 시작됐다. 1997년 영국 노동당의 토니 블레어는 매니페스토의 10대 정책을 구체적으로 제시하며 보수당의 오랜 집권을 막고 정권 교체를 이뤘다. 일본에선 가나가와 현 지사 선거에서 마쓰자와 시게후미 후보가 매니페스토 37가지를 공표해 당선됐다.

한국의 선거 공약은 비전은 있지만 어떤 방법으로 재원을 마련해 언제까지 어떤 단계로 실현할 것인지 구체적으로 내놓지 못한다는 지적을 받고 있다. 집권 뒤 공약을 실제로 이행했는지를 평가받지도 않는다. 한국에선 2006년 5·31 지방선거를 계기로 후보들의 공약이 유권자들의 의사를 제대로 반영하고 있는지, 당선 이후에 실제 이행하고 있는지 평가 점검하는 매니페스토 운동이 시작됐다. 시민단체 한국매니페스토실천본부가 대표적이다. 실천본부는 "매니페스토는 더 이상 표를 얻기 위한 거짓말을 하지 않겠다는 선언"이라고 정의했다.

자료출처 : 두산백과

4장

사람의 마음은
다가갈수록
알기 어려워진다

: 선거 시기 '여론조사'가 알려주지 못하는 사람의 마음들

우리는 남에게서 받은 마음의 상처에 즉각 반응한다.
그러나 내가 남에게 준 상처에 대해선 느끼지 못한다.

토마스 아 캠피스 Thomas a Kempis, 독일의 신학자

"끝까지 가봐야 아는 겁니다!"

2012년 4월 19대 총선 취재를 위해 여러 지역구 르포를 다녔다. 신기한 건 내가 볼 때 뻔히 질 것 같은 후보들도 무조건 "투표일이 돼봐야 결과를 알 수 있을 것"이라는 말을 입모아 한다는 점이었다. 좋게 말하면 불타는 자신감과 의지의 표현이었고, 나쁘게 말하면 '착각도 유분수'였지만 물론 그런 내색을 겉으로 할 수는 없는 노릇이었다.

대신 점잖게 객관적인 자료를 들이민다. "후보님, 오늘 XX신문이 여론조사 한 게 있는데요, 여기 보면 지금 후보님이 10% 가까이 뒤지고 있는데 힘들지 않을까요?" 그러면 대부분의 후보들은 신문을 슬쩍 보는 시늉도 하지 않은 채 "에이, 아마추어같이 왜 이래?" 하며 위아래로 나

를 한번 훑어본다.

무의미해진 객관적 자료

선거철이면 대목을 맞는 수십 개의 여론조사 회사가 정당이나 언론사의 의뢰로 수백 수천만 원씩 비용을 들여 수백 수천 명을 상대로 실시하는 여론조사 결과를 '객관적 자료'라며 들이미는 순간, 나는 '정치 아마추어 초짜 기자' 신세가 된다. 여의도에서는 눈앞에 제시된 여론조사 결과라 하더라도 "그건 말이야, 이래서 틀리고 이 점이 부족했으며 저러한 상황을 고려하지 않았기 때문에 별로 믿을 게 못 된다" 정도는 이야기할 수 있어야 '정치 고수' 대접을 받는 게 현실이기 때문이다. 우리나라 여론조사가 어쩌다 이 지경이 됐을까?

민주통합당의 이해찬 대표도 나와 같은 견해를 가지고 있었다. 2012년 초복을 하루 앞둔 7월 17일 이 대표는 출입기자들과 행주산성으로 백숙을 먹으러 점심 회식을 떠났다. "우리 신문, 우리 방송하고 인터뷰 좀 해주세요." 평소 까칠하기로 유명해 언론 인터뷰를 잘 하지 않는 이 대표가 기자들의 빗발치는 요구를 물리치며 조용히 말했다.

"내가 지난 총선 때 세종시에서 14.1% 차이로 상대 후보를 이겼는데 우리 캠프에서 출구조사한 것은 15%로 이긴다고 나왔어. 방송 3사는 40억을 들여서 했다는데 4% 차이로 내가 이긴다는 거야. 그런데 mbn은 18% 차이로 이긴다고 예측했더라고. 언론사 정치부장들끼리 저녁 식사하면서 mbn 부장한테 '여론조사 제대로 맞혔으니 방송 출연 한번 하겠다'고 말했지."

그러면서 이 대표는 기자들에게 "다들 여론조사를 제대로 하란 말이에요. 그럼 내가 출연할게"라며 농담 삼아 말했다. 당연히 결과를 정확히 예측해야 할 것만 같은 여론조사가 맞히면 잘했고, 못해도 어쩔 수 없는 그저 그런 천덕꾸러기 신세를 받고 있는 현실이었던 것이다.

출구조사는 투표소 앞에서 투표를 하고 나온 사람들을 상대로 일정 거리 이상 떨어진 장소에서 "방금 어느 후보에게 투표하고 왔습니까?" 같은 단도직입적 질문을 하며 투표 결과를 개표 전에 예측하는 여론조사다. 총선의 경우 전국 수백 곳에 달하는 투표소에 각각 여러 명씩 조사원을 고용하는 수십억짜리 출구조사 비용을 절감하기 위해 방송사들은 공동 조사를 하기도 한다.

하지만 그 결과는 이 대표가 말한 그대로다. 불과 5분전에 투표하고 나온 사람들을 일일이 붙잡고 물어봐도 결과를 까놓고 보면 가장 중요한 당락 여부가 바뀌어버리는 경우가 부지기수다. 만19세 이상 선거권을 가진 머리 다 큰 성인들이 출구조사원들을 골탕 먹이려고 거짓말이라도 한다는 것일까? 놀랍게도 그런 경향이 아예 없는 것은 아니다.

색을 숨기다

정치권에서 유명한 금과옥조가 있는데 바로 "야권 성향의 유권자들은 자신의 정치적 색깔을 사실대로 드러내지 않는다"는 점이다. 전문가들 이야기를 들어보면 1970~80년대 박정희·전두환 대통령 시절 독재 정권 아래서 자행됐던 야당 탄압을 몸소 지켜봐왔던 국민들의 마음속에 상당한 피해의식이 자리 잡게 되었고, 수십 년 이상이 지난 지금에도 대한민국에서 야당을 지지하는 사람들은 왠지 모르게 자신들의 정치적 성향을 남들 앞에 드러내기 꺼린다는 것이다.

때문에 정치권에서는 이러한 야권 지지자들을 '숨은 표'로 분류하며, 각종 여론조사에서 집계된 야권 후보의 지지율에 최소 5% 정도를 더 높게 쳐서 계산해야 한다고 주장한다. 2010년 서울시장 선거 여론조사에서 오세훈 한나라당 후보가 민주당 한명숙 후보를 선거 기간 내내 20% 이상 이기는 압도적 우위를 보였는데, 막상 결과를 까보니 표 차이가 불과 0.6%밖에 나지 않았다는 것은 유명한 일화다. 수십만 명의 야권 성향 지지자들이 자신의 속내를 숨긴 채 실제 투표장에 가서 실력행사를 한 셈이다.

물론 반대의 경우도 있다. 2011년 10월 서울시장 보궐선거에서는 박원순 후보에 대항하는 한나라당 나경원 후보를 지지하는 여권 성향의 유권자들이 오히려 숨어들었다. 당시 팟캐스트 〈나는 꼼수다〉를 비롯해 트위터와 온라인상에서 야권 박원순 지지 운동이 거세게 불 때인지라, 나경원 지지 유권자들은 오히려 본인들이 대세에 역행하는 것 같은 피해 의식을 느끼고 공개적으로 '한나라당 지지자' 신분을 밝히기 꺼려했다는 것이다.

정권 말기로 갈수록 대통령과 집권 여당의 인기는 떨어지기 마련이다. 언제부턴가 'MB(이명박 대통령)를 욕하고 비판하는 사람'은 많아도 'MB를 옹호하고 칭송하는 사람'은 눈에 띄지 않는 것과 비슷한 원리일 것이다. 방송 3사 출구조사에서 박원순 후보는 54.4%를 얻어 45.2%를 얻은 나경원 후보를 10% 가까이 앞설 것으로 예상됐지만 실제 개표 결과는 7% 정도 앞선 것에 그쳤다.

여론조사 자체의 한계와 결함

이런 유권자들의 성향보다 여론조사 자체의 한계와 결함이 더 큰 오류를 만들기도 한다. 일반적인 여론조사는 KT전화번호부에 올라와 있는 집 전화번호를 무작위로 골라 전화를 걸어 실시한다. 요즘 집전화가 있는 사람이 얼마나 되는지는 별개로 하더라도, 불시에 걸려오는 ARS 전화를 실상 받는 사람이 거의 없다는 게 더 문제다. 받더라도 성실하게 응대해주는 사람은 극히 드물며 스팸 광고의 홍수 속에 으레 그런 전화려니 하고 바로 끊어버리는 경우도 상당수라는 것이다.

이런 문제를 개선하기 위해 최근에는 휴대전화를 대상으로 조사원들이 전화 면접 조사를 직접 실시하기도 하는데 상황은 크게 다르지 않다. 여론조사 결과에서 가장 중요한 것은 응답률인데 보통 적게는 5%에서 많아봤자 10%대를 넘지 못하는 경우가 허다하다. 100명에게 전화를 걸어도 5명 정도가 전화를 받고 자신의 정치적 성향을 살짝 알려주는 것이 아직까지 우리나라의 정서인 셈이다.

　더군다나 놀랍게도 여론조사 설문 문항을 어떻게 작성하느냐에 따라 결과도 천차만별이다. "다음 후보 중 누구를 지지합니까?", "다음 후보 중 누구를 찍겠습니까?", "내일이 선거일이면 누가 당선될 것 같습니까?" 같은 설문 표현의 문제부터, 각 후보를 설명할 때 경력을 몇 개까지 넣을 것인가의 문제까지… 선거에 나온 후보들은 상상할 수 있는 모든 제반사항들을 고려해 피 튀기는 신경전을 벌이기 일쑤다. 2007년 한나라당 대선 후보 경선 당시 이명박 후보는 "차기 대통령 후보로 누구를 선호하느냐"의 선호도 방식을 주장했고, 박근혜 후보는 "내일 투표를 한다면 누구를 지지하겠느냐"의 지지도 방식을 주장해 치열하게 경합했다. 여론조사 설문 방식에 따라 수천표가 왔다 갔다 하는 것으로 분석됐다. 박근혜 후보가 선호도 방식에 합의해줬는데, 실제 결과는 이명박 후보의 승리였다.

여론조사와 정론

　2012년 3월 통합진보당 이정희 전 대표가 민주당 김희철 의원과 후보 단일화를 하기 위해 여론조사를 실시할 때 조직적으로 여론 조작을 한 것은, 툭하면 여론조사를 들먹이는 정치권에 경종을 울리는 계기가 됐다. 이 전 대표의 캠프 관계자들은 지지자들로 하여금 집 전화를 휴대전화로 대규모 착신 전환해 응답률을 높였으며, 조사원들의 질문에 연령대를 속여서 대답하도록 했다. 이 전 대표가 마치 전 계층에서 지지를 받고 있는 것처럼 '꼼수'를 부린 것인데 결국 이 사실이 밝혀졌고 이 전 대표는 후보직을 사퇴하며 경찰 조사를 받는 지경에까지 이르렀다. 일부에서는 "전화 회선 수백 개를 사버리면 된다"며 대포전화를 수십, 수백 대 한 사무실에 새로 개설해, 여론조사 실시 시점에 맞춰 대기하고 있다가 무작위로 걸려오는 여론조사 전화를 낚아채는 조직적 확률 싸움을 하기도 한다.

때문에 전문가들조차 여론조사는 언제나 틀릴 수 있다는 점을 강조한다. 여론조사기관 리얼미터의 이택수 대표는 "여론조사는 오차를 포함한 추정치일 뿐이다. 유권자와 정치권 모두 여론조사를 맹신해서는 안 된다"고 말하곤 한다. 하지만 정치권의 현실이 그런가. 여의도 사람들은 누구보다도 자신의 지지율에 울고 웃으며 하루를 보내는 사람들이다. 국민의 대표라는 자신의 신분을 의식해 과장해서 말하면 숨 쉬는 횟수만큼 "국민 의견을 수렴해", "국민의 뜻에 따라"라는 말을 하루 종일 반복하는 것이다.

하지만 생각해보면 그들이 그렇게 신봉하는 국민의 뜻은 과연 실체가 있는 것인지 궁금할 때가 많다. 연봉 수억 원의 잘나가는 대기업 임원이나, 한국인 남편과 결혼해 국적을 바꾼 이주여성 모두 다 같은 대한민국 국민일 텐데 여야 정치인들이 앞다퉈 대변하겠다는 국민의 뜻은 도대체 누구의 의견이란 말인가. 여론은 과연 정확한 것인지, 아니면 여론이 과연 있기나 한 것인지 헷갈릴 때가 많다.

조선시대 성리학자 율곡은 지도자의 덕목으로 백성의 뜻을 잘 가려들어야 한다는 점을 설파하며 여론을 3가지로 분류했다. 부의浮議는 그저 떠돌아다니는 이야기로, 확인되지 않은 시정잡배들의 신빙성 없는 이야기다. 중론衆論은 가장 많은 백성들의 공통된 이야기, 다수 국민의 견해이며 정론正論은 그 시대의 가장 올바른, 지도자가 따라야 할 백성들의 진정한 뜻이라는 것이다.

사람 마음을 얻기란

내가 야권 담당 기자로 정치부에 처음 왔던 2011년 초만 하더라도 야권의 대통령 후보 지지율 1위는 유시민 통합진보당 전 대표였다. 고 노무현 전 대통령의 못다 이룬 꿈을 이루겠다며 국민참여당을 막 만들고 정치권에 전면 등장하기 직전이라 대중의 관심도 뜨거웠다. 하지만 2년 가까이 흐른 지금 유 전 대표는 스스로를 '잡 후보'라고 폄하하며 대선 주자로 거론되는 것조차 거부하고 있다. 그만큼 대중의 여론, '부의'는 변화무쌍하다. 그 사이 야권에는 문재인이 나왔고, 안철수가 강력한 후보로 등장했다.

1987년 대통령 직선제가 도입된 이래 역대 대통령의 득표율을 보면 노태우 36.64%, 김영삼 41.96%, 김대중 40.27%, 노무현 48.90%, 이명박 48.67% 등 누구도 과반수 국민의 동의를 얻지 못했다. 지도자의 덕목은 자신을 지지한 50%의 지지율을 '중론'으로 착각하고 맹신하기 보다는 자신을 지지하지 않는 나머지 50%의 국민 소리에 더 귀 기울이고 이들을 포용해 '정론'을 찾아가는 데 있을 것이다.

어릴 땐 사람의 마음을 100% 얻는 것이 가능하다고 생각했다. 정성을 다하면 남자친구든 여자친구든 나를 오롯이 지지하고 사랑할 수 있게 만들 수 있다고 생각했다. 하지만 나이가 들면서, 점차 어른이 되어가면서부터는 세상일이라는 게 그렇게 말처럼 쉽지만은 않다는 생각이 든다. 그래서 사람들은 철이 들수록 점점 더 가족을 찾고 의지하게 되는 것일까. 정치인이란 나를 좋아하는 사람뿐 아니라 나를 싫어하는 사람의 마음까지도 사로잡아야 하는 존재다. 혹자는 그래서 정치를 위대한 직업이라고 부르는지도 모르겠다. 미안하지만 한국 정치인들이 위대하다는 소리는 물론 아니다.

대표적인 선거 여론조사의 방법

여론조사는 ARS 자동응답 설문 방식과 전화면접 조사 두 가지 방식으로 분류된다. 기계가 하느냐, 전화조사원이 직접 유권자들에게 전화를 걸어 설문을 하느냐의 차이다. ARS 방식은 신속하고 빠르게 진행할 수 있는 장점이 있고, 전화면접 조사는 심층적인 조사를 할 수 있다.

기존까지는 주로 KT 전화번호부에 등재돼 있는 집 전화번호를 상대로 여론조사가 실시됐다. 114에 전화를 걸었을 때 안내되는 전화번호를 대상으로 한 조사라고 보면 된다. 하지만 전체 전화 가입자 중 KT에 등재된 가구 수가 20~30%에 불과하다는 한계가 드러났다.

때문에 최근에는 RDDRandom Digit Dialing 방식, 즉 무작위 임의전화걸기 방식이 이용된다. 하지만 스마트폰 시대에 집 전화번호를 상대로 한 여론조사는 한계가 있을 수밖에 없고, 최신 트렌드는 젊은 층의 표심까지 정확하게 잡아내기 위한 휴대전화 여론조사까지 병행되는 추세다.

약 1,000~1,500명을 상대로 2~3일 동안 실시하는 여론조사의 경우 보통 400~500만 원의 비용이 드는 것으로 알려져 있다. ARS 방식보다는 전화 조사원이 실시하는 RDD 방식의 여론조사 비용이 약 3배 정도 더 비싸다고 한다.

여론조사에서 가장 눈여겨봐야 할 것이 응답률이다. 아무리 RDD를 적용하고 전화 면접원이 휴대전화 조사를 실시해도 응답률은 5%를 넘기기 힘들기 마련이다. 즉 1,500명에게 여론조사를 실시했고 그중 5%의 응답률이 나왔다고 쳐보자. 이는 1,500명의 5%인 75명이 제대로 된 응답을 했다는 것이 아니라 1,500명의 응답을 얻기 위해 결국 3만 명에게 전화를 걸었다는 소리가 된다. 3만 명의 5%, 즉 1,500명의 샘플을 가지고 여론조사를 실시했다는 말이 되는 것이다. 하지만 여론조사 기관들은 성별, 연령별, 지역별, 직업별로 유권자 특성에 인구비례 할당량을 맞춰 조사를 실시하기 때문에 샘플의 많고 적음, 즉 모집단의 규모가 여론조사 신뢰도에 영향을 미치는 것은 아니라고 항변한다.

5장

우리는
그 무언가와 연결된
세상을 살아간다

: 정치권에서 회자되는 '나비효과'의 의미

광막한 공간과 영겁의 시간 속에서 행성 하나와 찰나의 순간을
앤과 공유할 수 있었음은 나에게는 커다란 기쁨이었다.
칼 세이건Carl Sagan, 《코스모스》의 서문 중에서

각종 선거를 치른 뒤 언론은 그 선거에 대한 의미 부여에 나선다. 누구를 위한 선거였는지, 무엇을 위한 선거였는지, 그래서 누가 무엇을 이룬 선거였는지에 대한 성격 규정이 이뤄진다.

가장 압축적인 표현은 외신에 등장할 가능성이 크다. 한국 내부 상황을 잘 모르는 독자도 이해하기 쉽게끔 모든 이슈를 단순화시킬 것이다. 수많은 기사를 쓰게 될 국내 언론과는 달리 외신 기사는 한두 건에 불과할 테다. 그래서 그 정의는 명확하다. 크게 얽혀 있는 이해관계 없이 한발 떨어진 곳에서 보는 '그들'의 시선은 생각보다 공정하기도 하다. 2012년 12월 19일 한국의 대통령 선거 다음날을 위해, 외신은 어떤 헤드라인을 생각하고 있을까 한번 상상해보자.

태풍이 불고, 나비는 사라지고

① 독재와 산업화의 지도자 박정희의 딸, 대통령이 되다.

박근혜 새누리당 후보는 '박정희 전 대통령의 딸'이란 지위를 떼어놓을 수 없다. 그렇기에 그가 5·16, 유신 등 과거사에 대해 가진 인식 및 태도는 끊임없는 논란거리다. 국민이 그를 대하는 방식은, 오늘날 대한민국이 그 시절 역사를 대하는 방식이다. 오랜 기간 예상된 주제였다. 박근혜는 태어날 때부터 박정희의 딸이었다. 박정희 정권의 정당성이나 집권 행태에 문제제기를 하는 쪽에선, 무얼 하든 박정희의 영향권에서 벗어날 수 없는 그 딸이 이 땅에서 어떤 공직을 맡는 것도 받아들이기 힘들다. 박근혜의 성공담은 이를 극복한 이야기가 될 것이다.

② 민주화운동가의 재등장, 현 정부에 대한 반감을 끝내 모아내다.

야권에게 '반MB(이명박)'는 중요한 선거 전략이다. 집권 첫해의 '광우병 시위'를 필두로 한 각종 반정부 시위를 생각하면 야권에게 '반MB'는 '비비디바비디부' 같은 마법의 주문일 것만 같았다. 아니었다. '반MB'에 집중됐던 4·11 총선에서 야권은 민주통합당 127석, 통합진보당 13석으로 선전했지만, 애초 내걸었던 과반 목표엔 못 미쳤다. 새누리당(옛한나라당)이 당명도 바꾸고 색깔도 바꾸고 정책 지향도 바꾸며 이명박 정부와 차별화에 성공했다는 평가가 나왔다. 제1야당의 후보로, 민주화운동가 출신인 문재인은 이를 다시 뒤집은 스토리의 주인공일 수 있다.

③ 의사 출신 컴퓨터 바이러스 전문가, 젊은 층 환호 속에 IT강국의 지도자로

정치권에 대한 반감과 실망이, 엉뚱하게도 전혀 정치를 경험해보지 않은 인물에 대한 '소망적 지지'로 이어졌다. 정치적 지도자로서 지지를 보낸 게 아니라, 지도자로 나서달라고 요구한 것으로 표현됐다. 이른바 '안철수 현상'이다. 본인 스스로도 "호출당한 케이스"라고 표현한 바 있다. 그런 기대감을 출발점 삼아 안철수 후보는 대선을 석 달 앞두고 끝내 출마했다. '안철수 현상'이 어떻게 선거에 반영될지도 관심거리다. 당선된다면 '누가 그를 탄생시켰냐'가 국내외에서 화젯거리가 될 것이다. 이렇게도 정권이 탄생할 수 있다는 스토리에 관심을 쏟는 독자들이 많을 것이다.

이 밖에도 몇몇 요소들이 있겠지만, 선거를 앞둔 시점에서 제기된 주요 주제들을 꼽으라면 이 정도가 가시권에 들어온다. 사실 2011년 상반기부터 ①과 ②는 이미 어느 정도 예측이 가능했다. ③은 뜻밖에 갑작스레 등장한 변수여서 예견하기 힘들었다. 흥미롭게도 3가지 주제 모두, 특히 ③은 하나의 사건에서 크고 작은 영향을 받았다. 바로 2011년 여름, 오세훈 당시 서울시장이 던진 일생일대의 정치적 승부수 '무상급식 주민투표'다.

안철수의 등장을 가져온 한 사람

오 시장은 2010년 6·2 지방선거로 출범한 서울시 의회와 한참 갈등을 빚었다. 주로 충돌한 지점은 무상급식이었다. 민주당 의석이 다수인 시의회, 그리고 새로 선출된 교육감은 전면 무상급식을 주장했다. 반면 서울시는 무상급식 대상을 8%에서 30%로 늘리고 최대 하위 50%까지 확대할 수 있다는 수준에서 맞섰다. 2010년 12월 민주당은 전면무상급식 조례안을 일방적으로 가결시켰고, 오 시장은 시의회와 대화 중단을 선언했다. 결국 시의회 출범 1년 동안 열린 37차례의 본회의 가운데 11차례만 참석하면서 전국 광역단체장 가운데 출석률 꼴지(29.7%)를 기록했다. 시정을 등한시한다는 비판이 빗발처럼 쏟아졌다.

그는 야당이 처리한 조례안 공포를 거부했다. 그러자 시의회 의장이 대신해서 공포했다. 오 시장은 무효 소송을 냈다. 그리고 무상급식 찬반 주민투표를 제안했다. 오 시장은 이런 방침을 앞세워 2011년 6월 시의회에 다시 출석했지만, 6개월 동안 시장으로부터 무시당한 시의원들은 오 시장에게 '망신'을 톡톡히 준다. 발언대로 나오라고 해놓고 가만히 세워뒀다가 "들어가라"고 하는가 하면, 1분도 안 돼 다시 나오라고 불렀다가 다시 들어가라고 한 의원도 있었다. 감정의 골은 깊었다.

논란 끝에 실시하게 된 무상급식 주민투표에 대해, 야당은 '나쁜 투표, 착한 거부'라는 이름을 씌워 투표 거부 운동을 전개했다. 상황은 오 시장에게 불리하게 돌아갔다. 오 시장은 투표를 10여 일 앞두고 뜬금없

:: 2011년 8월 21일, 오세훈 전 서울시장이 주민투표를 사흘 앞두고 기자회견 도중 무릎을 꿇고 투표참여를 호소하고 있다. (출처: 연합뉴스)

이 '대선 불출마' 선언을 했다. 주민투표를 대권 행보로 보는 당내 견제 세력에게까지 지원을 호소한 것이다. 뒤이어 오 시장은 투표 사흘 전 "실패하면 시장 직에서 사퇴하겠다"며 시장직도 걸었다. 여야를 막론하고 비판이 쏟아졌다.

전면적 무상급식 실시 여부를 놓고 찬반이 격돌한 주민투표의 최종투표율은 25.7%. 투표함을 개봉할 수 있는 투표율 33.3%에 미치지 못했다. 투표 결과를 볼 것도 없이, 투표 자체가 무산됐다. 오세훈과 한나라당의 패배였다.

정치권 모두가 2012년 총선·대선을 바라보던 상황에서, 갑작스레 서울시장 보궐선거가 던져졌다. 사퇴를 약속한 오세훈의 후임 시장 자리를 놓고 각축이 벌어졌다. 승기를 잡았다고 판단한 민주당에선 천정배, 김한길, 박영선, 한명숙, 이인영 등 10명 정도가 거명됐다. 여당 쪽에서는 나경원, 원희룡, 정두언 등의 이름이 등장했다. 이틀 뒤인 8월 26일 오세훈은 약속대로 시장직에서 사퇴했다. 그런데 같은 날 곽노현 서울시 교육감의 후보단일화 금품수수 의혹이 불거졌다. 야권에선 또다시 한나라당(현 새누리당)이 선거에서 이길 거란 위기감이 확산됐다.

'정치인 안철수'의 가능성이 본격 거론된 것이 이때부터였다. 지인들과의 식사 자리에서 서울시장 보궐선거 출마 가능성을 피력했다는 이야기만으로 언론 기사가 나온 뒤, 여론은 들끓었다. 9월 4일 안철수는 방송 인터뷰에서 "한 가지 분명한 건 만약에 제가 나서더라도 한나라당은 아니에요."라고 말해, 야권 성향임을 밝혔다. 여야를 가리지 않고 정계를 뒤흔든 태풍이었다. 지지율은 단 번에 50%로 치솟았다.

또 하나의 야권 후보로 거론되며 5~10%의 미미한 지지율을 기록하던 박원순 변호사가 백두대간 종주를 끝내고 출마를 위해 나타났다. 안철수와 박원순, 두 사람의 고민은 길지 않았다. 안철수 당시 서울대 융합과학기술대학원장은 박 변호사와 20분 동안 만나 이야기를 나눈 뒤 불출마 선언을 하고 사라졌다. 40여 일 산에서 지내다 내려온 그는 덥수룩한 수염 그대로 본격적인 선거행보를 시작했고, 안 원장의 지지에 힘입어 지지율이 50%대로 껑충 뛰었다.

안철수 원장은 본인의 뜻과는 상관없이 단번에 대선주자 반열에 오른다. 불출마 선언을 한 그날 실시한 여론조사에서 이전 4년간 다른 여야 후보들과는 비교조차 할 수 없이 앞서가던 부동의 1위 박근혜 후보를 앞섰다. 정치권은 혼란에 빠졌다. '안철수 현상'으로 이름이 붙여진 이 사건은 정치권의 자성을 촉구하는 목소리로 확산되는 한편, 안 원장을 차기 대통령감으로 간주하는 문화를 만들었다.

이긴 것도 진 것도 아니다

서울시장 보궐선거 구도는 나경원 대 박원순으로 확정됐다. 여야 정치인 여럿이 쓴맛을 봤다. 참여정부 법무장관, 민주당 최고위원 등으로 소신 있는 정치인이란 평가를 들으며 승승장구하던 천정배 당시 의원은, 주민투표 바로 다음날 출마 뜻을 밝히고 곧이어 주소지를 서울로 옮기면서까지 선거에 나섰다는 점에서 비판을 받았다. 그 무렵 열린 육상선수권대회에서 부정출발로 실격당한 우사인 볼트에 빗대 '천사인 볼트'라는 별명도 생겼다. 그는 원래 지역구인 경기 안산(단원갑)에 다시 돌아가지 못했다.

제1야당 대표, 4·27 보궐선거 승리로 대선주자 입지를 다지던 손학규 당시 민주당 대표도 치명적 상처를 입었다. 안철수 원장은 손 대표가 경험해보지 못한 지지율로 야권 대선후보의 자리를 흔들었다. 박원순 변호사가 결국 입당을 거부하면서, 민주당 후보를 내지 못했다는 책임도 손 대표에게 돌아왔다. 대표직 사퇴 의사까지 밝혔다가 철회하는 소동도 있었다.

10·26 보궐선거 과정에서 '억대 피부과' 논란으로 구설에 올랐던 나경원 후보도 큰 타격을 입었다. 피부과 치료비 수준은 물론, '다운증후군 딸의 피부 조기 노화 탓에 피부클리닉을 다녔다'는 나 후보 쪽 해명도 입길에 올랐다. 남편인 김재호 판사의 나 후보 관련 사건 기소 청탁 의혹도 불거졌다. 나 후보가 2004년 일본 자위대 행사에 참석한 자신을 비판한 시민을 고발한 데 대해, 검찰 기소를 재촉하기 위해 남편이 수사 중인 검사에게 직접 전화를 걸었다는 것이다. 여성으로선 드물게 자력으로 최고위원까지 오르며 정치적 입지를 키우던 나 후보는 이후 정치권에서 보기 힘들게 됐다.

서울시장 선거가 시민사회 출신의 박원순 시장의 승리로 끝나면서, 야권에선 시민사회의 정치 세력화가 활발히 진행됐다. 제1야당 민주당은 야권의 민주노동당, 진보신당 등 모든 정당을 아우르는 '대통합'에는 성공하지 못했다. 대신 시민사회 및 노동계와의 통합을 선언했고, 시민사회 인사들이 '시민통합당'이란 임시정당을 만들어 당대당 통합 형식으로 '민주통합당'을 만들었다. 한국노총도 합류했다. 박원순 시장은 민주당에는 입당하지 않았지만, 민주통합당에는 입당했다. 민주통합당에 들어온 많은 시민사회 및 노동계 출신 인사들이 4·11 총선에서 당선돼

제도권 정치로 들어왔다.

　패배한 한나라당 쪽은 출범한 지 몇 달 되지도 않은 홍준표 대표 체제가 흔들리기 시작했다. 홍준표 대표는 "이긴 것도 진 것도 아니다."라며 애써 추슬러보려 했다. 그러나 무상급식 주민투표 때 투표율 25.7%를 두고 "사실상 이긴 것"이라고 한 것과 맞물려 조롱의 대상이 될 뿐이었다. 10·26 보궐선거 당일 중앙선관위 홈페이지에 대한 디도스 공격으로 서버를 마비시킨 범인이 최구식 한나라당 의원의 비서관으로 밝혀지면서 한나라당은 한층 더 흔들렸다. 유승민, 원희룡, 남경필 등 최고위원들이 사퇴했다. 버티던 홍준표 대표도 끝내 자리에서 물러났다.

　바통을 넘겨받아 당 쇄신 작업을 맡은 것은 '박근혜 비상대책위원회'였다. 박근혜 비대위원장은 1997년 대선을 앞두고 정계에 입문해 10년 동안 야당의 거물급 지도자로 성장했다. 2007년 한나라당이 집권에 성공했지만 친이-친박 갈등으로 박 위원장은 사실상 '여당 내 야당' 같은 처지로, 여당의 열매는 맛본 바 없었다. 총선과 대선을 함께 치러야 하는 2012년이 한 달도 채 안 남은 상황에서 집권여당의 전권을 처음으로 맡게 됐다.

　위기의 한나라당은 비상대책위원회에서 이름을 새누리당으로, 당 색깔을 빨간색으로 바꿨다. 당이 지향하는 정강·정책엔 복지와 경제민주화를 전면에 내세웠다. 이미지 변신에 성공한 새누리당은 4·11 총선에서 소수당으로 전락할 거란 전망을 깨고 다수당 지위를 유지하게 됐다.

반면 민주당은 공천 과정에서 불거진 특정 계파 독식 논란, 그리고 팟캐스트 〈나는 꼼수다〉로 유명해졌던 김용민 후보의 막말 파문 등으로 패배의 쓴맛을 봤다. 사실 〈나는 꼼수다〉도 10·26 서울시장 선거와 중앙선관위 디도스 공격 논란에서 성장했다. 나경원 후보에 대한 각종 의혹을 제기하고, 예상치 못했던 디도스 공격 배후설을 주장한 주인공이었다. 급기야 김용민 후보의 총선 출마로까지 이어졌으나 그가 과거 인터넷방송에서 했던 발언이 문제가 됐다. 결국 그 자신도 낙선했을 뿐 아니라, 야권의 전체 선거 패배에도 영향을 줬다는 가혹한 평가까지 나왔다.

한 사람의 결심이 만들어낸 지각 변동

박원순과 시민사회의 정치 데뷔, 안철수의 등장, 시대 과제로서 복지담론의 확립, 주요 정치인들의 퇴장, 새누리·민주 양당의 변화, 〈나는 꼼수다〉의 흥행, 4·11 총선 결과 등이 모두 오세훈 전 시장과는 직·간접적인 영향을 맺고 있다는 것을 알 수 있다. 정작 오세훈은 총선이 끝난 2012년 5월 영국으로 유학을 떠났다. 서울시장 재선에 성공하면서 차기 또는 차차기 대통령 후보감으로 거론되기도 했지만 이젠 누구도 그런 이야기를 하지 않는다. 시장직 사퇴 당시만 해도, 그에게 왜 상황을 그릇 판단했냐고 괘씸죄를 묻던 새누리당이었다. 하지만 이젠 기억조차 하지 않는다.

브라질에 있는 나비의 날갯짓이 미국 텍사스에 토네이도를 발생시킬 수 있다는 이론이 있다. 이른바 '나비효과'다. 그 나비가 날갯짓을 하지 않았다면 토네이도도 발생하지 않았을까? 오세훈의 주민투표 결심이 없었다면 이 모든 일이 일어나지 않았을까? 타임머신을 되돌려 오세훈 시장이 시장직을 거는 것만은 기어이 막아낸다면, 세상은 조금 덜 요란했을까?

우린 그저 꾸준히 전진하는 역사의 수레바퀴를 보고 있는 건지도 모르겠다. 수레에 몸을 실은 우리는 그 전진에 몸을 내맡겨야 할 뿐이다. 비탈길에 서 있는 수레는 언제고 내리막을 내달릴 준비가 돼 있는데, 굴러온 조약돌 하나가 바퀴를 툭하고 건드리지 않았다 해서 수레가 내려가지 않는 상황을 굳이 상상할 필요가 있을까? 그렇기에 어쩌면 오세훈 사퇴 이후 파란만장했던 일련의 흐름은 이미 예정됐던 역사의 흐름일지도 모른다.

그저 우리는 그 전진을 느끼지 못하는 것뿐이다. 마치 나의 심장은 내가 잉태된 순간부터 뛰어서 오늘도 변함없이 뛰고 있지만, 정작 나는 언제부터 심장이 뛰었는지 기억하지 못하는 것처럼.

선거구 제도

　선거구란 독립적으로 대표자를 선출할 수 있는 지리적 단위를 지칭한다. 크게는 소선거구제와 중대선거구제로 구분된다. 소선거구제도는 선거구에서 가장 많은 표를 얻은 1명만 당선되는 방식이다. 한 지역구에서 2~5명이 당선되면 중선거구, 그 이상, 많게는 10명까지 당선되면 대선거구제다. 현재 우리나라의 국회의원 선거는 소선거구제로 실시된다. 지역구 1곳에 국회의원 1명씩이다.

　소선거구제는 다른 말로 다수대표제라고 한다. 다수의 의견만 대표된다는 뜻이다. 최다 득표자 1명은 당선되지만, 나머지는 모두 낙선한다. 투표 결과가 51 : 49로 나와도 49%의 민의가 반영될 통로가 없다는 맹점이 있다. 전체 지역과 투표 결과가 일치하지 않아 모순이 발생하기도 한다. 가령, 지역구 A정당과 B정당이 맞붙은 지역구 3곳 가운데, A정당이 2곳에선 각각 51 : 49로 이기고, B정당은 나머지 1곳에선 30 : 70으로 이겼다고 하자. 3곳 득표를 모두 모아보면 132 : 168로 B정당이 월등히 앞선다. 그러나 의석 수로는 A정당의 2 : 1 승리다.

　소선거구제는 영호남 지역구도 고착화의 한 원인으로도 꼽힌다. 한 지역구에서 한 명에게만 기회를 주려다 보니, 특정 지역에서 특정 정당 후보만 승리하는 형태가 되기 쉽다. 영남은 새누리당, 호남은 민주통합당 식으로 지역에 따라 확고한 지지층을 가진 정당이 유리한 탓에 지역주의 구조화가 필연적이다. 정당 공천만 잘 받으면 당선은 따놓은 당상이라고 여기면서, 공천을 주고받는 과정에서 여러 잡음이 발생하는 것도 결과적으로 소선거구제의 폐단이다.

소수대표제라고도 불리는 중대선거구제는 1등 말고 2등, 3등에게도 기회를 주는 식이므로 이런 폐단을 막을 수 있다. 소선거구제에서는 양당 구도가 정착하게 되지만, 중대선거구제에선 제3당 이하 소수당도 당선될 가능성이 높아진다. 다양한 목소리가 정치에 반영되지만, 이런 상황을 '군소정당의 난립'이라고 폄하하는 시각도 있다. 한 정당이 의회를 온전히 장악하기는 힘들게 되며, 집권을 위해 정당 연합을 추진하는 과정에서 정국이 불안해질 수 있기 때문이다.

국회의원 선거에서 얻은 전국적인 득표율을 적용해 비례대표를 할당하는 독일식 정당명부제도 소선거구제의 폐단에 대한 보완책으로 거론된다.

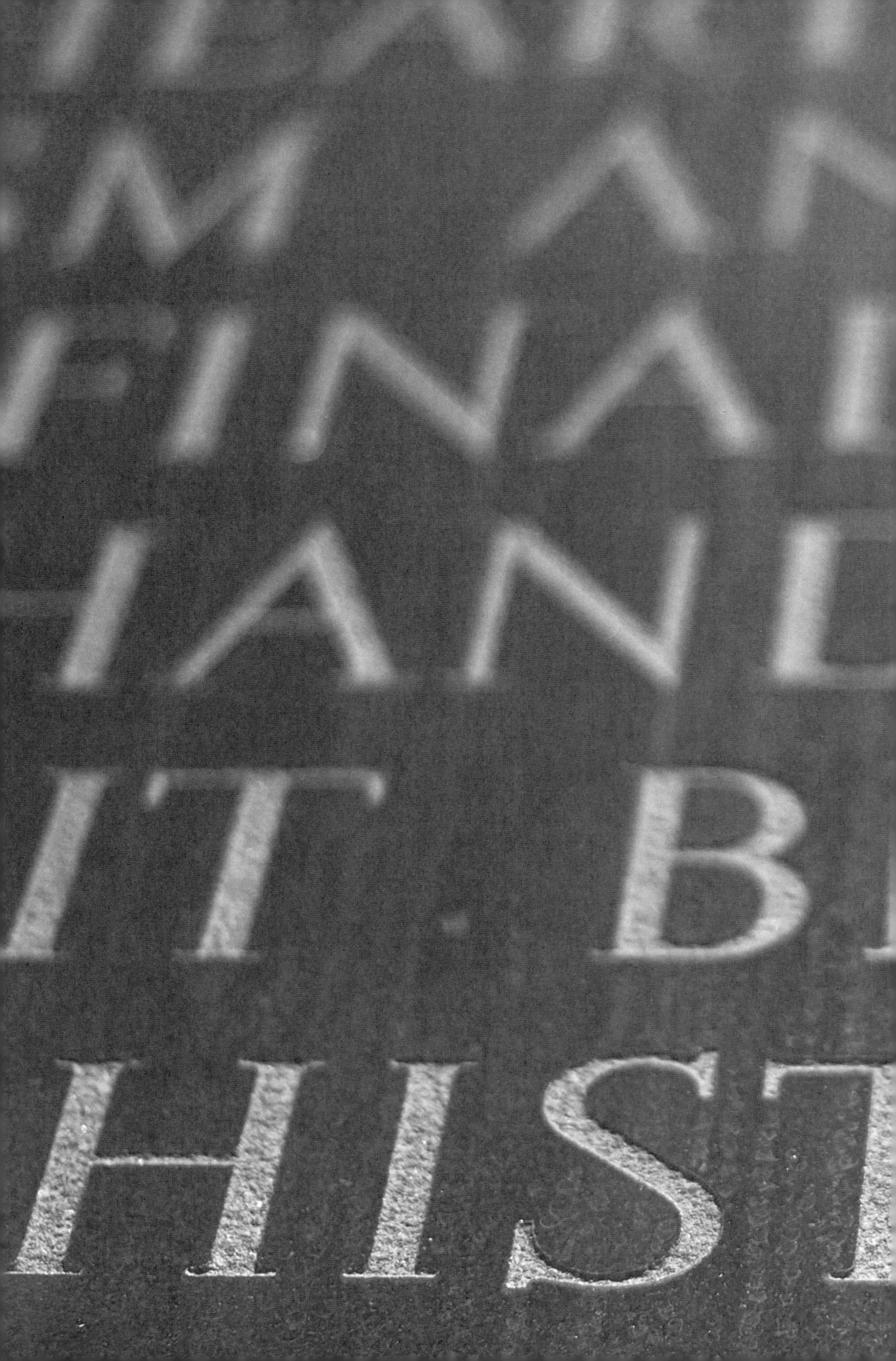

우리는
정치적 삶을 살 때만
우리 인간의
고유한 언어 능력을
실제로 발휘할 수 있다.

마이클 샌델 Michael Sandel

두 번째 프러포즈

정치에서
나를
발견하다

정치는 지나간 어제에 놓여 있지 않고,
다가올 내일에 숨겨진 것도 아닙니다.
오늘의 우리와 함께 정치는 살아 숨 쉬고 있습니다.
우리는 정치에서 숨겨진 우리들의 모습을 발견했습니다.

6장

꿈이란 평가의 대상이 아니다

: '대선 경선자'들에게서 발견한 조연의 미학

만약 깨끗하게 포기할 수 있다면,
그건 꿈이 아니야.
츄야 코야마, 《우주형제》 중에서

초등학교 때였다. 피겨스케이트 경기를 보다 "아, 나는 피겨스케이팅 선수가 되긴 글렀다"는 생각을 했다. 빙판 위에서 화려한 옷자락을 휘날리며 '샤르르' 하고 도는 예쁜 스케이트 선수가 부러우면서도, 그들이 유치원에 가기도 전부터 스케이트를 탔다는 사실을 알게 되면서 '나는 이미 늦었다'란 현실을 인식했던 것 같다. 나이가 든다는 건 어쩌면 점점 할 수 없는 일이 많아진다는 것, 그리고 그걸 깨닫는 시간이 단축된다는 것을 의미하는지도 모르겠다. 살아갈수록 내가 살아온 인생 경력과 경험들로 인해 특정한 길로 내가 접어들고 있음을 깨닫게 된다. 김광석의 노래, 〈서른 즈음에〉에 나오는 '점점 더 멀어져간다'는 가사처럼 서른만 되어도 이러한 젊은 날의 꿈과 가능성에서 어느덧 멀어져 있다는 것을 느끼곤 한다.

그런 슬픈 눈으로 나를 보지 말아 달라

정치부 기자를 오래 한 어느 선배의 말에 따르면 정치인은 어떻게 정치 무대에 데뷔하는지만 봐도 대성할지 아닐지를 알아본다고 한다. 어릴 때 읽던 숱한 위인전기의 레퍼토리대로 영웅은 타고난다는 주장이다. 실제로 어떤 정치인은 등장하자마자 대선후보급으로 대우를 받고, 또 어떤 정치인은 대통령이 되고도 남을 온갖 경력을 다 쌓고도 국민들에게 잘 알려지지 않은 정치인으로 남기도 한다.

18대 대선에서 민주통합당 예비경선에 출사표를 던진 김영환 의원의 경우는 후자로 볼 수 있다. 민주화운동 경력에다 시인과 전기기술자, 치과의사와 과학기술부 장관을 거친 이색경력 보유자에다 4선 국회의원으로, 지역적 기반은 대선 표심의 바로미터로 꼽히는 충청도다. 그러나 안타깝게도 그의 지지율은 1%대. 그런 그가 도대체 왜 대통령이 되겠다고 나섰던 것일까. 그 이유가 궁금해 그가 대선 출마선언을 하기 며칠 전 기자들 몇몇이 '구미(팀을 뜻하는 일본말로 기자들 사이의 은어)'를 이뤄 인사동의 한정식 집에서 그를 만났다. '자신이 진짜 대통령이 될 수 있다고 생각하는 걸까?'라는 내 눈빛을 읽었는지, 아니면 그런 눈빛을 대하는 데 익숙해져서인지 그는 이런 말을 했다. "그런 슬픈 눈으로 나를 보지 말아 달라. 이 방을 나갈 때는 당신도 나를 다시 보게 될 것이다." 이어 그가 우리 앞에 펼쳐놓은 자신의 승리 전략은 이랬다. 컷오프(예비경선)를 통과하면, 민주통합당의 다크호스로 부상하면서 지지율이 수직

상승하고, 그런 역동성의 힘으로 다른 후보들을 이길 수 있다는 거였다. 그러나 안타깝게도 거기에 있었던 기자들 중에 그가 경선을 통과할 것이라고 예측하는 이는 없었다.

그로부터 며칠 뒤 그는 스티브 잡스Steve Jobs처럼 청바지에 운동화를 신고, 빗속에서 헤드셋을 낀 채 출마선언을 했다. 기존 정치권의 관점으로는 기행에 가까운 파격이었다. 이후 각종 TV토론회에서도 그는 청바지를 입고 출연해 '특전사 코스프레' 등의 자극적인 표현으로 문재인 후보를 공격하며 이목을 끌기도 했다. 그러나 그는 컷오프를 통과하지 못했고, 다크호스로 부상하는 데 실패했다. 전국적 인지도나 조직적 기반 없이 대통령이 되겠다는 열정만으로는 한 번에 뛰어넘기 힘든 벽이었던 것이다.

꿈은 성장의 계기가 된다

정치권에서 우리가 어떤 정치인을 두고, 대통령감인지 아닌지를 가장 쉽게 판별할 수 있는 요소는 '지지율'이다. 흔히 지지율이 높은 정치인을 우리는 대통령 주자, 차기 대선 후보로 본다. 무소속 안철수 후보 역시 등장하자마자 본인의 뜻과 무관하게 '지지율'의 힘만으로 단숨에 대통령 후보로 국민들에게 인식됐다. 이와는 대조적으로 민주통합당 경선에 참여했던 후보 8명 중 5명이 지지율 1% 안팎에 불과했다. 다들 화려한 이력과 정치적 경험, 자신만의 역사와 대통령이 되겠다는 권력의지까지 갖추고 있었는데도 말이다.

그 이유는 뭘까. 정치학에선 이를 '밴드웨건 효과(Band wagon effect, 대세편승효과)'로 설명한다. 사람들이 많이 몰리는 곳을 따라가게 되는 현상을 뜻한다. 한 정치인이 일정수준 이상의 지지율을 얻고 나면, 대세론이 형성되면서 점점 더 많은 사람을 끌어 모으게 되는 효과가 있다. 반대 이론은 '언더독 효과(Underdog effect, 약자가 이기기를 바라는 심리)'. 두 마리의 개가 싸울 때 너무 한쪽 개만 일방적으로 이기면, 약한 쪽이 이겨주기를 바라는 마음이 작용한다는 뜻으로, 지는 쪽을 지지하게 되는 경우를 말한다. 그러나 대선과 같은 큰 선거에선 언더독 효과보단, 밴드웨건 효과가 더 큰 영향을 미치게 된다. 나라 전체를 이끌 대통령을 동정심만으로 뽑을 수는 없기 때문이다. 따라서 후보들 사이에서 초반 지지율 격차가 큰 경우, 이를 따라잡기란 여간 어려운 일이 아니다.

이 때문에 지지율 1%의 도전은 보통사람들이 보기엔 무모한 도전이 아닐 수 없다. 후보가 일주일 동안 백방으로 뛰어 지지율을 2%대로 올린 뒤 "일주일새 지지율 100% 상승!"이라고 큰 소리로 외쳐봐도 돌아오는 건 여론조사전문가들의 "오차범위(3~4%p) 내의 지지율 변화는 아무런 의미가 없다"는 콧방귀뿐이다.

게다가 민주통합당의 경우 컷오프를 통과해 본선에 진출하면 3억 원이라는 큰돈을 내야 한다. 돈 안 내도 출마할 수 있는 반장선거가 아니란 얘기다. 그럼에도 이들이 대통령이 되겠다고 나서는 이유는 뭘까. 흔히 이유로 드는 건 3가지다. 하나는 홍보 효과다. 쟁쟁한 후보들과 같이 TV토론회에 나와 상대 후보와 경쟁한다는 것 자체가 "우린 같은 체급이다"라고 비춰지는 효과가 있다. 이는 3억짜리 단발성 TV광고보다 더 큰 효과를 거둔다. 두 번째는 차기를 노린 포석이다. 꼭 대통령이 아니라도 총리나 당대표를 노려볼 수 있다. 정치무대에서 한 단계 더 성장하는 모멘텀(Momentum, 계기)이 되는 셈이다. 세 번째는 보다 인간적이고, 근원적인 이유다. 로맨틱하게 말하자면 그의 마지막 남은 꿈이기 때문이다. 정치인이 일정 이상 성장하면, 더 이상 올라갈 곳이 없다. 재선에 성공하는 횟수가 많아지고 정치적 내공이 쌓이면 상임위원장이나 주요 당직을 두루 거치게 된다. 여기에 여당이 되면 정부에서 장관, 총리까지 할 수 있다. 이때 마지막으로 이들에게 남은 꿈이 대통령이다. 꿈을 꾸고, 이를 실행에 옮겨야 '나를 따르라'를 외칠 수 있고, 사람들을 모으고, 세력을 쌓고, 이 기반으로 영향력이 큰 지도자로 성장할 수 있다. 꿈을 꿔야 발전하고 성장하는 건 누구에게나 마찬가지인 셈이다.

꿈을 꾸는 동안은 늙지 않는다

그러나 각자의 이유야 어찌됐든, 이들의 출마가 이기적인 선택인 것만은 아니다. 이들의 존재 자체가 대선에선 중요한 역할을 하게 된다. 정치권의 용어로 좋은 말로는 '페이스메이커', 나쁜 말로는 '불쏘시개' 등으로 불린다. 물론 처음부터 "나는 불쏘시개가 되겠다"고 선거에 나서는 경우는 없다. 18대 대선 경선에 뛰어든 새누리당 김태호 의원은 페이스메이커가 되기 위해 출마했다는 지적에 대해 "싸움하러 나가서 '2등 하겠다'는 경우는 없다"는 말을 남겼다. 그렇다. 올림픽에 출전하는 선수가 "나는 저 선수가 금메달을 딸 수 있도록 은메달만 따겠다"고 하는 경우는 없다. 그리고 최고의 금메달은 은메달 선수와의 불꽃 튀는 치열한 경쟁에서 나온다.

결과적으로는 페이스메이커 또는 불쏘시개가 될 수 있지만, 경선을 치르는 과정에서 이들은 없어선 안 되는 존재다. 이들이 1등 후보와 맞붙어서 치열하게 싸워야 1등 후보가 다른 당의 후보와 맞붙을 경쟁력이 생긴다. 경선 과정에서의 적당한 네거티브는 본선에 있을 더 강력한 네거티브에 맞설 맷집을 키워주는 훌륭한 예방주사가 된다. 여기서 네거티브의 수위 조절이 매우 중요하다. 과도한 네거티브 전략은 본인의 이미지에 악영향을 줘서 오히려 본인의 지지율만 깎아먹는다. 직장생활을 하다 동료에 대한 불만을 제3자에게 털어놓았을 때 적당한 수준에선 유대감을 형성하는 윤활유가 되겠지만, 정도가 지나치거나 때와 장소를 가리지 못할 경우 여지없이 '빅 마우스(Big mouth, 입이 싼 사람)'로 낙인찍히는 것과 마찬가지다.

더구나 정치권에서의 네거티브는 더 큰 위험을 부담해야 한다. 네거티브 과정에서 서로의 후보를 지지하는 세력 간에 감정이 상하게 되면 나중에 다 같이 힘을 모아 상대 후보를 꺾기 힘들다. 만약 이런 이유로

진영 전체가 패배하게 되면, 진영으로부터 '역사의 죄인'이나 'X맨'이란 비판을 감수해야 한다.

김문수 경기도지사는 승자가 정해진 재미없는 경기가 될 뻔했던 새누리당 경선에 사람들의 시선을 잡는 데 공을 세웠다. 김 지사는 박 후보에 대한 네거티브 때문에 박 후보의 안방이나 다름없는 대구 경북 합동 연설회에서 50대 남성에게 "왜 박 후보를 욕하느냐"며 멱살이 잡히기도 했다. 구경 중 싸움 구경만한 게 없다는데, 국민들 입장에선 경선이 흥미진진해질 수밖에 없다. 박 후보 측에선 "같은 편끼리 너무한다"는 비판이 나왔지만 김 지사가 없었다면 이미 후보가 정해진 것과 다름없는 새누리당의 경선에 누가 관심이나 가졌을까.

누군가가 또 다른 누군가를 빛내줄 조연이 될지언정, 그 꿈의 성공 여부에 상관없이 꿈을 꾸는 동안은 행복하다. 그리고 조연을 열심히 하다 보면 주연이 될 기회는 얼마든지 주어진다.

기자들은 사람을 많이 만나는 직업이다 보니, 성공한 사람에게서 풍기는 어떤 '아우라'를 보게 되는 경우가 있다. 그것은 '젊음'의 아우라다. 이 젊음의 아우라는 꿈을 꾸는 사람에게서 나온다. 당신이 자신의 한계와 상관없이 꿈을 꿀 때, 무모하다 싶을 정도의 일에 도전할 때, 그로 인한 행복감이 얼굴에 충만하게 드러날 때, 그때야말로 자신이 가장 젊고 빛나 보일 때라는 것을 잊지 말자. 우린 아직 자신만의 무모한 도전을 꿈꾸기에 충분히 젊다.

국회 상임위원회의 역할

국회의원에게도 학교의 반과 같은 개념이 있다. 바로 국회 상임위원회다. 국회에는 16개의 상임위와 2개의 상설특별위원회(예산결산특위, 윤리특위)가 있는데, 국회의원들은 이중 하나 이상에 소속돼 있다. 반장 격인 상임위원장도 뽑는다. 다만 학교와 다른 점은 학교에선 반장을 선거로 뽑지만, 국회 상임위원장은 여야 협상을 통해 각 정당 몫을 정한 후 국회의원들의 신청을 받아 원내대표가 지명하거나 당내 선거를 통해 뽑는 것이다. 최종적으로는 본회의장에서 의원들의 투표로 선출된다.

이중 운영위원회의 위원장은 국회법에 따라 다수당의 원내대표가 맡는다. 이에 비해 법사위원장은 관행적으로 야당 몫으로 정해져 있다. 19대 전반기(2012~2013년) 국회에선 민주통합당 박영선 의원이 여성 최초로 법사위원장을 맡아 화제가 됐다. 상임위원들은 상임위 소관 부처에 속하는 의안을 처리하는 역할을 맡는다. 소관 부처에 대한 예산 심의와 국정감사 권한도 갖고 있다. 상임위별 주요 소관 부처와 소관 업무는 다음과 같다.

- 운영위원회=국회사무처, 국회도서관, 국회예산정책처, 국회입법조사처, 대통령실, 국가인권위원회, 특임장관실
- 법제사법위원회=법무부, 법제처, 감사원, 헌법재판소의 사무에 관한 사항, 법원·군사법원의 사법행정에 관한 사항, 탄핵소추에 관한 사항, 법률안·국회규칙안의 체계·형식과 자구의 심사에 관한 사항
- 정무위원회=국무총리실, 국가보훈처, 공정거래위원회, 금융위원회, 국민권익위원회
- 기획재정위원회=기획재정부, 한국은행, 수출입은행, 국세청, 관세청
- 외교통상통일위원회=외교통상부, 통일부, 민주평화통일자문회의 사무에 관한 사항
- 국방위원회=국방부, 방위사업청, 병무청
- 행정안전위원회=행정안전부, 중앙선거관리위원회 사무에 관한 사항, 지방자치단체에 관한 사항, 경찰청, 소방방재청
- 교육과학기술위원회=교육과학기술부, 국가과학기술위원회, 원자력안전위원회
- 문화체육관광방송통신위원회=문화체육관광부, 방송통신위원회
- 농림수산식품위원회=농림수산식품부
- 지식경제위원회=지식경제부
- 보건복지위원회=보건복지부, 식약청
- 환경노동위원회=환경부, 노동부
- 국토해양위원회=국토해양부
- 정보위원회=국가정보원, 국군기무사령부
- 여성가족위원회=여성가족부

7장

권리는
누군가를 대신한
의무다

: 정당의 '공천제도'에서 배우는 권력의 위임

정치란 열정과 균형적 판단 둘 다를 가지고
단단한 널빤지를 강하게 그리고 서서히 뚫는 작업이다.

막스 베버 Max Weber

"누님, 자신 있으신가 봐. 나한테 전화 한 통 안 하고."

공천심사위원으로 활동하는 같은 당 남성 의원이 건넨 말에, 초선의
18대 여성 국회의원은 귀를 의심했다. 그는 자신보다 나이가 열 살 이
상 어린 후배였다. 2012년 19대 국회의원을 뽑는 4·11 총선을 앞두고
당이 선거에 낼 후보자를 선택하는 공천이 한창이던 2월이었다. 그 여
성 의원은 당에 공천을 신청한 터였다.

피 말리는 예선전

정당의 공천심사위원회는 정당이 내세울 국회의원 후보자로 가장 적
합한 사람을 결정하기 위해 구성하는 기구다. 공천심사위원들은 후보자

가 되겠다는 사람들을 면접하고 심사한다. 기업에 입사하기 위해 응시한 취업 준비생들의 당락을 면접 심사위원들이 쥐락펴락하듯 공천 신청자들의 운명도 공천심사위원들에게 달렸다. 현역 국회의원도 다음 국회에 입성할 기회를 얻기 위해선 마찬가지 처지다.

공천심사위원들이 공천 신청자들의 목줄을 쥐고 있는 셈이니, 그 남성 의원은 좀 거드름을 피워볼 마음이 들었을 법하다. 설사 농담이었다고 해도 그의 말에선 동료 의원들의 당락을 좌우할 권한이 자신에게 있다는 과시가 느껴진다. 여성 의원은 후배의 무례함에 기가 찼던지 다른 의원에게 "웃기지도 않았다"며 분통을 터뜨렸다. 그 넋두리를 들은 전직 여성 의원이 사석에서 전해준 얘기다.

총선 전 두 달여간, '여의도'로 은유되는 정계의 눈길은 정당의 지도부와 공천심사위원회가 누굴 중용하고 누굴 떨어뜨릴지에 온통 쏠린다. 공천심사위원회는 각계 전문가로 활동하는 외부 위원과 현역 국회의원들인 내부 위원으로 구성한다. 공천 신청자 중 누군가는 정당이 내세우는 유일한 후보자가 되지만 공천심사위원회의 판단에 따라 경쟁자와 경선을 거쳐야 할 때도 많다. 총선이라는 본선 전에 피 말리는 예선을 거쳐야 하는 것이다. 그래서인지 공천심사위원회 면접장에선 자존심 높은 국회의원들도 고개를 숙인다.

재정경제부 장관 출신의 3선 의원이었지만 언론에서 공천 탈락 가능성이 높다고 지목된 강봉균 민주통합당 의원은 2월 공천심사위원회의 면접이 끝나갈 무렵 친구이기도 한 강철규 공천심사위원장한테서 '이제 젊은 후배들에게 물려줄 생각이 없느냐'는 질문을 받았다고 한다. 4선을 노렸던 강 의원에겐 무상함이 느껴지는 한마디였을 것이다.

정치가 내 삶의 전부인데…

누군가는 탈락해야 하니 불만이 없을 수 없다. 공천심사위원회의 면접이 이뤄졌던 민주통합당 당사 앞에선 공천 탈락자들의 항의 시위가 끊이지 않았다. 공천의 최종 결정을 내리는 민주통합당 지도부가 여의도 인근의 여러 호텔을 옮겨 다니며 회의를 열어야 할 정도였다. 회의 장소를 비밀에 부쳤지만 공천 탈락을 받아들이지 못한 이들은 기어코 장소를 알아내 호텔 로비에 진을 쳤다. 2012년 2월의 어느 날 새벽도 그랬다. 당 지도부 회의가 한창이던 서울 마포 가든호텔 로비에 탈락자들이 하나둘 모여들었다. 수염 덥수룩했던 어느 탈락자에게 '당이 결정을 바꾸지 않을 것 같은데 힘들지 않느냐'고 물었다. 이해할 수 없다는 얼굴로 쳐다보던 그는 "전혀 힘들지 않다. 정치가 내 삶의 전부인데…"라고 답했다.

청운의 꿈을 품은 정치가들이 이렇게 정당의 공천에 매달리는 건 한국의 대의민주주의가 정당이 추천하는 대표(국회의원)를 통해 실현되기 때문이다. 정당정치에선 정당의 지원 없이 지역구에서 국회의원으로 당선되기 어렵다. 평생 정치인의 꿈을 안고 살아온 사람이든, 정당의 누군가로부터 영입 제의를 받은 명망가든 국회의원 후보자가 되려면 정당의 지도부나 공천심사위원회의 평가를 받아야 한다. 평가와 당락 결정의 권한은 곧 권력이 된다.

그 권력이 어디서 온 걸까. 정당이 원래 가진 힘일까. 아니라고 생각한다. 정당의 지도부도, 공천심사위원회도 권력의 진원지가 아니다. 선거에서 투표권을 갖고 있는 유권자, 우리다.

위임장의 남용

대의민주주의는 우리를 대신해 법을 만들고 나라 살림을 꾸려갈 대표자에게 의사결정권을 위임한 제도다. 그렇다면 대표자가 될 후보자를 추천하는 정당의 공천 권한을 이렇게 설명할 수 있지 않을까. "우리가 후보자를 일일이 찾을 시간과 여력이 없으니 '정당 너희에게 우리를 대신해 훌륭한 정치가들을 잘 찾아내 기량을 잘 발휘할 수 있게 하도록 권한을 주겠다'며 정당에 써준 무형의 위임장"이라고 말이다.

그러니 공천은 대의민주주의의 출발점이다. 정당이 좋은 대표자를 추천할 리더십을 갖춰야 좋은 정치를 할 수 있기 때문이다. 좋은 정치란 우리가 써준 위임장의 내용을 충실히 이행하는 것이다. 문제는 정당들이 우리가 위임한 권력을 바르게 쓰지 않고 원래 자기들이 갖고 있었던 힘이라도 되는 양 남용할 때가 많다는 점이다.

19대 국회의원 후보자를 추천하는 공천심사 기간 동안 새누리당에선 지역별로 친박(친박근혜) 실세 의원들이 공천을 좌우지한다는 말이 공공연히 나왔다. 부산·경남은 서모 의원, 대구·경북은 최모 의원, 수도권은 유모 의원이라는 식이다. 정당의 누군가에게 공천 권력이 지나치게 쏠리면 자연히 그 사람의 눈치를 보게 된다. 좋은 후보자를 추천하고 결격 사유가 있는 후보자를 걸러내는 공천 과정이 균형을 잡지 못하고 휘청거린다.

돌려차기로 아테네올림픽 태권도 종목에서 금메달을 따 국민 영웅으로 떠올랐던 문대성 의원의 논문 표절 파동도 새누리당의 그런 분위기에서 태생했다. 새누리당의 공천 심사 때 진작 문 의원의 논문 표절 의혹이 제기됐음에도 제대로 걸러지지 않은 것이다. 현영희 비례대표 의원이 공천을 대가로 당 관계자에게 돈을 건넸다는 의혹의 공천 뇌물 사태도 정당의 누군가에게 잘 보이면 국회의원이 될 수 있다는 삐뚤어진 욕망의 종착점 아니었을까.

〈나는 꼼수다〉로 유명해진 김용민 씨는 민주통합당이 아니라 구속된 정봉주 전 의원이 공천했다는 비아냥거림을 들어야 했다. 민주통합당 지도부인 박지원 당시 최고위원이 2012년 3월 식사 자리에서 들려준 말을 떠올리면 크게 틀린 말은 아니었다. "감옥에 있는 정봉주 전 의원이 김 씨를 강하게 추천했다. 정 전 의원이 그 아닌 다른 사람은 원하지 않았다." 김 씨가 국회의원의 역할을 잘 수행할지에 대한 검증보다 정 전 의원의 의중이 더 중요했던 걸까. 얼마 뒤 김 씨는 정 전 의원의 지역구인 서울 노원갑에 공천됐다.

총선이 끝난 뒤 민주통합당의 한 지도부를 만났더니 "실은 당 지도부 대부분이 김 씨의 공천을 반대했다"고 털어놨다. 그럼에도 나꼼수가 정치에 강한 불신을 가진 젊은 층 일부에게 인기가 높으니 김 씨를 공천하면 이들의 지지를 얻을 수 있다는 생각이 지도부의 침묵을 불렀다는 것이다.

정당이 국민에게 내세운 공천의 이유가 실제와 다른 경우는 어떻게 봐야 할까. 2012년 3월 비례대표 후보자 공천 결과가 발표된 뒤 민주통합당 공천심사위원이 들려준 말이 또렷하다. "임수경 의원이 장성 출신의 백군기 의원과 함께 남북관계 카테고리에 속한 후보자로 영입됐다"는 설명이었다.

시간이 한참 흐른 7월, 그가 실은 처음부터 불교계의 강한 요청으로 비례대표 후보자에 이름을 올렸고 불교계를 대변할 수 있는 문화체육관광방송통신위원회를 1지망 상임위원회로 신청했다는 뒷사정을 들었다. 그런 그가 2지망인 행전안전위원회로 가자 불교계의 항의가 이만저만이 아니었다는 얘기도 들렸다. 머릿속이 혼란스러웠다. 민주통합당이 이런 사실을 쉬쉬하면서 임 의원을 남북관계 관련 후보로 내세운 순간, 국

:: 정당 지도부가 국회의원 후보자를 결정하는 '하향식 전략공천'엔 잡음이 끊이지 않는다.
(출처: 연합뉴스)

회에서 꿈을 펼쳐보려던 남북관계 전문가 누군가는 비례대표 후보자로 추천될 기회를 잃었다는 뜻이 될 수도 있기 때문이다.

새누리당의 한 공천심사위원은 위원회 첫 회의를 한 뒤 새누리당 출입기자들에게 '친박이든 친이(친이명박계)든 현역 의원이 공천을 받지 못해 비는 자리는 친박 의원으로 채워넣는 게 원칙'이라는 취지의 말을 했다고 한다. 기자들에게 그런 말을 스스럼없이 했던 걸 보면 '박근혜 사람 심기'가 드러내지 못할 비밀도 아니었던 모양이다. 정당에 위임장을 건넨 유권자의 눈높이엔 계파 늘리기에 공천 권한을 남용한 모습으로 보이리라는 건 몰랐을까.

우리는 빚을 지고 있다

허탈할 것이다. 정당이 추천한 후보자가 최선이라 믿고 표를 던졌는데 실은 정당이 누군가의 사심, 이해관계, 학연, 지연, 계파를 고려해 후보자를 추천했다면 말이다. 바쁜 일상에 정치를 잊고 살더라도 우리 자신을 위해, 우리 자신도 모르게 정당에 써준 위임장이 정당에 엄청난 권력을 부여해준다는 점만은 기억해야 할 이유다. 호랑이(우리=유권자) 권세를 빌려 여우(정당)가 위세 부리는 모습을 구경하듯 보는 건 화나는 일 아닐까. 정당들이 입버릇처럼 내세우는 '국민을 위해'라는 말은 수사가 아니다. 그들은 정말 우리에게 빚을 지고 있다. 바로 우리가 위임한 권력을 바르게 써야 할 의무다.

작든 크든 당신이 지금 행하는 어떤 권력도 누군가의 위임으로 생겨난 것일지 모른다. 당신이 교사라면 생계에 바빠 아이들을 직접 가르치기 어려운 부모를 대신해 아이들을 잘 교육시킬 권한을 위임받은 셈이다. 우리는 곧잘 이런 사실을 잊는다. 권한을 바로 쓰지 못하거나 원래부터 자신에게 주어진 권력이라 착각하면 훌륭한 교육자가 되기 어렵다. 우리가 어떤 직업에 종사하든 자신이 위임받은 권력을 오만하게 남용하고 과시하고 있는지 성찰해볼 일이다. 기자인 나도 독자들에게서 위임받은 '알 권리'를 바로 쓰지 못할 때가 있었던 건 아닌지 하는 두려움에 돌아보고 반성하게 된다.

　누님에게 무례를 범했다는 그 공천심사위원은 2012년 4·11 총선에서 낙선했다. 자존심을 누른 채 그 위원의 눈치를 봐야 했을지 모를 여성 의원은 당선돼 국회 상임위원장을 맡았다. 위임받은 권력으로 위세를 떠는 호가호위의 무상함을 보여주는 상징적인 일로 느껴진다.

공천 심사제도(19대 국회 기준)

공천(Public recommendation, 公薦)은 국회의원 선거에서 정당이 후보자를 추천하는 일이다. 1대 국회인 제헌의회와 제2대 국회의원 선거에선 정당공천제가 없었다. 1954년 자유당이 181명의 후보자를 선정한 것이 공천제도의 시작이었다.

정당의 공천 방식은 공직선거법에 규정돼 있지 않아 정당이 방식을 결정할 수 있다. 2000년 16대 국회의원 선거까지도 별도의 심사나 경쟁 과정 없이 당의 총재(현재 대표)나 지도부가 후보자를 결정하는 '하향식 공천'이었다. 총재와 지도부는 무소불위의 권력을 가질 수 있었고 권력을 남용하는 부작용이 심해졌다. 2004년 17대 국회의원 선거에서야 각 당이 일부 지역의 후보자를 경선을 통해 선출하는 '상향식 공천'이 시작됐다. 현재는 정당이 공천 심사 기준을 정한 뒤 별도의 공천 심사 기구를 구성해 비공개로 서류, 면접 심사를 하고 경선을 통해 후보자를 선출하는 게 일반적이다.

19대 국회에서도 새누리당과 민주통합당 모두 이름은 다르지만 공천을 심사하는 위원회가 별도로 구성됐다. 새누리당은 부산지검장 출신의 정홍원 씨가 공직후보자추천위원장을 맡고 외부 인사 7명, 현역 의원

3명이 위원을 맡았다. 민주통합당은 공정거래위원장을 지낸 강철규 씨가 공천심사위원장을 맡고 외부 인사 7명, 현역 의원 7명이 위원을 맡았다. 이와 별도로 당 지도부가 이른바 '전략 공천'이라는 이름으로 당의 간판 인사나 경쟁력 있는 인사를 후보자로 추천하도록 했다.

새누리당은 서류심사와 면접을 통해 지역별로 후보자를 걸러낸 뒤 유선전화로 여론조사를 했다. 지역별로 경쟁자보다 20%포인트 높은 후보가 있으면 경선 없이 공천하고, 그렇지 않으면 지역별로 1,500명(당원 20%, 일반 국민 80%)의 선거인단 투표로 후보자를 결정했다. 이와 별도로 현역 의원들은 경쟁력을 평가해 하위 25% 해당하는 의원은 공천 심사에서 아예 배제하는 이른바 '25% 컷오프' 제도를 도입했다.

민주통합당은 서류와 면접 과정에서 배점을 정체성 20점, 기여도 10점, 의정 및 사회활동 10점, 도덕성 10점, 후보 적합도 및 경쟁력 30점, 면접 20점으로 분류해 점수를 매겼다. 점수가 경쟁자를 압도하는 사람은 경선 없이 공천하고 그렇지 않으면 선거인단 대상의 모바일 투표와 현장 투표를 병행해 후보자를 결정했다. 이와 별도로 현역 의원은 동료 의원들끼리 서로 점수를 주는 다면평가도 받게 했다.

8장

세상을 움직이는 건
결국 강자들의
철학일까?

: '룰의 정치', 그리고 견고한 사회의 벽

어릴 적엔 누구나 어른이 되고 싶어 한다.
그러나 어떤 어른이 될 것인가에 관해서는 아무 생각이 없다.
김정운, 《남자의 물건》 중에서

중·고교생들에게 국어, 영어, 수학은 가장 중요한 과목이다. '국영수'는 몇십 년째 거의 보통명사로 쓰이고 있다. 국영수 과목의 성적이 중요한 이유는 뭘까? 답은 배점이다. 대학 입시에서 배점이 가장 높기 때문이다. 입시 위주 교육에선 많은 점수가 배정되지 않은 과목은 그리 열심히 할 필요가 없다.

내가 고3이었던 1995년 수학능력시험은 200점 만점에 언어영역(국어) 60점, 수리영역1(수학) 40점, 외국어영역(영어) 40점이었다. 나머지 사회 및 과학 과목은 모두 합쳐서 60점이었다. 2012년 수능은 500점 만점에 언어영역(국어) 100점, 수리영역(수학) 100점, 외국어영역(영어) 100점이고, 탐구영역과 제2외국어·한문이 과목당 50점씩 4과목이다.

국영수 점수가 200점에 140점(70%) 또는 500점 만점에 300점(60%)으로 전체 과목 수 대비 비중이 도드라진다. 수능 도입 전 대학 입학시험이었던 학력고사도 320점 만점에 국영수는 190점(59%)으로 배점이 높았다.

룰은 시대정신으로 설명된다

국영수의 배점이 높다는 것만으로도, 현 시대의 정신과 철학이 설명된다. 국어시간에는 다양한 텍스트를 소화하는 능력을 키우고 어휘력을 늘린다. 읽고 쓰고 듣고 말하는 언어 능력의 배양은 인류 문명사에서 언제나 중요한 교육이었다. 수학은 여러 현상을 논리적으로 설명하기 위해 필요한 기초적 학문이다. 근대 이후 현재의 문명을 있게 한 과학의 기초다. 영어는 19세기 이후 지금껏 세계사를 사실상 주도하는 영국과 미국이 가장 우수한 인적·물적 자원을 끌어가면서 세계를 소통시키는 언어가 됐다. 국영수는 결국 전통적인 언어 교육과 근대 이후 과학 문명을 있게 한 수학 교육, 그리고 동서고금에 집적된 지식을 수용 가능케 할 영어 교육이란 시대정신을 반영한 셈이다.

조선시대 과거시험도 시대상을 반영했다. 유교를 핵심 이데올로기 삼아 건국했던 조선왕조는, 관료들을 뽑는 시험에서도 유교 경전인 사서오경 등을 시험 범위 삼아 문제를 출제했다. 또 중국 중심의 한자문화권이었음을 반영하듯 한문으로 쓰인 문학 및 실용문 작품도 주요 출제

범위였고, 시험 답안도 한문으로 작성해야 했다. 오늘날의 각종 고시 및 입사시험도 마찬가지다. 어떤 과목에 몇 점이나 배점이 되어 있는지를 보면, 각 기관·기업이 지향하고 기대하는 인재상을 대략이나마 유추해 볼 수 있다.

정당이 지도부를 뽑는 선거나 대통령·국회의원 등 후보를 결정하는 경선에도 '과목'이 존재한다. 그리고 각 과목에 얼마나 많은 점수가 배점되는지에 따라 그 정당의 지향점을 알 수 있다. 당내 경선의 과목이 당원들의 투표와 국민들의 투표 등 대략 두 갈래로 나뉜다는 점에서, 그 배점에 따라 당원들의 생각을 우선시하는지 아니면 국민들의 생각을 우선시하는지로 나누어지는 셈이다.

흔히 '당심'이라고 표현되는 당원들의 표는 '조직'으로 표현된다. 사람의 마음은 친한 사람을 향하기 마련이다. 표를 얻으려면 친해져야 한다. 친해지려면 후보 본인이건 후보를 대리한 사람이건, 당원들을 부지런히 만나고 같이 어울리며 부대껴야 한다. 그렇게 형성되는 게 조직이고 그 힘이 조직력이다. 그러므로 돈이 많을수록, 당에서 중요한 직책을 맡을수록 유리하다. 세상에서 얼마나 유명하고 존경을 받는지보다 자기 지역과 당의 사람들을 얼마나 챙겼는지가 더 중요한 게 조직력이다.

반면 당심의 상대적인 개념은 '민심'이다. 정당 밖 국민들 마음이다. 이를 반영한 게 선거인단 투표 또는 여론조사다. 정당 경력이 오래지 않아 당내 조직 및 기반이 취약한 사람이 외부에서 얻은 인지도가 조금 받쳐줄 상황이라면 대개 당심보다 민심이 많이 반영되기를 바라며 일을 도모한다.

당심보다는 민심이 아닌가

2012년 대선을 앞두고 새누리당, 민주통합당 양당이 각자의 대선 후보를 뽑은 기준을 구체적으로 살펴보자. 양당은 합동연설회와 방송토론 횟수에선 큰 차이를 보이지 않았다. 과거엔 대중연설을 잘하는 사람이 유리한 현장연설과, 이미지 및 순발력이 좋은 사람이 유리한 방송토론이 주요 관건이었지만, 이젠 '기본 과목'이 된 셈이다. 결정적인 차이는 당원을 얼마나 중시하느냐였다. 책임당원(새누리당) 또는 권리당원(민주당)으로 불리며 당을 위해 호주머니를 털어 당비를 내는 당원들의 뜻이 얼마나 반영되느냐가 관건이었다.

새누리당은 2 : 3 : 3 : 2(대의원 : 당원 : 일반국민 : 여론조사) 구조였다. 당원 중에서도 핵심이라 할 수 있는 대의원(주요 당직자 및 국회의원, 기초·광역자치 단체장 등)의 비중이 20%였다. 정기적으로 당비를 내는 당원(책임당원)도 30%였다. 당원이 아닌 국민 가운데 선거인단에 등록한 이들의 의견이 30%, 무작위로 추출한 전화번호 여론조사를 통해 수집한 의견이 20%씩 반영됐다. 2 : 3 : 3 : 2는 결국 당원 50%, 비당원 50%였던 셈이다. 민주통합당은 당비를 정기적으로 내는 당원(권리당원)의 한 표나, 당원이 아니지만 선거인단에 등록한 유권자의 한 표나 같은 비중을 뒀다. 당 생활을 열심히 해온 당원들을 상대로 아무리 조직력을 발휘한들, 당원이 아닌 국민들이 더 많이 몰려오면 당선이 가능한 구조였다. 다만 투표방법을 모바일 투표, 투표소 투표, 대회장 현장투표 등으로 나누어 실시하면서 대대적으로 선거인단을 모집했다. 누가 당원을 더 우대했느냐를 따진다면, 새누리당 쪽이 더 우대한 셈이었다.

양당은 투표 결과 발표 방식에서도 차이를 보였다. 새누리당은 모든 절차가 다 마무리된 뒤 마지막 날 최종 결과를 발표했다. 널리 예상했던 대로 박근혜 후보가 84%의 압도적인 표를 얻어 후보를 확정지었다. 민주당은 각 지역 연설회 직후 그곳의 투표 결과를 순차적으로 발표했다. 정치 이벤트가 열리면 그후 정당이나 후보의 지지율이 오르는, '컨벤션 효과'를 노린 것이었다. 동시에 1위 득표자 투표율이 50%를 넘지 못하면 1,2위 후보 간 결선투표(여론조사 방식)도 실시하기로 했다. 누가 1등이 될지뿐 아니라, 누가 2등이 될지까지 사람들이 궁금해하도록 해서 경선의 흥행을 유도했다. 그러나 문재인 후보가 13곳 권역 모두 1등을 휩쓸고 전체 56%를 득표하면서 큰 흥행은 거두지 못했다.

당원·비당원 표의 가치나 투·개표 방식 등 이른바 '경선 룰'은 항상 바뀐다. 특히 당 밖의 여론, 곧 '민심'을 어떻게 반영할 것인지의 문제는 꾸준히 주요 관심거리다.

민심보다 당심으로 돌아간 정치

정당이 인기가 없는 시대인 탓에, 세계적으로 정당들은 미국식 '포괄정당catch-all party'을 추구한다. 당원이 아니더라도 의견을 낼 수 있도록 변화하는 것이다. 애초 정당은 이념적 또는 계급적 지향을 공유하는 당원들의 정치적 모임이었다. 하지만 시간이 지나면서 사회적으로 이념과 계급의 경계는 많이 허물어졌다. 꼭 당원이 아니라도 지지자들의 목소리에 귀를 기울여야 했다. 미국에선 공화당원Republican 또는 민주당원Democrat이란 단어가 공화당 지지자, 민주당 지지자란 의미로도 쓰인다.

국내 정당들도 이런 의미에서 '국민의 눈높이', '민심 반영' 등을 내걸고 개방형 선거인단, 오픈프라이머리(국민참여형 경선) 등을 시도한다. 하지만 돈이 많거나 주요 당직을 쥐었다고 해서 당내 조직력이 유리한 사람들은 이런 외부 요소가 많이 반영되는 걸 꺼린다. 당원들끼리만 결정하면 이길 자신이 있으니, 민심보단 당심을 더 중시해달라고 한다. 당내 조직력이 불리한 신인들은 반대다. 당심보다는 민심이 많이 반영돼야 한다고 요구한다. 정당의 모든 경선에서는 '민심'을 얼마나 반영할 것이냐를 놓고 이러쿵저러쿵 다툰다. 결국은 자기에게 유리한 룰을 만들고 싶어서다.

한때 '당심보다 민심'을 요구하던 신인 정치인도, 시간이 지나 거물이 되면 '민심보다 당심' 쪽으로 기울어버린다. 박근혜 새누리당 대선 후보는 2002년 당 총재직 폐지 및 집단지도체제 도입, 대선 후보 선출 국민

참여경선 실시 등을 요구하다가 이회창 총재 측이 부분적으로 수용하는 데 그치자 탈당이란 극단적 선택으로 대응했다. 10년이 지나 2012년 대선후보 경선에서 새누리당의 다른 후보들은 오픈프라이머리를 요구했지만, '유력한 후보'가 된 박 후보 쪽은 일절 응하지 않았다. 신인 정치인이 아닌 유력후보라는 이유로 오픈프라이머리에 대한 태도에 일관성이 없다는 논란이 일었다. 결국 정몽준, 이재오 의원은 경선을 보이콧하고 불참했다.

민주통합당에서도 마찬가지였다. 비당원 국민들의 참여 통로였던 '모바일 투표'가 논란이 됐다. 5년 전 2007년 경선에서는 당을 옮긴 지 얼마 되지 않은 손학규 후보가 모바일투표에서 1등을 했지만, 전체 투표 결과에서는 당 조직을 장악하고 있던 정동영 후보의 벽을 넘지 못했다. 이후 5년간 당대표를 두 차례 역임한 손학규 후보는 2012년 경선에선 모바일투표에 대해 적대적이었다. 현재의 모바일투표 시스템을 만든 2011년 당시 손 후보는 당대표였다. 그런 그가 "특정세력의 정체 모를 모발심(모바일 표심)이 민주당을 처참하게 짓밟고 있다"는 표현으로 모바일투표의 공정성을 의심하고 나서자 뒷말이 무성했다.

룰은 결과를 지배한다

룰은 중요하다. 투표 결과가 룰 탓에 뒤집히기도 할 정도다. 2012년 민주통합당 당대표 경선에서 김한길 후보는 '이해찬 대세론'을 뒤집을 기세였다. 수도권을 뺀 나머지 지역별 순회 경선(대의원 투표)에서 김한길 후보가 '8승2패'로 이해찬 후보를 압도했다. 하지만 결과는 이해찬 후보의 승리였다. 지역별 경선의 대의원 투표는 반영비율이 30%로 원체 낮았다. 나머지 70%는 마지막 날 공개하기로 한 당원·시민선거인단 투표(모바일+현장)였다. 대의원 투표에서는 김한길 후보가 2,422표 앞섰지만, 모바일투표에선 이해찬 후보가 2,479표 앞섰다. 3 : 7의 가중치를 두어 반영 비율을 적용하자 이해찬 24.3% 대 김한길 23.8%의 결과가 나왔다.

2007년 한나라당 대선 후보 경선에서는 박근혜 후보가 대의원, 책임 당원, 국민 선거인단 투표에서 432표차로 이겼지만, 일반 국민을 대상으로 한 여론조사에서 8.5%포인트 앞선 이명박 후보에게 밀려났다. 당시 여론조사의 유효 응답자는 5,490명으로 8.5%는 460여 명을 뜻했다. 그러나 여론조사가 전체 결과에 반영되는 비율(전체 선거인단의 20%, 3만 2,000여 표로 고정)을 고려해 환산하자 이명박 후보는 여론조사에서 2,884표 앞선 것으로 나타났다. 여론조사 응답자 1명의 의견이 6명치에 가깝게 반영됐기 때문이다. 반영 비율 등 룰이 달랐다면 박근혜 후보가 이길 수도 있었다. 박근혜 후보 캠프에선 "다 이긴 선거를 여론조사 때문에 졌다"는 탄식이 나왔고, 팬클럽 '박사모(박근혜를 사랑하는 모임)'는 경선 무효 가처분 소송을 냈다.

주로 각 후보의 대리인들이 사전에 참가하는 룰 협상 테이블은, 그래

:: 2012년 9월, 국회에서 열린 최고위원회의에서 민주통합당 김한길 최고위원과 이해찬 대표가
굳은 표정으로 의원들의 발언을 듣고 있다.(출처: 연합뉴스)

서 전쟁터다. 최대한 자기 쪽에 유리한 룰을 만들어내야 한다. 박근혜
후보는 2012년 새누리당 경선에서 "경기의 룰을 보고 선수가 거기에 맞
춰 경기하는 것이지, 매번 선수에게 룰을 맞춰서 하는 것은 말이 안 된
다"는 말을 남겼다. 말이야 맞는 말이지만, 박근혜 후보 본인의 행보가
그랬듯 신인들은 '민심'을 이야기하며 국민참여형 이벤트의 비중 확대
를 요구할 수밖에 없다. 동시에 여기에 저항하는 기득권 세력에게 '조직
동원'의 낙인을 찍으려 할 것이다.

우리는 룰을 만드는 자가 돼야 한다

다시 수능으로 돌아와, 수능 과목별 배점을 학생들에게 맡긴다면 어떤 결과가 나올까? 일단은 각자가 서로에게 유리한 배점을 만들려고 아귀다툼이 벌어질 것이다. 국어를 잘 하는 학생들은 국어 배점을 높이자며, 수학 성적이 좋은 학생들은 수학 배점을 높이자며 주먹질이 오갈 것이다. 하지만 결국엔 일부 힘센 학생들이 그 배점의 주도권을 쥘 것이다. 그리고 이들은 서로를 견제하며 뜻이 맞는 친구들을 모아 세력화에 나설 것이다. 주먹다짐이 어느 정도 잦아들면, 서로의 물리력이 비슷비슷하다는 걸 확인한 거대 세력 간에 배점 협상이 진행될 것이다.

여기서부터가 중요하다. 이런 협상을 거치면 배점 구조는 지금과 얼마나 달라질까 하는 문제가 남는다. 이 모든 다툼과 협상 과정에 참여하는 학생들이 많을수록, 점수는 모든 과목에 골고루 배분돼야 잡음이 적을 것이다. 그러려면 시대의 가치관을 잘 반영하는 과목들의 배점을 높여 합리화를 시켜야 한다. 결국 학생들이 스스로 정하는 이상적인 배점은 곧 우리 사회가 추구하는 교육 철학과 크게 다르지 않을 거란 얘기다. 이는 룰 협상에 참가하는 학생들이 많을 때 가능한 일이다. 숫자가 적다면 사정이 다르다. 어차피 몇 명 되지도 않기 때문에 힘센 학생들 몇몇이 배점 권한을 독점하고는, 그네들끼리 각자 유리한 과목의 점수를 돌아가며 높게 반영하면 된다. 힘없는 학생들은 그저 협상 결과만 쳐다보며 입맛만 다실 것이다.

정당 경선을 비롯한 모든 룰 협상이 그렇지 않을까. 많은 사람들이 관심을 가질수록 우리 시대에 가장 적합한 접점을 찾게 되지만, 사람들의 관심이 없으면 이해관계를 가진 일부 힘센 소수가 결정적 룰메이커가 되고 참가자들은 그저 힘없이 휘둘릴 수밖에 없는 현실 말이다.

정당과 민주 정치

　정당은 정치적 견해를 같이하는 사람들이 정권을 획득해서 그들의 정치적 목표를 실현하기 위해 조직한 단체다.

　정당은 각종 선거에 후보자를 추천하여 국민의 대표자를 배출하는 역할을 한다. 또 정치를 통해 형성, 조직된 여론을 정부에 전달하는 한편, 정부 정책에 대해 국민의 지지를 유도하거나 반대 의사를 형성하는 것도 정당의 기능이다. 정당은 정부와 의회의 매개 역할을 하며, 정부 부처 사이에서 활동을 조정하는 역할도 하게 된다. 정당 설립의 자유가 보장된 민주주의 국가에서는 2개 이상 정당을 인정하는 복수정당제가 필수적이다. 민주적인 정권교체와 다양한 정책대안 제시, 독재 방지 등을 위해서다.

　정당은 당 이름에서부터 지향점을 제시하는 경우가 많다. 전 세계적으로 많이 쓰이는 정당의 이름은 다음과 같다.

> 개혁당Reform Party, 공화당Republican Party, 국민당National Party,
>
> 노동당Labor Party 녹색당Green Party, 독립당Independence Party,

> 민주당Democratic Party, Democratic Alliance, 보수당Conservative Party,
> 사회당Social Party, Socialist Party, 시민당Civic Party, 자유당Liberal
> Party, 진보당Progressive Party, 통일당Unity Party, United Party

그리고 전 세계적으로는 널리 쓰이고 있지만, 분단 탓에 정당의 이념적 분포가 고르지 않은 국내에선 잘 쓰이지 않는 좌파 정당 이름들도 있다.

> 공산당Communist Party, 급진당Radical Party, 인민당People's Party,
> 좌파당Left Party, 혁명당Revolutionary Party

이밖에 서구 국가들에서 기독당Christian Party 같은 종교적 색채를 담은 정당 명칭도 발견된다.

9장

누구나 서로에게
인정받길 원할 뿐이다

: 검증과 '네거티브 전략'은 종이 한 장의 차이

넌 너의 약한 모습을 드러내면
나한테 버림받을까 봐 두려워하는 거야.
영화 〈굿 윌 헌팅Good Will Hunting〉 중에서

2012년 여름 〈슈퍼스타K〉를 보다 깜짝 놀랐다. 강용석 전 무소속 의원이 오디션 응시자로 출연한 것이다. 가족을 위해 나왔다는 그는 애창곡을 멋지게 불렀지만, 노래가 끝나기 무섭게 냉정한 심사위원 이승철과 백지영으로부터 "여기는 프로페셔널을 뽑는 자리"라는 말과 함께 '불합격' 통보를 받았다. 강 전 의원은 "그래도 방송국을 고소하지는 않겠다."라는 썰렁한 농담을 한 뒤 〈슈퍼스타K〉에 출연한 유일한 정치인이라는 전무후무한 기록을 가슴에 안고 돌아서야 했다.

나는 씁쓸했다. 2010년 아나운서를 꿈꾸는 여대생과 식사를 하는 자리에서 "아나운서 하려면 다 줘야 한다", "이명박 대통령도 네 번호를 '따고(?)' 싶었을 것" 같은 문제성 발언을 한 것이 세상에 알려지면서 온갖 수모와 고초를 겪고 그야말로 '공공의 적'이 됐던 정치인. 그 일로 사실상 '식물의원' 신세가 됐던 강 전 의원이 '고소왕'이라는 새로운 콘셉트로 대중 앞에 화려하게 복귀했다 허무하게 퇴장하는 과정에는 나도 일정 부분 책임이 있기 때문이다.

기면 기고 아니면 그만이다?

2011년 10월 서울시장 보궐선거 취재를 하며 박원순 캠프를 담당했던 나는 3개월 뒤 기삿거리를 찾다 우연히 과거 논란이 됐던 박 시장의 아들 군 문제를 떠올렸다. 당시 허리 문제로 훈련소에서 퇴소한 뒤 재검을 받고 곧 재입대하겠다는 아들의 근황이 문득 궁금했던 것이다. 취재 끝에 2012년 1월 박 시장 아들이 디스크로 군 면제를 받았다는 조그만 기사를 썼는데 훗날 강 의원은 사석에서 "그 기사를 읽고 '뭔가 있겠다' 생각이 들어 파헤치기 시작했다"고 말한 적이 있다. 하지만 이후 상황은 뒤에서 설명하겠지만, 강 의원이 시도한 정당한 검증은 결국 네거티브로 전락해버렸고 그는 '고소남'의 상징이 되어 케이블 채널의 '화성인 바이러스'에까지 출연했다.

영어로 '부정적인'이라는 뜻의 네거티브Negative는 정치권에서는 조금 더 확장된 의미로 쓰인다. 굳이 정의를 내리자면 "각종 선거운동 과정에서 상대방에 대해 '기면 기고 아니면 말고'라는 식으로 마구잡이로 하는 음해성 발언이나 행동을 일컫는 말"인 셈이다. 하지만 그 정의만큼

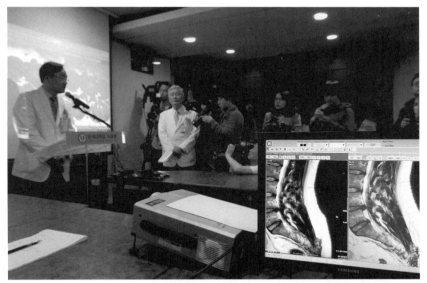

:: 2012년 2월 22일, 서울 신촌세브란스 병원에서 공개 신검을 받은 박원순 서울시장 아들의 허리 MRI 사진을 의료진이 언론에 설명하는 모습.(출처: 연합뉴스)

이나 정당한 검증과 네거티브의 정교한 구분은 쉽지 않고, 실제 선거 현장에서도 둘은 백지장 하나 차이로 갈리기도 한다. 뭐니뭐니해도 네거티브의 정석은 '아니면 말고'식 폭로 한 방으로 대통령 선거 판도를 뒤엎었던 2002년 '병풍兵風'이 아닐까 싶다.

민주당의 노무현 후보에 맞서는 한나라당 이회창 대선 후보의 두 아들이 병역 비리를 통해 군 면제를 받았다는 게 의혹의 핵심이었다. 사실 이 의혹은 그가 김대중 후보와 맞붙었던 1997년 대선 때 터진 이슈였다. 179cm에 45kg(면제기준 49kg)인 장남과, 165cm에 41kg(면제기준

42kg)인 차남의 군 면제 비리의혹이 터지자 당시 이 후보는 아들을 대중 앞에 세워 키와 몸무게를 재보였다. 하지만 결과적으로 대쪽같은 대법관 이미지에 한껏 먹칠을 한 이 후보가 김대중 후보에게 패했다.

2002년 대선에서는 군 부사관 출신의 김대업이라는 사람이 등장하더니 "이 후보 부인이 2,000만 원을 건네며 병역 면제를 부탁했다"는 내용의 녹취록을 검찰에 제출하며 한층 강화된 공세를 이어갔다. 한나라당에서는 "불순한 의도를 가진 정치공작 전문가들이 사기 전문가를 회유해 일을 꾸미고 있다"고 비난했지만, 금세 온 나라는 마른 섶에 불이 붙듯 이 후보 아들의 군 문제로 뒤덮였다. 이 후보의 지지율도 대선 정국에 불어 닥친 '군대 바람' 앞에 추풍낙엽처럼 곤두박질쳤다.

하지만 결국 김대업 씨는 사기 전과자로 밝혀졌고, 녹취테이프도 조작 논란 끝에 검찰이 증거로 인정하지 않았다. 2004년 대법원은 김 씨에게 명예훼손 혐의로 징역 1년 10개월을 선고했지만 이미 노무현 대통령이 당선되고, 패배한 이회창 후보가 정계 은퇴를 한 지 1년이 지난 뒤였다.

폭로 한 방이 먹히는 사회

네거티브가 정치권에 횡행하는 것은 그만큼 효율적이기 때문이다. 이보다 더 효과적인 폭로 한 방이 어디 있겠는가. 일단 저지르면 설사 허위 사실일지라도 상대에게 돌이킬 수 없는 치명타를 입히게 되고 수사와 재판은 대통령 선거가 끝난 뒤 대중의 관심이 사그라질 때쯤 이루어지니 말이다.

나 역시 정치부에 온 뒤로는 누구를 봐도 그 사람의 허점만 찾게 된다. 그게 기사가 되기 때문이다. 흔히 '4대 필수과목'이라고 하는 병역기피, 위장전입, 부동산투기, 세금탈루는 기본이고 여자문제를 비롯한 한 사람의 과거 행적을 뒤쫓다 보면 내가 기자인지 흥신소 직원인지 헷갈릴 때가 많다.

1997년 72세에 비로소 대통령에 당선된 김대중 대통령은 임기 내내 '건강 위기설'을 달고 다녀야 했다. 김 대통령의 참모였던 박선숙 전 민주당 의원은 "선거 기간에도 'DJ가 당선되면 국장國葬을 치러야 한다'는 네거티브에 끊임없이 시달려야 했다"고 말한 적이 있다. 그래서 일부러 김 대통령의 넥타이와 양복은 물론 헤어스타일, 분장 등도 젊은 감각을 유지하기 위해 세심하게 신경을 쓸 수밖에 없었다는 것이다.

네거티브를 퍼트리는 '구전口傳 홍보반'을 캠프나 정당이 자체적으로 운영하기도 한다. 일반 서민들을 많이 만나며 전파 효과가 큰 택시 기사나 미용실 직원, 시장 상인 등을 섭외해 "김 대통령이 요즘 건강이 안 좋다는데?" 같은 이야기를 저잣거리에서 무한반복하게 만드는 것이다. 그렇게 되면 'DJ가 정말 죽을 병에 걸렸다더라'는 믿거나 말거나식 소문이 아래 민심에서부터 올라오는 것도 불가능한 일만은 아니라는 것이다.

이회창 후보가 아들을 공개적으로 체중계 위에 올린 지 15년이 지난 2012년, 이번에는 대한민국 수도 서울시장의 아들이 병원에서 공개적으로 허리 MRI를 찍으며 디스크가 맞다는 사실을 증명해 보이는 촌극이 벌어졌다. 강용석 전 의원이 박 시장의 아들이 뛰거나 계단을 오르내리는 동영상을 인터넷에 올려주는 제보자에게 현상금을 걸고, "공개 신검을 받아 군 면제가 나오면 의원직을 사퇴하겠다"고 압박한 뒤의 일이었다. 그때까지 강 전 의원의 위세는 대단해서 그는 사석에서 "내 인지도가 80~90%에 육박한다", "4월 국회의원 선거는 따놓은 당상"이라며 재선을 확신했다. 하지만 결과는 4.2% 득표율의 초라한 퇴장이었다.

강 전 의원의 퇴장을 계기로 정치권에 "네거티브를 하면 오히려 손해를 본다"는 의식이 잠깐 자리잡는가 싶었다. 하지만 정치의 블랙홀 대선을 앞두고서는 역시나 박근혜 후보의 측근 비리 의혹이나 안철수 후보에 대한 '룸살롱 논란' 등 온갖 음해가 여의도에 횡행하고 있다. 오히려 '가랑비에 옷 젖는다'는 식의 인식이 더욱 만연한 듯하다.

그래서 어쨌다는 말인가!

네거티브의 반대말은 역시 '긍정적인' 포지티브Positive가 되겠다. 사전에는 "각종 선거운동 과정에서 상대방에 대한 음해성 언동보다는 비교우위론적 대응을 일컫는 말"이라고 돼 있다. "한마디로 내가 이런 것을 더 잘할 수 있다"는 생산적인 정책 경쟁을 뜻하는 것일 텐데, 솔직히 말해서 정치인들의 정책 토론회를 들여다보는 사람이 얼마나 되겠는가. 데스크부터가 "얘기 안 된다", 즉 기삿거리가 안 된다며 기사를 '킬Kill' 시키기 일쑤다. 역시 이보다는 "누구 아들이 군대를 돈 주고 빼냈다더라", "누가 불륜을 저질렀다더라" 같은 뉴스에 귀가 솔깃해지는 게 인지상정 아닌가.

프랑스의 미테랑 대통령은 스웨덴 여기자와 혼외정사로 낳은 숨겨둔 딸이 있었다. 부인도 알고 국민도 알고 기자도 다 알고 있던 사실이었다. 이들은 "정치인의 사생활은 문제 삼지 않는다"는 프랑스 특유의 '톨레랑스(관용정신)'로 숨겨둔 딸이 성인이 될 때까지 이 같은 사실을 수면 아래 덮어뒀다고 한다.

1994년 한 타블로이드지가 파파라치 사진을 통해 미테랑 대통령과 숨겨둔 딸의 존재를 새삼 폭로하자 프랑스의 유력신문 르몽드가 낸 사설 제목은 유명하다. "그래서 어쨌다는 말인가! Et Alors!" 정치인의 능력과 사생활은 별개로 쳐줘야 한다는 국민 의식이 있었기에 가능한 일이었다. 미테랑 역시 "나는 한 번도 딸에 대해 거짓말을 하지 않았다. 누가 딸에 대해 묻지도 않았고, 물으면 딸의 존재를 시인했다"고 말했다고 한다.

물론 이를 우리 문화 현실에 그대로 적용할 수는 없다. 꼭 프랑스의 예가 옳다는 것도 아니다. 다만 깜도 안 되는 의혹들만 가지고 무조건 상대방을 흠집 내기 위한 네거티브를 일삼는 우리 정치권에서도 한 번쯤은 생각해봐야 할 문제가 아닌가 싶다. 상식선에서 판단한다면 검증과 네거티브의 구분이 그렇게 어려운 것만도 아닐 것이기 때문이다.

알고 지내는 보좌관들 중 몇몇은 평소 여종업원이 있는 술집에 의식적으로 가지 않고, 가더라도 카드 사용을 자제하는 등 평소에도 꼼꼼할 정도로 주변 관리를 한다. 왜 그러냐고 물어보면 "나중에 인사청문회에 걸리면 안 되잖아"라고 한다. 혹시 출세할 경우를 대비해, 그때 터져 나올 각종 네거티브를 미리 대비하여 지금부터 몸을 사리고 행동한다는 것이다. 네거티브를 당연하게 여기고 담담히 준비하는 그들의 모습을 보면 아련하기 그지없다.

점점 뒷담화가 재밌어져도 괜찮을까?

솔직히 남 흉보는 뒷담화가 가장 재미있다는 사실은 누구도 부인하지 못한다. 수많은 연예인들을 무참한 악성 댓글로 쓰러뜨린 뒤에도 우리 인터넷 문화가 한층 성숙해졌다는 소리는 아직 들어보지 못했다. 내가 그러하듯 그 누군가가 내 뒤에서 내 험담을 하고 있다는 상상을 우리는 전혀 하지 못한다. 근거를 가지고 하는 정당한 검증은 필요하다. 하지만 이번 대선에서, 5년 후 다음 대선에서도 '제2의 김대업'이 나와 유권자들의 판단을 흐리게 놔둘 것인지 아닌지는 순전히 우리들의 몫이다. 네거티브는 대중의 관심을 먹고 자라니까.

식욕, 성욕, 수면욕보다 더 근원적인 사람의 욕구 중 하나가 바로 남들에게 인정받고 싶어하는 '인정 욕구'라고 한다. 알량한 자존심이라고는 하지만 그 명예를 무참히 훼손당한 사람이 스스로 목숨을 끊는 경우를 우리는 어렵지 않게 찾을 수 있다. 우리는 모두 남들이 나를 더 알아봐주길 원하고 내 장점을 인정해주길 바라지만, 나부터가 그들의 장점보다는 단점을 먼저 찾고 그 사실을 뒤에서 입에 올렸다는 것을 인정할 수밖에 없다.

어른이 되면 조금 더 괜찮은 성품이 될 줄 알았지만, 온갖 권모술수가 판치는 여의도 정치판에서 오히려 적나라한 권력의 실체와 인간의 본성을 대면하며 그에 편승하는 '기자'인 나를 발견한 뒤 가끔 슬퍼질 때가 있다. 부처님 눈에는 부처만 보인다는데, 아직 내가 수양이 덜 된 모양인 거라 자위해본다.

우리 헌법의 기본 원리

　국회는 법을 만드는 곳이고 법을 만드는 사람은 국회의원이다. 법 중에 최고 상위의 법이 바로 헌법이다. 국회를 출입하고 있어도 법을 의식하기는 쉽지 않다. 하지만 우리는 알게 모르게 일상생활에서 최고의 법인 헌법의 우산 아래 삶을 향유하고 있는지도 모른다.

　헌법의 기본 원리 중 가장 으뜸은 국민에게 주권이 있다는 '국민 주권주의'다. 오늘도 국회 앞에는 북한 인권 단체나 사법 피해자들의 모임부터 사기꾼에게 돈을 떼인 할머니, 자신이 다니는 교회의 목사가 부정을 저질렀다고 호소하는 열성 신자들까지 갖가지 사람들의 1인 시위, 노숙 시위, 피켓 시위 등이 연일 이어지고 있다. 국민들이 이 나라의 주인은 자신들이라는 것을 위정자들에게 가장 극적으로 드러내고 싶어 국회 앞을 찾은 것은 아닐까 생각이 들 정도인데, 국가는 국민에게 다양한 방식으로 정치에 참여할 수 있는 참정권을 보장하고 있다. 집회·결사의 자유부터 언론·출판, 정당 가입의 자유 등이 그것이다.

　헌법은 자유 민주주의를 기본 원리로 채택한다. 권력을 견제하기 위해 입법, 행정, 사법부로 독립을 시키는 것도 그래서다. 하지만 우리나라 정치권의 주요 화두는 '권력의 시녀'로까지 폄하되는 검찰의 중립성을 어떻게 유지시키느냐 여부다. 정권이 바뀔 때마다 권력자들은 검찰을 통제하려 하고 일부 '정치 검찰'들이 이에 편승하면서 검찰 독립은 잊을만 하면 매스컴에 등장하는 단골 메뉴다.

또한 헌법은 복지국가를 표방하고 있다. 여야를 불문하고 터져나오는 '경제민주화' 담론은 결국 재벌을 견제하고 서민과 소상공인을 지원해 우리 모두 골고루 잘 살아보자는 대한민국 헌법의 기본 원리를 집약한 것이다.

그밖에 헌법은 국제 평화주의를 기본 이념으로 하고 평화 통일을 지향하고 있다. 국민의 안전과 자유, 행복을 위해 평화적인 국제 질서를 존중하며 평화 통일 정책을 수립하고 추진하도록 하고 있다. 소말리아에서 납치된 우리 선원들을 구하기 위해 특공대를 투입하거나 일본과 독도 영유권을 두고 치열하게 신경전을 벌이는 것, 역대 정권마다 남북 정상회담을 역사적인 업적으로 평가하며 기록하고 되새기는 것 역시 모두 헌법의 기본 원리에 입각해 해석할 수 있을 것이다.

10장

점점
매혹당하는 순간이
줄어든다

: '선거 유세' 과정에서 생겨난 아쉬움들

웬만한 일에는 화가 나지 않는 것.
웬만한 일에는 아프지 않는 것.
그것은 내가 성숙해져서가 아니라
고통과 불행에 지나치게 익숙해졌기 때문은 아닐까?
강세형, 《나는 아직 어른이 되려면 멀었다》 중에서

2000년 대학교 1학년 때로 기억한다. 어느 선배에게 이끌려 국회의원 선거에 출마한 후보 합동 연설회에 간 적이 있다. 휴일에 학교 운동장에 모여서 각 정당 후보가 연설회를 했다. 그 당시만 해도 정당 후보들이 모여서 연설회를 했던 모양이다. 지금 생각해보면 나는 아마도 특정 정당을 지지했던 선배에 의해 '동원된 인파'였다.

땡볕 아래 운동장 바닥에 앉아서 '이 사람들은 여기에 대체 무엇을 들으려고 왔을까' 궁금했다. 이미 지지하는 후보가 있는 상태에서 지지에 지지를 더하기 위해서 온 것일까. 후보들이라면 자신을 지지하지 않는 사람을 찾아가야 하는 거 아닌가. 이해가 안 됐다. 스피커를 통해 쩌렁쩌렁 울리는 정치인들의 목소리는 귀에 거슬리기만 했다.

정치부 기자가 돼서 선거 연설과 유세를 봐도 신기하기는 그때나 지금이나 마찬가지다.

이름 하나로 몰려든 사람들

정치권에서 박근혜 새누리당 대선 후보는 선거의 여왕으로 불린다. 4월 총선을 앞두고서도 과연 선거의 여왕이라는 타이틀을 다시 거머쥘 수 있을까라는 점이 관전 포인트였다.

비대위원장 시절 박 후보가 다닌 총선 유세현장. 지난 3월 대구 서문시장에서였다. 70대로 보이는 할아버지는 내 앞에 서 있었다. 좁은 시장통 골목, 가운데에는 떡볶이며 순대를 파는 좌판이 놓여 있다. 이 할아버지는 내가 잠시 주변을 보고 수첩에 현장 분위기를 한 줄 적는 순간, 박근혜 비상대책위원장(당시 직책) 앞으로 돌진했다. 박 위원장 주변에 검은 양복을 입은 경찰과 경호원을 뚫고 박 위원장에게 손을 내밀고 헤벌쭉 웃는 할아버지. 박 전 위원장이 한 마디만 해도 좋아하는 사람들이었다.

사실 박 전 위원장이 선거 현장에서 마이크를 잡고 하는 연설은 크게 놀라운 내용은 없다. 그가 말을 유창하게 잘해서 감동을 주는 스타일도 아니고, 그렇다고 촌철살인으로 대중의 눈과 귀를 휘어 잡는 스타일도 아니다. 한번은 야당이 민생을 제대로 챙기지 않는다고 연설을 하는 중간에 박 전 위원장은 "그러면 소는 누가 키웁니까. 소는!"라고 외친 적이 있다. 대중을 향해 유머를 한 것이다. 웃음이 터져야 하는 순간인데 청중들은 조용했다. 박 전 위원장은 멋쩍어 머리를 긁적이기도 했다.

박 전 위원장은 그저 '박근혜'라는 이름 하나로 연설을 하고, 손을 흔든다. 그저 '박근혜'라는 이름 자체가 유세인 셈이었다.

사실 정치인의 유세 현장에서 가장 걱정되는 점은 인원이다. 후보가 연설하기 위해 동네에서 마이크를 잡았는데 사람들이 없다? 난감하기 이를 데 없다. 애써 준비하고 연습한 메시지를 전하는데 사람이 없거나 사람들이 그저 지나치면 어쩌겠는가. 그래서 정당에서는 선거 때마다 후보가 가는 곳곳에 사람을 동원하기도 한다. 그러나 박 위원장의 유세 현장에는 어디서나 구름 인파가 모여드니 동원 걱정이 아니라 경호 걱정을 해야 할 판이다.

박 전 위원장의 구름 인파는 개인 스토리에서 나온다. '박근혜'라는 인물은 적어도 50대 이상에게 '연예인'이었다. 부모를 불행하게 일찍 여읜 '박정희, 육영수'의 딸이라는 이미지로 아껴주고 싶고 그를 두고 안타까워하는 시선도 짙은 것이다. 박 전 위원장을 향한 표는 여기에 근원이 있다고 해도 과언이 아니다. 이런 구름인파 덕분에 박 전 위원장이 지역에 다녀가기만 하면 해당 지역구 후보의 지지율이 10% 가량 오른다는 보고도 있었다. 달리 '선거의 여왕'이 아닌 것이다.

전설의 연설가들이 사라진 시대

선거 유세 인파 하면 고 김대중 전 대통령을 빼놓을 수 없다. 1987년 평민당 대선후보였던 김 전 대통령의 보라매 공원 연설은 전설적이다. 선거 사흘 전에 열린 보라매공원 유세에는 김 전 대통령이 온다는 소식에 200만 명(공식집계)의 인파가 몰렸다. 아직도 기록은 깨지지 않고 있다.

당시만 해도 집권여당의 유세에는 돈을 받고 오는 아르바이트 관중들이 많았다. 지방에서 관광버스로 동원된 것이다. 김 전 대통령 유세 때는 그렇지 않아 더욱 놀라웠다. 심지어 당시 집권여당이 김 전 대통령의 연설을 방해하기 위해 정치 깡패를 동원하기도 한 상황이었다. 그러니 김 전 대통령이나 그 측근들도 무척이나 감격스러웠을 수밖에. 아이를 업고 지하철을 여러 번 갈아타며 보라매공원으로 왔다는 중년 여성 등등 사연도 다양했다. 이들은 김 전 대통령 한 마디 한 마디에 열광했다. 당시 평민당의 상징인 노란손수건이 등장하고 옥중서신책자가 뿌려지는 등 분위기도 꽤나 감동적이었다고 한다. 지난 2009년 김 전 대통령이 서거했을 때, 보라매공원 연설을 기억하는 중년들이 꽤 됐다.

고 노무현 전 대통령도 기억되는 명연설가 중 한 명이다. 대통령이 되기 이전 부산 강서을 총선거에 낙선한 뒤 소감문을 말했다.

"승리니 패배니 이야기하지는 않았으면 합니다. 저는 누구와도 싸운 일이 없습니다. 상대 후보와 싸운 일도 없고 부산 시민들과 싸운 일도 없습니다. 정치인이라면 당연히 추구해야 할 목표에 도전했다가 실패했

:: 고 김대중 전 대통령은 명연설가로 손꼽힌다. 사진은 그가 국민회의 총재 시절, 1996년 5월 자민련의 김종필 총재와 서울 보라매 공원에서 대규모 장외집회를 하는 장면이다. (출처: 연합뉴스)

을 뿐입니다."

전통적으로 한나라당이 강세였던 지역에 민주당의 이름으로 나갔다가 떨어진 고 노무현 전 대통령은 낙선과 이 낙선 소감문으로 전국적인 팬클럽이 생겨났다. 그는 정치인의 언어를 사용하지 않았다. 친근한 대중의 언어를 사용했기에 귀에 쏙쏙 들어왔다. 한때 열린우리당 시절 전당대회를 앞두고 각 후보들은 노무현 대통령의 연설이 담긴 동영상을 다운받아 공부했다는 후문도 있다.

이 같은 유세는 사실 정당을 상징하는 옷을 입고, 어깨띠를 둘러매고

하는 선거의 전통적인 방식이다. 그러나 정당정치가 무너지고 있다는 요즘, 그에 맞는 선거 방식도 새롭게 등장했다. 나 홀로 유세다.

2011년 4·27 재보선 당시 경남 김해시 장유면. 한나라당 김태호 후보는 출근길 차량이 지나는 길목에 혼자 섰다. 그야말로 홀로였다. 비서진도 저 멀리 떨어져 있었다. 김 후보는 언론사 카메라가 옆에 서 있는 것도 경계했다. 그는 지나가는 출근길 차량의 운전자들에게 눈을 맞춰가며 허리를 숙였다. 사실 눈이 마주쳤는지 아닌지도 모른다. 일단 인사부터 하고 봤다. 다수는 무관심했지만 "욕 본다"며 한 마디 해주는 운전자도 있었다. 마이크 잡는 유세도 안 나눴다. 김태호 후보는 재래시장에도 혼자 다니면서 시장 상인들과 두런두런 이야기를 했다. 그는 야권 후보 단일화로 어려운 환경이었음에도 불구하고 이 선거에서 이겼다.

같은 선거, 경기도 분당을에 출마한 손학규 후보도 나홀로 선거를 했다. 손 후보는 주로 걸어다녔다. 그리고 명함을 나눠주는 선거운동원 1명과 비서관 1명만 같이 다녔다. 지원 유세를 오겠다는 의원들의 제안도 거절했다. 정동영 당시 최고위원은 손 후보를 도우러 왔다가 그저 선거운동 사무원들만 격려하고 돌아갔다. 손 후보가 조용히 선거를 치르겠다고 고집했기 때문이다. 손 후보 역시 지난 세 번의 국회의원 선거에서 내리 한나라당이 당선된, 중산층 밀집지역인 분당을에서 금배지를 달았다.

나 홀로 유세는 선거 방법상의 차이일 뿐, 결국 사람 마음을 일대일로 사로잡았다는 뜻이다.

그 한 마디에 사로잡히고 싶다

정치에 무관심한 탓도 있겠지만 요새 드는 생각은 우리나라에서 과연 기억할 만한 정치인 유세가 있었던가 하는 것이다. 찾아보자면 눈을 외국으로 돌려야 했다.

2008년 미국 대선에서 버락 오바마 대통령은 "Yes, we can"을 외쳤다. 2008년 금융위기로 미국이 망한다는 소리까지 들려오던 때, 미국인들은 감동의 눈물을 흘렸다. 특히 2004년 7월 민주당 일리노이 전당대회의 기조연설은 그때까지만 해도 알려지지 않은 오바마를 미국인의 뇌리에 각인시킨 첫 번째 명연설로 꼽는다.

"시카고의 사우스사이드에 글을 읽지 못하는 어린이가 있다면, 비록 그 아이가 제 자식이 아니라 해도 그것은 제 문제입니다. 어딘가에 살고 있는 노인이 약값을 내지 못해 약값과 집세 사이에서 갈등하고 있다면, 그분이 제 조부모님이 아니라 할지라도 제 삶은 더욱 가난해집니다. 어느 아랍계 미국인 가족이 변호사도 선임하지 못한 채로 올바른 절차 없이 체포된다면, 그 사건은 제 인권을 위협하는 것입니다. (중략) 담대한 희망입니다! 결국 이런 희망이 바로 신이 우리에게 주신 가장 큰 선물이며, 이 나라의 기반입니다. 보이지 않는 것에 대한 믿음, 앞으로는 보다 좋은 날이 올 거라는 믿음 말입니다."

그의 연설은 자신의 이야기로 시작했고, 상대에 대한 비방보다는 긍정의 단어를 사용했다. 호흡 조절도, 제스처 사용도 자연스러웠다. 아마도 미국인들은 그가 자신과 소통하고 있다고, 내 마음을 알아주고 있다고 느꼈을 법하다. 그의 연설문을 엮은 책자를 읽은 적 있었다. 외국인인 내가 봤을 때도, 목소리가 없이 활자화된 문장만 봐도 감동이 밀려왔으니 미국인 입장에서는 오죽했으랴.

유세는 아니지만 오바마는 2011년 1월 미국 애리조나 총기 난사 사건의 추모식에서 51초 동안 '침묵의 연설'을 했다. 오바마 대통령은 총기 사고로 숨진 크리스티나 그린을 이야기하며 "나는 우리의 민주주의가 크리스티나가 상상한 것과 같이 좋았으면 한다"면서 "우리 모두는 아이들의 기대에 부응하는 나라를 만들기 위해 최선을 다해야 한다"고 목소리를 높였다. 그리고 오바마 대통령은 연설을 중단했다. 심호흡을 하는 등 감정을 억눌렀다. 이후 어금니를 깨물어가며 연설을 이어갔다. 당시 미국 언론들은 '대통령이 국민과 감정적 소통을 했다'고 평가했다.

사실 유세나 연설은 우리가 학교에서, 회사에서 하는 프레젠테이션이다. 사람을 앞에 두고 설명하는 일이고, 내가 하는 말이 맞다고 상대가 고개를 끄덕이게 만드는 과정이다. 감정적으로는 내게 반하게 만들고 '내 편'을 만드는 일이다. 상대를 반하게 하는 일이 단순히 말만 잘한다고, 화려한 언변이 있다고, 유려한 단어를 쓴다고 해서 되는 일은 아니다. 누군가에게 반하고, 저 사람 말이 맞다고 믿을 수 있는 경우는 진솔

함이 배어나올 때가 아닐까.

2000년 총선을 시작으로 나는 네 번의 국회의원 선거에 참여했고, 세 번의 지방선거에 투표를 했다. 그리고 정치부 기자로 여러 번의 전당대회를 거치면서 많은 의원들의 연설을 들었다. 그러나 아직까지 내가 반할 만한 명연설을 본 적이 없다. 비단 나뿐만은 아닐 것 같다. 정치 무관심 세대인 20~30대가 반해서 리트윗하게 만드는 멋진 연설은 언제쯤 들을 수 있을까.

선거공영제·선거구 법정주의

2011년 8월 오세훈 서울시장의 사퇴로 10월 26일 치러진 서울시장 보궐선거의 공식 선거비용은 300여억 원이었다. 국회의원 또는 지방자치단체장 선거를 치르고 당선된 사람의 잘못이나 여러 가지 이유로 재선거, 보궐선거가 치러질 때마다 선거비용 논란이 불거진다. 선거비용을 국가 또는 지방자치단체 예산으로 치르는 이유는 헌법에 규정된 선거공영제에서 출발한다.

선거공영제는 선거에 들어가는 선거비용의 일부를 국가가 부담하고 정부가 선거를 관리하는 제도로, 선거운동의 과열을 방지하고 후보자간의 선거운동의 기회 균등을 보장하기 위한 목적이다. 돈이 없어서 선거에 입후보하지 못하는 사람에게도 입후보할 수 있는 기회를 주자는 취지도 있다.

그러나 선거공영제가 확대되면 후보자가 부담하는 비용의 감소로 후보자가 난립해 국민의 조세부담율을 높이는 문제점을 발생시키기도 한다. 이 같은 부작용을 방지하고자 공직선거법에서는 선거결과 당선되거나 유효투표 총수의 15% 이상을 득표한 경우에는 지출한 선거비용의 전액을, 유효투표 총수의 10%이상 15% 미만을 득표한 경우에는 지출한 선거비용의 50%를 국가 또는 지방자치단체의 예산으로 선거관리위원회가 정당 또는 후보자에게 보전하도록 규정하고 있다.

이 제도와 함께 선거의 공정성을 위한 제도로는 선거구 법정주의가 있다. 선거구 법정주의란 특정 정당과 특정 후보에 유리하지 않게 선거구를 미리 국회에서 법률로 정하는 원칙이다. 이는 선거구를 임의적으로 조작한다는 의미의 '게리맨더링gerrymandering'을 방지하기 위해서다. 게리맨더링이란 특정 정당이나 특정 후보자에게 유리하도록 자의적으로 선거구를 정하는 일인데, 실제로 1812년 미국 매사추세츠 주의 주지사 E.게리가 상원선거법 개정법의 강행을 위해 본인의 정당인 공화당에 유리하도록 선거구를 분할한 사례가 있다. 그가 임의적으로 개정한 선거구 모양이 샐러맨더(Salamander : 도롱뇽)와 유사하다고 하여 반대당에서 샐러 대신에 게리의 이름을 붙여 게리맨더라고 야유하고 비난한 데서 유래한 말이다.

민주주의는
정지된 것이 아니라
영원히 계속되는
행진이다.

프랭클린 루스벨트 Franklin Roosevelt

정치는
상대를 이해하는
통로다

우리는 자신의 생각과 시선을 통해
세상을 바라봅니다.
우리는 스스로에 의해 편집된 시선으로
세상을 느낍니다.
각자가 느낀 세상의 모습이 다르기에
생각의 차이가 발생할 수밖에 없습니다.
정치는 그 순간 우리에게 다가와
각자가 지닌 생각의 차이를 조절해줍니다.
정치는 조절의 언어입니다.

11장

우리는 결국
꿈에 기댄다

: '국회의원의 역할'에서 돌아본 지금 나의 꿈

꿈을 밀고 가는 힘은 이성이 아니라 희망이며,
두뇌가 아니라 심장이다.

도스토옙스키 Dostoevskii

기자가 되고 싶다는 생각은 중학교 2학년 때부터 했다. 사춘기가 지나고 대학에 가면 꿈이 바뀔 만도 하련만 내 꿈은 줄곧 하나였다. 그렇다. 나는 어릴 적 꿈을 이뤘다. 이제는 다들 어엿한 직장인이 된 학창시절 친구들과 대학 때 친구들을 만나면 서로 힘든 직장 생활을 토로하기 바쁘다. 그런데 나는 친구들 앞에서 기자 생활이 힘들다는 말을 잘 못한다. 왜? 친구들로부터 늘 "그래도 너는 네가 하고 싶은 일을 하고 있잖아"라는 말이 돌아오기 때문이다.

꿈은 빗겨가기도 쉽다

사회부와 경제부를 거쳐 정치부 정당 팀으로 인사가 난 건 2010년

8월말, 6년차 시절이었다. 정치부 인사발령이 나고 처음 국회 기자실로 출근한 8월 26일. 그날은 국회 기획재정위원회에서 이현동 국세청장 후보자의 인사청문회가 열리는 날이었다. 당시 이 후보자는 '한상률 게이트'에 연루된 안원구 전 국세청 국장 사퇴압력 의혹을 받고 있었고, 안 전 국장은 이명박 대통령의 강남 도곡동 땅 문제와 관련돼 이야기가 나온 인물이었다. 쉽게 말하면 이 후보자의 청문회는 언론의 눈길이 쏠리는 이슈였다.

이날 나는 아침 10시부터 일명 '받아치기'를 시작해서 밤 12시까지 '속기사'로 일했다. 국회의원들이 질문하고 이 후보자가 답변하는 내용을 정당 팀 말진(막내)에 가까운 내가 받아쳐놓으면 선배들이 그걸 보고 기사를 쓰는 것이었다. 그날, 하루 종일 키보드와 씨름하면서 계속 든 의문은 하나였다. '아니, 국회에 속기사도 있는데 왜 실시간으로 안 올려주지? 왜 이걸 모든 언론사가 다 개별적으로 받아치고 있지?' 밤 12시 퇴근길. 국회 잔디밭을 밟고 가로질러 걸으면서 '나도 4년제 대학 나왔는데, 고작 하는 일이 받아치는 것뿐이라니….' 하는 생각에 한숨이 나왔다.

이 비슷한 '한숨'을 똑같이 발견한 곳은 국회에서였다. 가슴팍에 '금배지' 하나 달기 위해 앞뒤 안 보고 달려온 국회의원은 공천권을 쥐고 있는 권력자 또는 그와 가까운 사람을 겨우 찾아내 고개 숙이는 일이 예사다. 이때 돈이 오가기도 한다. 이 때문에 최근에도 공천을 둘러싸고

'누가 누구에게 얼마를 줬고, 얼마를 받았고' 하는 추문들이 터져 나오는 것이다. 이렇게 국회 입성이라는 꿈을 위해 달려왔는데, 금배지를 달고 나서는 "실망했다. 이러려고 국회의원 했나" 하는 소리, "국회의원 하기 힘들다"는 하소연도 들린다.

민주통합당의 정장선 전 의원은 2011년 12월 19대 총선 불출마 선언을 하면서 의원총회에서 이 같은 말을 했다.

"세 번의 국회의원을 순조롭게 해왔다. 이제는 돌아가서 편하게 지내고 싶다. 여기 계신 의원들이 갑자기 불쌍해 보인다."

국회의원은 우리 동네 민원 해결사

지역구 국회의원은 우리의 생각 이상으로 '술'을 떠나서 생각하기 힘들다. 술 때문에 국회의원 재선 이상 하기 힘들겠다고 말하는 사람도 있었다. 특히 이 '술' 문제는 대도시가 아닌 지방 소도시로 갈수록 심하다. 지역구민을 만나면 "싸우지 말라"면서 큰소리를 듣다가 한 잔 두 잔 술을 건네받게 되는데 이 술이 끊임없이 이어진다. 지역구의 결혼식, 장례식 등 모든 경조사도 다 쫓아다녀야 한다. 만나는 사람마다 이것도 해달라고 하고 저것도 해달라고 한다. 옆에서 보면 저렇게까지 하면서 국회의원을 왜 하나 싶을 때도 있다. 그 대표적 사례가 새누리당 김용태 의원(서울 양천구을)이다.

김 의원은 '지역구 민원' 챙기기의 달인이다. 김 의원은 2010년 여름부터 매달 둘째, 넷째 토요일을 '민원의 날'로 정해서 지역구 사무실에서 민원인을 만난다. 이 민원의 종류는 상상을 초월한다. 보험금을 타도록 해주거나 빚을 갚도록 도움을 주거나 심지어는 남편의 불륜을 해결해달라는 민원도 받는다. 김 의원은 "한번은 고등학생의 진로 상담도 열심히 해준 적이 있었는데 다 듣고 해결해주고 나서보니 우리 지역구에 사는 학생이 아니더라고요"라고 말하기도 했다. 이쯤 되면 국회의원인지, 시의원인지, 구의원인지, 아니면 상담사인지 해결사인지 헷갈린다.

이런 이야기를 듣고 있노라면 국회의원이란 뭐하는 사람인지 고개가 갸우뚱해질 때가 있다. 국회의원이 지역구민을 만나고 가까워야 하는 것은 맞지만, 더러는 구의원이 해야 할 일을 국회의원이 하고 있다는 생각을 지울 수 없기 때문이다.

여기서 중요한 점은 국회의원은 국민 전체를 대표한다는 것이다. 자신을 뽑아준 선거구민에만 국한되지 않고 국민 전체의 이익을 위해 활동해야 한다. 그렇지만 아직은 지역구에만 매몰된 경우가 많다.

국회의원은 아무 것도 안 하고 권력만 누리는 사람들 아냐?

지역구에만 매몰된 사례는 매년 12월 다음해의 예산안을 확정하는 국회 예산결산특별위원회에서 잘 찾아볼 수 있다. 국회 예결위에서는 소외계층 예산은 충분한지 신경 써야 하고, 교육, 복지 예산을 들여다봐야 하는데 의원들은 여기엔 관심도 없고, 오로지 눈에 띄는 지역 건설 사업에 예산을 밀어넣으려고 애쓰는 행태가 반복된다. '어느 국회의원이 놓은 다리', '어느 국회의원이 지은 주민 체육관' 등등 이런 눈에 보이는 '건물'이 있어야 다음 선거에서 당선되는 현실이기 때문이다. 이 때문에 국회 상임위원회 자리를 배분할 때도 지역 건설 사업에 영향력을 발휘할 수 있는 국토해양위원회 경쟁률이 가장 높다.

2008년 18대 국회의원 총선을 돌아보자. 당시 한나라당 이름으로 당선된 의원들을 일명 '타운돌이'라고 불렀다. 다들 지역구에 뉴타운을 건설하겠다고 공약을 내걸어서 우르르 당선된 분위기를 보여주는 별명이었다. 4년이 흐른 현재 뉴타운은 거의 되지 않았다. 지정된 뉴타운도 취소해야 한다고 아직도 시끄럽다. 뉴타운 자체 논란을 뒤로 하고 생각해보면 뉴타운 지정 약속은 과연 국회의원이 약속할 수 있는 사항인가. 뉴타운은 지방자치단체장, 예를 들어 서울이면 서울시장에게 권한이 있는 일이다. 국회의원이 "제가 국회의원이 되면 우리 동네에 뉴타운을 건설하겠습니다"라고 외친다 한들, 최종 결정은 서울시장이 할 수 있는 일이라는 거다. 물론 이 과정에서 국회의원이 힘을 쓸 수는 있겠지만.

실제로 이런 논란 때문에 소송이 일어나기도 했다. 2008년 4월 총선 이후에 당시 오세훈 서울시장이 "당분간 서울시의 뉴타운 추가 지정은 없을 것"이라고 말하자 뉴타운 공약을 한 정몽준 의원 등 한나라당 후보 5명이 공직선거법상 허위사실 유포 혐의로 기소되기도 했던 것이다 (나중에 이 사건은 검찰에서 무혐의 처분을 받았다). 그렇다고 여기서 우리가, 나라의 균형 발전은 뒤로하고 지역개발에만 관심을 갖는 국회의원에게 손가락질할 수 있을까.

국회의원들은 하소연한다. "이렇게 지역에서 술 마시고 바닥을 기지 않으면 다음번에 당선되기 어렵다. 유권자들이 안 뽑아준다." 실제 18대 때 여의도 국회에서는 안 보이고 지역구에서만 살았던 의원들은 여야 가릴 것 없이 19대 국회에서도 얼굴을 볼 수 있었다. 이쯤 되면 누굴 탓해야 하는지 헷갈린다.

2012년 4월 11일 19대 국회의원 총선거를 앞두고 친구들을 만났다. 정치부 기자로서 친구들에게 세대 투표율이 낮으니까 투표를 하라고 강권하다시피 했다. 투표는 국민의 의무이자 권리라고 강조했다. 투표 안 할 거면 앞으로 4년간 국회를 향해 어떤 비판도 하지 말라고 했다. 그런데 친구들은 "국회의원은 자기 권력만 누리는 사람들 아냐?", "뽑아줘도 우리 동네가 달라지는 것도 없던데?"라고 반응했다. 순간 할 말이 없어졌다. 국회의원과 유권자 모두가 반성해야 할 지점이 아닌가 싶다.

정치인도 나름 성장한다

나는 언론사 입사를 지원할 때, 자기소개서의 첫줄에 "경력 10년차 기자"라고 적었다. 거기엔 세상을 바꾸겠다는 호기로운 다짐이 적혔다. 우습지만, 내가 기자가 되고 싶어 했던 이유는 세상을, 그리고 세상 사람들의 인식을 바꿔보고자 하는 데 있었다. 세상을 한 발짝 나아가게 하는 데 기여하고 싶었다. 그것이 글로써 가능하다고 믿었다.

기자생활 8년, 정치부 정당 팀 기자로는 만 2년이 지났다. 당찬 포부는 어디로 갔는지 모르겠고, 여전히 '속기사'에 머물러 있다. 때로는 의원들의 회의실에 몰래 귀를 대고 일명 '벽치기'를 할 때도 있다. 나름 '모범생'이었던 내가 4년제 대학을 졸업해서 하는 일이라곤 '타이핑과 회의 엿듣기'인 셈이다. 나 역시 여전히 같은 일을 반복하고 있지만, 더 안타까운 것은 18대에서 19대로 넘어온 국회도 아직 여전하다는 점이다. 정치인들도 국회에 들어올 때는 나라를 바꿔보겠다는 꿈을 꿨을 테다. 그런데 실제로 술만 마셔야 하고 또 국민들로부터 욕만 무지 얻어먹는다.

정치인도 '사람'이다. 많은 사람들이 바뀌기를 기대하고, 또 완벽하길 기대해 실망할 수도 있지만 그들도 '성장'하고 있다는 점을 생각해볼 만하지 않을까. 그렇다면 희망을 찾아볼 수도 있지 않을까.

새누리당 남경필 의원은 5선이다. 1998년 보궐 선거로 당선돼 14년째 '국회의원'이다. 그는 아버지의 수원 지역구를 물려받았다. 더 정확하게 말하자면 미국 유학중에 아버지의 사망 소식을 듣고 귀국해 '얼떨결에' 국회의원이 됐다. 따지고 보면 그의 꿈은 국회의원은 아니었을 테다.

84학번인 그는 민주화 열풍이 한창이던 그 시대에 '호프집'에 있었고,

학생운동의 상징인 돌 한번 던져본 적 없었다. 1987년 6월 항쟁이 벌어지고 있던 때에도 그는 유학준비에 한창이었다. 그런 그가 쉽게 국회에 입성해서 이름도 일찌감치 알렸다. '젊은 피 수혈'이라는 명분으로 언론의 스포트라이트를 받았고 저녁 TV뉴스마다 얼굴을 비췄다. 그는 당시를 '붕붕 떠다니는 기분'이었다고 한다. 여기까지만 보면 남 의원은 그 스스로 시인하듯 '오렌지족'이었다.

이 '오렌지족'에게 2002년 대선은 큰 전환점이었다. '이회창 대세론'이 한창이던 때 젊은 나이에 당 대변인을 맡아 잘나갔다. 대선에서 질 줄은 꿈에도 생각하지 못했다. 그러다 대선 패배를 마주했다. 엄청난 충격이었다. '이게 민심이구나.' 그는 달라졌다. 2004년쯤 그는 보좌진들을 모아놓고 "나를 오렌지족이라고 부르는 거 다 안다. 이제까지 그랬다. 그러나 잊어 달라, 공부하겠다, 도와 달라"고 말했다고 한다. 그의 정치는 그때부터 시작이었다고 한다.

사실 남 의원을 향한 시선에는 아직 비판이 많이 담겨 있다. 최근에도 그를 비판하는 뉘앙스로 '5선의 쇄신파?'라는 신문 헤드라인이 나온 적 있었다. 그럼에도 불구하고 그는 지금, 새누리당 내에서 쇄신파의 대표격이라고 불리는 위치에 있고, 여당 내 야당이라는 소리도 듣는다. 그는 2012년 새로운 의회 정치를 만들어보겠다며 벼르고 있다.

나는 오늘도 줄곧 받아치기만 한다. 그렇지만 가끔씩 쓰는 '좋은 기사' 한두 줄이 세상을 조금이나마 바꾸는 데 기여한다면 이 받아치기가 무의미하지만은 않겠다는 생각이 든다. 그런 '희망'으로 나는 오늘도 컴퓨터 키보드와 전쟁을 치른다.

국회의원의 역할과 의무

국회의원은 국민에 의하여 선출된 국민의 대표자로서 회의체 국정심의기관인 국회의 구성원이다.

국회의원은 법률을 만들 수 있고 정부의 예산을 심의하고 국정을 통제할 수 있는 권한을 지닌다. 또 국민 전체의 대표자로서 국회의원은 그를 뽑아준 선거구민에만 국한하지 않고 국민 전체의 이익을 위해 활동해야 한다.

헌법상 국회의원은 현행범인 경우를 제외하면 국회 회기 중 국회의 동의없이 체포 또는 구금되지 않는다. 이를 불체포 특권이라 하고, 국회의원이 회기 전에 체포 또는 구금된 때에는 현행범이 아닌 한 국회의 요구가 있으면 회기 중에 석방된다.

헌법은 국회의원이 국회에서 직무상 행한 발언과 표결에 관하여 국회 외에서 책임을 지지 않는 면책 특권을 지닌다.

국회의원에게는 의무도 주어진다. 우선, 청렴의 의무와 국가 이익을 위하여 양심에 따라 직무를 행할 의무가 있다. 또 지위를 남용하여 국가, 공공단체 또는 기업체와의 계약이나 그 처분에 의하여 재산상의 권리, 이익 또는 직위를 취득하거나 타인을 위해 그 취득을 알선할 수 없다. 겸직금지 의무도 주어진다. 국회의원은 대통령, 헌법재판소 재판관, 각급 선거관리위원회 위원, 지방의회의원, 정치활동이 허용되는 공무원을 제외한 국가공무원과 지방공무원, 정부투자기관관리기본법 제2조에 규정된 정부투자기관의 임직원 등을 겸할 수 없다.

12장

인생의
새로운 시작 앞에는
무거운 책임감이
놓인다

: '비례대표제'에 담긴 의미

2011년 겨울, 영화 〈완득이〉를 봤다. 주연 배우도 처음 보는 얼굴이었지만 인터넷 평점이 좋아 극장을 찾았던 기억이 난다. 이 영화를 생각하면 떠오르는 건 두 가지다. 〈타짜〉, 〈추격자〉로 유명한 배우 김윤석의 시도 때도 없이 터져 나오던 "얌마! 도완득"이란 대사의 중독성과 KBS 프로그램 〈미녀들의 수다〉에서 봤던 필리핀 여성 이자스민이 완득이 엄마로 나와 펼쳤던 다소 어색했던 연기다. '저 여자는 이제 영화에까지 출연하고 잘나가네.' 생각하며 기대 없이 봤던 영화였지만 추운 겨울날 가슴 따뜻해지는 소소한 감동을 줬던 영화로 기억한다.

우리가 행사하는 또 다른 한 표

5~6개월 뒤, 나는 세련된 정장 차림의 이자스민을 여의도 국회의원 회관에서 우연히 맞닥뜨렸다. 그때는 '미수다'의 외국인 패널도, 완득이의 필리핀 엄마로 출연한 배우도 아닌 엄연한 새누리당의 국회의원 신분이었다. 능숙한 한국어로 보좌관과 열심히 대화를 나누며 지나가던 이자스민의 모습은 활기차 보였다. 필리핀으로 여행을 왔던 한국인 남성을 만나 결혼한 게 계기가 돼 한국의 국회의원까지 된 이자스민의 인생 스토리는 필리핀 언론의 큰 이슈가 되기도 했었다. 한국에서 시청 계약직 공무원으로 일하던 이자스민이 하루아침에 집권 여당의 국회의원이 될 수 있었던 것은 바로 비례대표라는 제도가 있었기 때문이다.

우리나라의 국회의원은 두 종류로 나뉜다. 지역구에 출마해서 시민들의 투표로 당선되는 246명의 지역구 국회의원과 각 분야의 이익을 대변할 대표자를 각 정당이 국회의원으로 추천하는 54명의 비례대표(전국구) 의원이다. 이렇게 총 300명의 국회의원이 있는데, 이들 중 우리가 아는 대부분의 국회의원은 물론 지역구 국회의원이다. 이들은 자신들이 당선된 지역구의 발전과 구민들의 이익을 최우선적으로 고려한다.

전국을 시군구 읍면동 별로 나누고 이를 다시 크기와 인구에 따라 갑을병 등으로 나눠 246개의 지역구를 만들었다. 내가 사는 마포구 공덕동은 '마포갑' 지역구로 분류되며 민주통합당 노웅래 의원이 이곳에서 당선됐다. 부산 사상구는 민주당 문재인 의원, 서울 동작을은 새누리당

정몽준 의원, 서울 노원병은 통합진보당 노회찬 의원의 지역구인 식이다. 보통 그 지역에서 태어났거나 그곳에서 활동한 인연이 있는 사람들이 출마하는 경우가 많고, 이들은 대부분 직업란에 '정치인'이라고 쓰는 전문 정치인인 경우가 많다.

비례대표는 다르다. 직업을 갖고 평범한 일상을 보내고 있던 당신도 총선이 가까워진 어느 날 새누리당으로부터, 혹은 민주당으로부터 "비례대표 국회의원을 해보겠느냐"는 제안을 받을 수도 있다. 하루아침에 대한민국 국회의원 300명 중 한 명의 신분이 된다면 기분이 어떻겠는가. 당신이 만약 학창시절부터 온갖 아르바이트를 섭렵해 대한민국의 '알바왕'으로 칭송받으며, 특유의 붙임성 있는 성격으로 전국 수백만 알바생의 고충과 건의를 귀담아들어 그들의 이해를 대변하는 '알바 협회장' 같은 전문성까지 갖췄다면, 날로 어려워지는 대학생 취업과 늘어나는 알바 시대에 각 정당이 '알바계'를 대표하는 당신을 비례대표 의원으로 추천하는 것도 불가능한 일만은 아니다.

비례대표는 이처럼 지역을 위해 봉사하는 지역구 의원과 달리 전국을 무대로 활동한다 해서 전국구 의원이라 부른다. 각 정당은 총선 전에 국민들에게 비례대표 의원 후보자의 순번을 1번부터 20~40번까지 정해 제시한다. 물론 관심 있게 언론을 지켜보는 사람이 아니면 이 명단을 대부분 모르고 지나가는 경우가 많다. 총선에서 투표를 해본 사람이라면 알겠지만 우리는 모두 2표를 행사하는데 1표는 내가 사는 지역의 국회의원을 뽑는 데 쓰고, 나머지 다른 1표는 각 정당이 제시한 비례대표 후보 명단 수십 명의 면면을 보고 이들을 '패키지'로 뽑아달라며 정당에 투표하는 데 쓴다. 이 정당 득표율에 따라 각 정당이 짜놓은 비례대표 국회의원 당선 숫자가 결정된다.

죽은 표를 살리기 위해

비례대표는 현대 정치 제도에서 사표死票를 방지하기 위해 도입된 측면이 크다. 우리나라는 한 지역의 지역구, 즉 한 곳의 선거구에서 1명의 국회의원을 뽑는 소선거구제도를 실시하고 있다. 49%의 표를 아무리 얻어도 51%를 얻은 후보만 국회의원이 되는 셈이다. 정치권에서는 49% 유권자들의 표를 이른바 '죽은 표', 사표라고 부르는데 이러한 시민들의 뜻도 최대한 정치에 반영하기 위해 정당 득표율에 따라 비례대표 의원을 국회로 보낼 수 있도록 한 것이다.

이자스민은 새누리당의 비례대표 15번이었다. 이자스민이 2012년 3월 박근혜 대선 후보 체제의 새누리당에서 비례대표로 추천될 수 있었던 것은 물론 국회의원이 되어서 한국에 와 있는 이주여성, 외국인 노동자 등의 권리를 보호하라는 뜻이었을 것이다. 때문에 비례대표는 상징성 있는 인물들이 많이 발탁되기 마련이다. 평양의 김일성 대학을 졸업한 탈북자 출신으로 통일교육원장을 맡았던 조명철 씨가 4번을 받았고, 아동 성폭행 사건이 터지면 TV뉴스에 단골 인터뷰 대상으로 나오던 '나영

이 주치의' 신의진 연대 의대 교수가 7번을 받았다. 민주당에서는 노동운동의 상징 전태일 열사의 여동생인 전순옥 씨가 1번, 시각 장애인인 최동익 씨가 2번을 받았다. 모두들 탈북자, 의료계, 노동계, 장애인들의 이익을 대표하라는 뜻에서 정당들이 추천한 비례대표 의원들인 셈이다.

내가 아는 언론계의 한 고참 기자도 총선이 있기 얼마 전 "새누리당에서 비례대표를 제안 받았는데 순번이 너무 뒷 번호라 안가기로 했다"는 말을 했다. 모두들 그 선배가 비례대표직을 제안 받았다는 사실만으로도 깜짝 놀랐을 만큼 우리나라는 정치를 폄훼하면서도 어느 나라보다 정치 지향적인 사회다. 말馬은 제주도로 보내고 사람은 서울로 보내야 한다는 말처럼, 잘나간다 싶으면 결국 여의도 정치권으로 가는 게 우리나라의 현실이다. 비례대표를 제안 받았다는 사실 자체는 결국 자신이 속한 분야에서 최고의 전문성과 대중성, 실력을 인정받았다는 셈이 된다. 이는 수치로만 따지면 5,000만 명의 인구 중 54명, 대략 상위 0.000001%에 들었다는 말과도 같다.

인생 역전, 한 순간

서기호 진보정의당 의원은 '인생지사 새옹지마'라는 말을 떠올리게 하는 인물로 국회 기자들에게 널리 회자된다. 서울 북부지법 판사 시절인 2011년 12월, 그는 방송통신위원회가 소셜 네트워크 서비스(이하 SNS) 심의 전담팀을 운영한다는 언론 보도를 본 뒤 자신의 페이스북에 "오늘부터 SNS 검열 시작이라죠? 방통위는 나의 트윗을 적극 심의하라”며 “앞으로 분식집 쫄면 메뉴도 점차 사라질 듯. 쫄면 시켰다가는 가카의 빅엿까지 먹게 되니. 푸하하”라고 ‘쫄지 않겠다’는 입장을 우회적으로 내비쳤다가 ‘가카 빅엿’ 논란을 일으켰고 결국 법원에서 잘리고 말았다.

그때까지만 해도 운이 너무나도 없었던 판사쯤으로 치부됐지만 그는 이듬해 4월 총선에서 통합진보당의 비례대표 의원으로 추천받는가 싶더니 비례대표 부정경선 사태라는 우여곡절을 겪은 끝에 결국 국회의원이 됐다. 게다가 그는 국회에서 법무부를 감시하는 국회 법제사법위원회에서 활동하게 됐다. 그가 조금만 나쁘게 마음을 먹는다면 언제라도 자신을 잘랐던 법원의 고위 간부나 법원장 등 옛 상사들을 국회로 불러다 혼을 내주며 쩔쩔매게 만들 수 있다. 일선 판사 시절 자신이 볼 때 하늘과도 같았던 ‘판사의 꽃’ 대법관직에 임명된 후보자들을 국회 인사청문회에서 직접 검증하기도 한다. 만화적 상상력을 얼마든 현실로 만들 수도 있는 그런 자리에까지 오르게 된 것이다. 평소 그를 부하 직원으로 데리고 있던 북부지법 간부들 역시 언론에 나오는 서기호 의원을 볼 때마다 얼마나 심경이 복잡하고 착잡하겠는가.

사정이 이렇다 보니 비례대표 순번을 정하는 일은 그야말로 아수라장이다. 온갖 로비와 비리가 판을 친다. 비례대표에 자신이 추천되고, 또 조금 더 앞 번호의 순번을 받아 당선 가능성을 높일 경우 인생 역전을 할 수 있다고 믿는 사람들이 그만큼 많기 때문일 것이다. 새누리당의 한 비례대표 의원이 자신을 추천해 달라며 3억 원을 루이비통 가방에 담아 실세 의원에게 전달했느니 마느니 온갖 뉴스가 나오고 있는 것도 결국 돈으로 의원직을 사는 많은 사례의 일부분에 지나지 않을 것이다. 그저 당직자 생활을 오래 했다는 이유만으로 힘 있는 정치인에 의해 비례대표 명단에 손쉽게 이름을 올리는 경우도 많다. 국민들이 정치를 끊임없이 감시해야 하는 이유다.

더 무거운 책임감이 필요하다

진보 정당의 '쌩얼'을 보여줬다는 이석기, 김재연 통합진보당 의원의 비례대표 부정경선 사태 역시 수단과 방법을 가리지 않고 비례대표 상위 순번을 받아내기 위한 구태 세력들의 오랜 관습에 지나지 않았다. 물론 지역구 후보들 역시 마찬가지다. 순번에만 들면 당선되는 비례대표보다는 다소 힘들지만 경상도에서 새누리당 후보로, 전라도에서 민주당 후보로 나서면 당선은 따놓은 당상인 만큼 공천을 받기 위한 로비도 치열할 수밖에 없다.

19대 총선에서는 여야 현직 대표들이 비례대표에 무난히 안착해 비난이 일기도 했다. 새누리당의 박근혜 당시 비상대책위원장이 11번으로, 민주당의 한명숙 대표가 15번으로 각각 당선된 것이다. 이들은 당시 총선을 진두지휘해야 하기 때문에 지역구 후보로 나가 자신들의 선거운동을 할 수 없다는 명분을 내세웠으나, 당대표급이 직무 전문성보다는 국회의원 생명을 연장시키기 위해 당선 안정권에 있는 비례대표를 한 자리씩 꿰차고 앉았다는 일각의 비판을 감내해야 했다.

과연 이들 모두는 왜 그렇게도 지역구민들과 자신들이 속한 단체의 이익을 대변하기 위해 국회의원을 하려고 열을 올리는 것일까. 정치인의 제1덕목은 책임감이다. 자신을 국회로 보내준 유권자들과 직능단체의 권리 향상과 이익을 늘 염두에 두고 있어야 한다. 그게 국회의원의 가장 기초적이고 기본적인 역할일 것이다.

내 한 몸 건사하기도 거친 세상에서 나 아닌 누군가를 책임진다는 것은 매우 힘든 일이다. 특히 졸업이나 결혼 등 인생의 새로운 시작을 앞두고 있는 사람들에게는 더 그러하다. 짜증나는 상사 앞에서 멋지게 사표를 던지고 훌훌 어디론가 떠나버릴 수 있는 것은 영화 속에서나 가능할 법한 이야기다. 회사는 물론 인생 자체를 더 열심히 살아야 할 것 같고, 조금 더 멀리 미래를 내다보게 된다.

결혼하고 아이를 낳은 친구들 얘기를 들어봐도 "조금 더 좋은 부모가 되기 위해", "내 가족을 안전하게 보살피기 위해" 더 큰 어른으로 성장하게 된다고들 한다. 그게 아이에서 성인으로, 아버지와 어머니로, 어른이 되어가는 인생의 이치일 것이다. 내 가족만 건사하는 것도 한 사람의 일생에서 매우 위대한 일이다. 하물며 수십만 지역구민들과 수백만 직능단체들을 대표해 0.000001%의 국민 대표로 뽑힌 국회의원들이 가져야 하는 책임감은 더없이 막중해야 한다.

국회로 들어온 이자스민은 제일 먼저 '다문화 정책의 주요 쟁점 및 입법과제 토론회'를 열었다. 하지만 외국인범죄척결연대 등 외국인 혐오 단체들이 난입해 "다문화 정책은 민족 말살 정책"이라며 난리를 피우는 바람에 한바탕 소란을 겪어야 했다. 이자스민 의원도 예상치 못한 사태에 크게 당황한 것으로 알려졌다. 누군가를 책임지겠다는 것은 어려운 일이다. 이자스민 의원이 인종차별에 굴하지 않고 초심 그대로 비례대표 4년을 성실히 지내며 이 땅의 이주여성과 이주노동자들의 권익 향상에 도움이 되었으면 하는 바람이다. 그게 '완득이 엄마'를 국회로 보낸 많은 유권자들의 뜻일 것이다.

국회의원의 구분 : 지역구·비례대표

국회의원의 임기는 4년이다. 국회의원 선거, 총선도 4년에 한 번씩 치른다. 19대 국회의원 선거는 2012년 4월 11일 치러졌다.

현재 우리나라 국회의원은 300명이다. 지난 18대 국회까지 299명이던 국회의원 정수가 1명이 늘었다. 흔히 지역구 의원이라고 말하는 국회의원 자리가 한 자리 더 늘어난 것이다.

국회의원은 국민의 대표라고 한다. 국회의원은 저마다 자신이 대표하는 지역구가 있고, 그 지역의 주민들을 대표해 4년 임기 동안 의정 활동을 한다. 현재 우리나라는 전국을 인구 비례로 246등분해 각각의 지역구에 의원 한 명씩을 배당했다. 246명의 지역구 국회의원을 두고 있는 셈이다.

인구가 늘어나는 신도시 같은 경우 지역구를 2개로 나눠 국회의원을 더 뽑기도 하고, 농어촌처럼 인구가 줄어드는 지역구는 인근 지역구와 합쳐 국회의원 자리를 하나 줄이기도 한다. 이 과정에서 자신의 지역구가 통폐합되기도 하는데, 때문에 매번 총선을 앞두고 국가적으로 지역구를 조정하는 일은 국회의원들에게는 생사가 달린 일이기도 하다.

나머지 54명의 의원은 지역구가 없는 의원들이다. 하나의 소속된 지역구를 위해 일하는 것이 아닌 자신의 전문 분야를 대표하는 비례대표 의원, 전국을 무대로 뛰는 국회의원이라고 하여 전국구 의원이라고도 부른다.

총선에서는 유권자 1명당 2표를 행사한다. 1인 2표제다. 1표는 자신의 거주하고 있는 지역구에 출마한 정당별 후보에게 직접 투표한다. 나머지 1표는 1번 집권당, 2번 제1야당 등의 순으로 기재된 투표용지에 정당별로 투표해 비례대표 의원을 뽑도록 한다. 각각의 정당은 자체적으로 사전에 비례대표 의원 순위를 1번부터 수십 번대까지 매겨두는데, 총선에서 얻은 정당 득표율에 따라 당선 가능한 비례대표 의원 숫자가 배분된다.

선거가 끝나고 선거법 위반이나 각종 비리 혐의로 법원에서 의원직 박탈형을 선고받은 지역구 국회의원이 생기면 그 지역구에서는 재·보궐 선거를 실시하게 된다. 보통 4월과 10월에 치러진다. 비례대표 의원 중 1명이 의원직을 잃거나 혹시라도 사망할 경우에는 차 순위 대기자가 의원직을 승계한다. 정치권에는 "비례대표 의원은 감기도 안 걸린다"는 말이 있는데, 비례대표 순번 하나 차이로 국회의원 당선 여부가 결정되는 후순위 대기자의 심정을 우스갯소리로 표현한 말이다.

13장

결국 관계를
규정하는 건
돈일까?

: '행정부와 입법부'에서 발견한 관계의 진실

돈이 주는 안도감과 돈이 주는 불안감,
돈이 주는 성취감과 돈이 주는 절망감으로부터
우리는 도망칠 수가 없다.
김훈, 〈너는 어느 쪽이냐고 묻는 말들에 대하여〉 중에서

지방에서 고등학교를 다닌 나는 고등학교 수학여행 코스로 국회를 방문한 적이 있다. 그땐 10년 뒤 국회를 출입하게 될 줄은 꿈에도 모르고, 다른 친구들이 모두 차에서 내려 국회 관광에 나서는 동안 버스 뒷좌석에서 몰래 잤던 기억이 난다. 어린 마음에 '국회가 뭐라고…'라는 생각을 했던 것 같다.

그런데 진짜 그 국회가 뭐기에, 장·차관은 물론 국무총리까지 국회로 불려와 혼쭐이 난다. 혼이 나는 사람이 있으면 혼내는 사람이 있기 마련. 국회에서 이들을 혼내는 존재는 국회의원이다. 상대방을 옴짝달싹 못하게 잘 혼내는 국회의원은 흔히 '저격수'라는 이름을 얻기도 한다.

용돈에는 협상이 필요하다

국회의원들은 초선만 되어도 총리와 정부부처의 장관들을 불러놓고 공식적으로 혼낼 수 있는 기회를 얻는데, 바로 대정부질문이다. 말 그대로 현안과 관련된 질문에 대해 책임자를 불러놓고 질문하는 시간이다. 그런데 이 시간엔 다음과 같은 말을 심심찮게 들을 수 있다.

"의원님, 제발 제 답변 좀 들어보세요!"

"장관님! 이건 질문이 아닙니다."

질문시간에 질문하지 않고 훈계와 자기주장을 하는 경우는 허다하다. 게다가 의원들은 앞 순번의 의원들이 무슨 질문을 했느냐에 상관없이 자신이 준비한 질문을 던진다. 그러니 총리는 하루에 수십 번을 답변대에 불려 나와 똑같은 대답을 앵무새처럼 반복해야 한다. 총리가 계속된 질문공세에 짜증이라도 낼라 치면 의원들은 똑같은 레퍼토리로 총리를 나무란다. "자세가 그게 뭡니까!"

한 전직 다선 의원은 이런 관행에 대해 자조적인 비판을 한 적이 있다. "보좌관들이 써준 원고에는 총리나 장관이 A라고 답변할 경우와 B라고 답변할 경우에 대한 다음 질문 내용이 미리 쓰여 있다. 그런데 총리나 장관이 C라고 답변하면 의원들은 이렇게 대처한다. '답변 태도가 그게 뭡니까!'라며 호통을 치는 것이다."

이렇게 총리와 장관들이 국회의원 앞에서 한없이 작아질 수밖에 없는 이유는 뭘까. 그건 바로 국회의원들이 돈줄을 쥐고 있기 때문이다. 돈줄이란 전문적으로 말하자면 예산이다. 정부 부처가 "내년에 우리는 이만큼의 돈이 필요합니다"라고 안을 만들어서 제출하면, 국회의원들이 이를 심의해서 이 돈을 늘리기도 하고 줄이기도 한다.

학창시절, 부모님께 용돈을 받을 때 학교를 다닐 차비와 밥값과 참고서 구입비용 정도야 당당히 요구하겠지만, 우리가 하고 싶은 일이나 자기 발전을 위한 행위들, 예를 들어 멋진 신발을 사거나, 기타 학원을 다니거나, 데이트 비용을 확보하기 위해 돈이 더 필요할 때 우리는 아마 부모님을 설득하려고 최선의 노력을 다할 것이다. 정부의 장차관들, 산하 기관장들도 마찬가지다. 그들도 각 부처에서 기본적으로 드는 경비 이외에 새로운 사업을 추진할 사업비 등의 돈이 더 필요하다. 우리가 용돈 협상을 할 때 부모님의 심기를 건드리지 않기 위해 애쓰는 것처럼, 예산을 타내야 하는 장·차관들 역시 이를 좌지우지하는 국회의원들의 비위(?)를 최대한 맞추려고 할 수밖에 없다.

유능한 가장이라면 버려야 할 것들

연말 예산안 심의를 앞두고 열리는 9월 국정감사에선 그런 모습들이 더 눈에 띄게 마련이다. 피감기관(감사를 받는 기관)들은 이날만큼은 유난히 국회의원을 '슈퍼 갑'으로 대우한다. 의원들이 부처나 기관을 방문하면, 간식을 준비하기도 하고 의원님들 쓰시라고 화장실에 칫솔과 치약을 구비해놓는다. 쓴 수건과 안 쓴 수건 구분하라고 통까지 따로 비치

하니 가히 호텔식 서비스를 방불케 한다. 심지어는 엘리베이터에 젊고 예쁜 직원을 배치시켜 '엘리베이터 걸'로 쓴다고 언론의 비판을 받은 적도 있을 정도이니, 기관들이 쏟는 정성(?)을 알 만하다.

그러나 이런 물질공세는 기본이요, 더 중요한 건 말과 행동이다. 해당 부처의 장·차관이나 산하 기관장들은 한껏 '저자세'를 유지한다. 난감한 질문엔 "알아보겠다", "조치를 취하겠다"고 시간을 버는 작전을 쓰기도 한다. TV에서 보면 의원들의 호통에 기관장들이 답변을 못하고 쩔쩔매고 어쩔 줄 모르는 것으로 비춰진다.

물론 정부부처가 미처 챙기지 못하거나 잘못한 부분에 대해 국회의원이 날카로운 지적과 함께 이를 뒷받침하는 충분한 자료와 근거를 들이댈 때 아무리 자신이 맡은 분야에서 잔뼈가 굵은 장·차관이라 할지라도 진땀이 날 수밖에 없다. 그러나 의원들의 질문이 형편없다 하더라도, 이들은 의원 앞에서 최대한 성실히 답변하려는 자세를 취한다.

자존심은 몇 시간이지만, 그로 인해 예산이라도 깎이는 날엔 이듬해 1년 내내 허리띠를 졸라매야 한다. '치사해서 안 받고 만다'고 별러봤자 자신만 손해다. 자신의 실수로 예산을 제대로 못 따오기라도 한다면, 직원들에게 무능력한 가장으로 전락하고 말 테니까.

괘씸죄의 대가로 얼마를 지불해야 할까

경험이 본능을 만든다. 반면교사가 너무나 많다는 것을 정부부처 사람들은 오랜 경험으로 알고 있다. 대표적인 예가 2011년 민주평통(민주평화통일자문위원회) 예산 삭감 사건이다. 정부의 예산안에 대해 마지막으로 더하기 빼기를 하는 계수조정소위원회가 열린 11월 21일, 이명박 대통령의 측근으로 분류되는 이상직 민주평통 사무처장이 회의장 복도에서 초조한 듯 왔다갔다했다. 이유는 이랬다. 2개월 전 국정감사에서 그는 의원들의 질문에 "모른다.", "통일부 소관이다."라는 답변으로 의원들의 공분을 샀다. 당시 한나라당 구상찬 의원은 "국회 생활 30년 만에 저런 답변은 처음 들어본다. 반드시 민주평통의 예산안을 깎겠다"고 경고했다. 실제로 민주평통의 예산은 17일 외교통상통일위원회에서 14억 원 넘게 깎였다. 뒤늦게 이 사무처장이 계수조정소위 회의장 앞에 나타나 예산 살리기에 나섰지만 그는 결국 깎인 14억 원을 되살리지 못했다. 당시 여의도에선 이를 두고 "국회의원 괘씸죄에 걸린 것"이란 해석이 나왔다.

예산에 있어서 한없이 약해지는 건 공무원뿐만이 아니다. 같은 국회의원들끼리도 예산을 놓고 '갑을 관계'가 바뀌기도 한다. 국회의원들 역시 자신의 지역구에 다리를 놓고 도로를 깔고 체육관을 짓고 문화시설을 확보하기 위해 예산을 확보해야 한다. 이 때문에 생긴 문화가 '쪽지 예산'이다. 예산을 심의하러 가는 동료 의원들에게 쪽지로 "무슨 무슨 사업 예산을 꼭 밀어붙여 달라"고 민원을 넣는 것을 말한다. 과거엔 이런 쪽지가 한 의원에게만 몇백 건에 달했다. 그런데 최근에 와선 이런 쪽지가 많이 시들해졌다. 국회의원들이 더 양심적으로 변해서가 아니다. 문자메시지와 카카오톡이라는 더 진화한 방식이 등장했기 때문이다. 이런 방법을 통해 슬쩍 자신의 요구사항을 전달하면 될 것을 굳이 노란 포스트잇에 적어서 흔적을 남길 필요가 없어진 것이다.

관계는 언제든 역전 가능하다

사회생활 대부분의 관계는 '갑을' 관계에 의해 형성된다. 때로는 자신이 '갑'일 때도, '을'일 때도 있다. 병원에서 근무하는 친구 하나는 처음에 구매 팀에서 제약회사를 상대하는 '갑'이 되었다가, 원무과로 옮겨 환자들을 대하면서 '을'의 위치로 전락했다고 한탄했던 적이 있었다.

국회의원들도 마찬가지다. 장·차관들 앞에서 호통치던 국회의원들도 소속 정당이 집권하게 되면 그 자신이 정부에 입각해 국회의원들 앞에서 야단을 맞는 수모를 겪게 되기도 한다. 민주당 문재인 후보 캠프에 있던 한 3선 국회의원은 이런 말을 한 적이 있다. "나는 문 후보가 대통령이 되더라도 장관은 안 맡을 거야. 나보다 새파랗게 어린 후배 놈이 대드는 꼴을 어떻게 보나." 이뿐인가. 국회에서 큰소리 뻥뻥 치던 국회의원도 지역 주민들을 만나면 '을 중의 을'이 되고 만다. 그러니 자신이 갑의 위치에 있다고 우쭐해하지도, 을의 위치에 있다고 주눅 들지도 말 일이다. 언제 갑이 될지, 을이 될지는 아무도 모른다.

무엇보다 이렇게 주변 관계를 모두 갑을 관계로만 보기 시작하면 관계로부터 얻는 삶의 의미는 퇴색할 수밖에 없다. 누군가의 애정 어린 충고도 권위적인 명령으로 비춰지고, 누군가의 사려 깊은 친절도 비굴한 아첨으로 전락해버리고 만다. 이런 관계들로만 주변이 온통 둘러 쌓여 있다면, '을'은 물론, '갑'의 입장이라 해도 행복할 리 없다. 그러니 누군가는 먼저 이 관계의 고리를 끊고, 다른 이름으로 다가가려는 노력이 필요하지 않을까. 친구거나 동료거나 선후배거나 멘토−멘티 같은, 서로 조금은 기댈 수 있고 의지할 수 있는 존재로 말이다. 갑의 입장에 있는 사람이 먼저 상대방의 입장을 이해하고 배려한다면, 그리 어렵지만은 않은 일이다.

삼권분립제

우리나라는 국가의 권력을 입법권과 행정권, 사법권의 삼권으로 나눠 권력이 어느 한쪽에 집중되는 것을 견제할 수 있도록 하고 있다. 헌법에 따르면 입법권은 국회에(헌법 40조), 행정권은 대통령을 수반으로 하는 정부(제66조 4항)에, 사법권은 법관으로 구성된 법원(제101조 1항)에 속한다.

먼저 입법부인 국회의 가장 중요한 기능은 법률안을 만드는 일이다. 정부가 정책을 펼칠 때, 국회에서 관련 법안을 제정하거나 개정해주지 않으면 정책이나 사업을 추진하기 어렵다. 국회는 정부의 예산안과 결산안을 심의하는 권한도 갖고 있다. 정부가 내년에 얼마만큼의 돈이 필요한지 문서(예산안)로 만들어 국회에 제출하면 국회는 이를 심사해 예산을 늘이기도, 줄이기도 한다. 결산은 전년도에 심의한 예산안에 맞게 정부가 돈을 목적에 맞게 잘 썼는지를 검토하는 것으로 감사원이 국회에 제출하면 국회의원들이 이를 심사한다. 국회는 2004년 조기결산제도를 도입해 9월 정기국회 이전에 이를 심사하도록 하고 있지만, 2011년을 제외하고는 지켜진 적이 없다.

국회는 또 국정을 감사하거나 조사할 수 있다. 국무총리나 국무위원들을 국회에 출석시켜 현안에 대해 질문하고 이에 대한 답변을 들을 수 있는 권한이 있다. 국회의원들은 국무총리나 국무위원의 해임을 대통령에게 건의할 수 있다. 행정부(정부) 역시 법률안을 만들 수 있지만 법률안을 통과시킬 수 있는 권한은 국회에 있다. 단 대통령은 국회에서 통과된 법을 거부할 수 있는 권한을 행사해 국회의 입법권이 행정권을 침해하지 못하도록 막을 수 있다. 국회는 또 사법부를 견제할 수 있는 권한이 있다. 대법원장과 대법관은 대통령이 임명하는데 이를 최종 승인(동의)하는 건 국회다. 국회는 또 법원에 대한 예산을 심사한다.

이에 대해 사법부는 위헌법률심판제청권으로 국회를 견제할 수 있다. 위헌법률심판제청권은 사법부가 국회에서 만든 법률에 대해 헌법재판소에 위헌인지 아닌지를 심판해달라고 요구할 수 있는 권한을 말한다. 헌법재판소에서 위헌 결정이 나면 아무리 국회의원이 만든 법률이라 할지라도 효력이 상실된다.

대통령은 사법부의 결정에 대해 사면·감형 또는 복권을 명할 수 있다. 사법부의 결정을 견제할 수 있는 제도적 장치인 셈이다. 이렇게 삼권분립은 서로가 서로의 꼬리를 물고 상호 견제하면서 권력의 균형을 맞추는 기능을 한다.

14장

다른 이름 뒤에
숨지 마라

: '대변인 제도'에서 알게 된 말의 어려움

나름 난다 긴다 하는 정치인들도 언론 보도에 이름 한 줄 올리기가 여간 어려운 게 아니다. '자기 이름 나온 언론 기사라면 부고 기사만 빼면 다 좋다'는 말은 이름 알리기를 좋아하는 정치인들의 속성을 일컫는 속언이지만, 그만큼 어렵다는 뜻이기도 하다. 간단히 생각해봐도, 대선후보나 당대표가 아닌 바에야 정치인이 언론 기사에 등장하려면, ①본인의 경험과 능력이 ②현재 맡고 있는 자리에 걸맞게 ③시의적절하게 발휘돼야 할 것이다. 쉽지 않은 일이다.

말을 전문으로 말하는 정치가들이 있다

하지만 예외가 있다. 바로 '대변인'이다. 대변인은 언론 기사의 단골로 대부분의 정치 기사에 등장한다. 대변인은 기자들을 상대로 자기 당·진영·후보의 주요 결정과 향후 계획을 자세히 설명하는 구실을 한다. 언론을 활용해 상대 정치세력에 대한 논평을 내는 일도 대변인의 몫이다. 한 손엔 나팔(홍보)을, 다른 한 손엔 칼(비판)을 든 사람인 셈이다. 기자들은 대변인과 수시로 전화통화를 하며 친하게 지낸다. 방송이고 신문이고 가리지 않고 늘상 언론에 등장하니, 여기저기에 이름과 얼굴을 알리기가 쉽다. 이 때문일까. 대변인은 정치인의 여러 직책 가운데 '정치의 꽃'이라고 불린다.

만만한 일은 아니다. 대변인에겐 순발력과 정밀함을 갖춘 정치적 감각과 촌철살인의 언어 구사력이 요구된다. 본인의 능력이 기자들에게 실시간으로 평가되기에 '무능 탓에 단명'한다는 망신을 자초하는 경우도 적지 않다. 여러 의견 차가 좁혀지지 않을 땐 특히 어렵다. 기자들에겐 혼재 상태를 전달하되, 사분오열된 인상을 주어선 안 된다. 게다가 말을 함부로 했다가는 특정 세력에 힘을 싣는 것처럼 비칠 수 있다.

요즘엔 언론 환경 변화로 늘어난 매체 수에 비례해 대변인의 업무량도 늘었다. 기자들과 식사할 일이 많아 밥값 지출도 많고, 소정의 활동비만으로는 적자가 나기 일쑤다. 내부 사정에 정통해야 하는 탓에 각종 회의에 들어가느라 일정도 바쁘다. 아침 뉴스에 목마른 방송사나 석간신문 기자들은 새벽부터 전화를 걸어오고, 밤늦은 시각까지 하루 종일 기자들의 전화에 시달리기 일쑤다.

그래도 대변인을 할 만한 이유는 기대할 만한 보상이 크기 때문이다. 크게 성장하는 정치인들은 대변인 시절 활약으로 대중에게 선명한 기억을 남긴 경우가 많다. 김영삼, 김대중, 노무현 등은 모두 당 대변인 자리를 거치며 성장한 정치인들로 대통령까지 올랐다. 박지원, 박상천, 박희태, 홍사덕 등 '제왕적 총재' 시절의 명대변인들도 다들 거물로 성장했다. 나경원, 김현미 등 주목받았던 여성 대변인들도 나름대로 정치적 '자리 잡기'에 성공했다. 1990년대 후반 이후 대거 등장한 박성범, 정동영, 전여옥, 박영선 등 방송기자 출신 정치인들도 그들에게 너무나 어울렸던 대변인 타이틀 덕에 정치권에 성공적으로 안착한 것으로 평가된다.

대변인은 내부 사정을 바깥에 전할 수 있도록 부여받은 권한 덕에 대망도 가져볼 만하지만, 아이러니하게도 그 입에서는 "대변인이 말하기엔 적절치 않다"는 발언이 종종 등장한다. 당·진영·후보를 대변하기에, 무슨 말을 하든 당·진영·후보의 공식 입장으로 간주되는 걸 경계하는 것이다. 기자와 신뢰 관계가 형성된 대변인은 '사견'을 전제로 한 이야기도 종종 들려주지만, "이름 나가면 안 돼"라는 요구에 기사에선 '익명을 요구한 한 당직자' 등으로 인용되는 경우가 많다. 이 정도면, 대변인의 입은 개인의 입이 아니다.

그렇다고 대변인의 입이 온전히 정당의 입인지도 의문이다. 2011년 말 민주노동당과 국민참여당, 진보신당 탈당파가 손잡고 만든 통합진보당은 '3인 공동대표' 형태로 운영하면서 대변인도 '3인 공동대변인' 체제로 꾸렸다. 본질과 속성이 드러난 것은 2012년 5월 12일 당내 행사도 중 벌어진 폭력사태 때였다. 공동대변인들은, 비록 당 대변인이었음에도, 각 정파를 대변해 상대 정파를 비판하는 '정파의 입' 구실에 그쳤다.

심지어 정파가 다르면, 당 지도부인 공동대표까지 비판대에 올렸다. 민노계의 우위영 공동대변인은 당시 "중앙위 파행은 (진보신당계인) 심상정 대표가 일방적 안건 처리에 반대하는 (민노계) 중앙위원들의 요구를 받아들이지 않고 안건을 일방적으로 강행처리해 발생한 일"이라고 했다. 참여계의 천호선 공동대변인은 "(민노계 당권파) 일부 중앙위원들의 의사진행 방해와 일부 당원들의 폭력 행사"라고 했다. 진보신당계의 이지안 부대변인은 폭행 사태를 일일이 들어 "(민노계 당권파를 제외한) 조준호·심상정·유시민 대표가 폭행으로 인해 큰 정신적 충격을 받았다"고 했다. 이들 세 '입'은 자기 입도, 당의 입도 아닌 정파의 입이었음을 증명했다.

대변인이 둘 이상 있는 것 자체가 서로 다른 목소리를 내면서 문제를 일으키는 원인이 되기도 한다. 2012년 9월 12일 홍일표 새누리당 대변인의 '사과 논평'을 보자. 홍 대변인은 당시 한창 물의를 빚고 있던 박근혜 후보의 '두 개의 인혁당 판결' 발언에 대해 "박 후보의 표현에 일부 오해의 소지가 있었다는 것을 인정하고 사과한다. 박 후보의 뜻도 이와 다르지 않다"고 말했다. 여러 정황상, 홍 대변인 개인적 판단에 따른 논평이 아니었다. 주요 당직자들과 일정 정도 논의를 거친 게 분명했다.

그러나 박 후보 본인은 몰랐다. 당의 또 다른 대변인으로 박근혜 후보를 수행한 이상일 대변인은 "(박 후보는) 홍 대변인과 이야기를 나눈 적이 없다. 박 후보와 전혀 이야기가 안 된 상태에서 나온 브리핑"이라며 홍 대변인의 이야기를 뒤집었다. 결과적으로 당 대변인이 대선 후보 뜻을 확인하지도 못하고, 당이 한 일이 후보에게 전달되지도 않는 '불통'의 모습이 드러난 셈이 됐다.

누구의 입이냐?

'누구의 입이냐' 하는 문제는 국회의원이 대변인을 맡는 경우 한층 복잡해진다. 국회의원은 개개인이 모두 헌법기관이고, 각종 사안에 대해 입장을 분명히 해야 할 때가 많다. 수시로 표결도 하고, 의견 개진과 설득에도 나선다. 그런데 당·후보·진영의 대변인으로 일한다면, 그 이해관계를 반영한다는 논란을 피할 수가 없다. 황영철 새누리당 의원이 원내대변인 시절인 2011년 11월 한미 자유무역협정(FTA) 비준안에 반대표를 던진 뒤 대변인직을 사퇴하려 한 것은 이런 맥락이다. 당시 그는 '농민과의 약속'을 들어 소신껏 반대표를 던졌지만, "당의 목소리를 전하는 대변인으로서 (비준안을 처리하려는) 당론과 다른 반대표를 던질 수밖에 없어 괴롭고 힘들었다"며 사의를 표했다. 결국 각종 선거 캠프의 대변인들은 후보에게 민감한 사안을 다루는 상임위·본회의 표결을 회피하는 경우가 꽤 있다.

'대변인의 입'이 당·후보·진영의 것이면서도 정파와 개인, 그리고 소신에 영향을 받는 모호하고 복잡한 개념으로 존재하다 보니, 결국엔 내 편, 네 편을 갈라 좀 더 분명하고 단순한 역할이 중시된다. 정쟁의 도구가 되는 것이다. 〈동아일보〉가 2007년 8월~2008년 9월 동안 한나라·민주 양당이 발표한 대변인·부대변인 논평 1,000건의 내용을 조사한 결과, 한나라당(70.9%)과 민주당(74.9%) 양쪽 모두 상대 당, 상대 당 정치인, 상대 당 정책에 대한 비판 내용이 다른 내용보다 월등히 높았다. 정책 대안 제시나 자기반성은 소수였다.

상대적으로 부드럽고 차분한 이미지를 위해 여성 대변인이 등장한 것도, '공격용 대변인'만 격렬해졌다는 방증이다. 대변인들이 사퇴할 때마다 "본의 아니게 상처 입은 분들께 사과한다"며 이해를 구하는 모습이 반복되는 것도 같은 맥락이다. 박찬종 전 의원은 2008년 한 인터뷰에서 "반드시 여야는 대결하고 대변인을 내세워 상대방을 헐뜯고 감정을 도발하는 성명을 발표한다"고 지적했다. 그 원인은 여야의 대립관계라며, 박 전 의원은 "과거 헌정 60년 동안 절반 이상을 군사독재 정권이 유지되다 보니 야당이 여당에 대해 싸움을 걸 수밖에 없고 결국 국회라고 하는 것이 비정상적인 상태에서 싸움터가 된 것"이라고 설명했다. 17대 국회에서 소수정당이었던 민주노동당 박용진 대변인은 "국회에 2개 정당의 목소리만 존재하다 보니 정쟁으로 치닫는 현실을 고쳐야 한다"며 불만을 토로하기도 했다(박 대변인은 2011년 말 민주통합당에 합류해 19대 국회에

:: 한미FTA 비준안 서명을 하루 앞둔 2011년 11월 28일, 비준 철회를 주장하며 시민들이 촛불 집회를 하고 있다.(출처: 연합뉴스)

서 원내 제2당의 대변인이 됐다. 그러나 박 대변인이 지적했던 문제는 풀리지 않은 채 남아 있다).

이럴 바에야 대변인을 없애고 정당이나 진영은 그 대표가 '입'의 구실을 책임지고, 각종 후보들도 저마다 직접 마이크를 잡고 말에 책임지는 게 낫지 않느냐는 지적이 자연히 나온다. 빙산의 일각처럼 튀어나와 있으면서 바다 속 숨겨진 다양한 의견을 일축해 정치를 단순화시키고, 칭찬이든 비판이든 한몸에 모두 떠안아야 하는 대변인이 정치에 꼭 필요하느냐는 얘기다.

왜 대변인이 필요한지 질문할 시기가 됐다

2003년 11월 '정당 개혁, 정치 개혁'을 내걸고 창당한 열린우리당은 이런 문제의식을 반영해 '대변인 없는 정당'을 시도했다. '언론과 지나친 유착관계를 피하겠다'는 의미를 담은 파격 행보였다. 외국 사례에 대한 이야기도 많이 나왔다. 미국엔 중앙당이 없어 당 대변인 이름으로 논평이 나오지 않는 구조다. 일본은 당 대변인이란 자리도 없다. 스웨덴의 녹색당은 당대표가 없고, 남녀 각각 1명씩 대변인 2명이 당을 대표한다. 영국과 독일에선 관련 분야별 전문대변인이 있어 대변인은 정책 설명에 주력할 뿐, 정쟁의 소총수는 아니다.

열린우리당이 시도한 '대변인 없는 정당'은 분명 의미 있는 화두를 던졌지만, 이듬해 총선 국면에서 대변인제가 부활하면서 사실상 실패로 끝난 실험이 되고 말았다. 상황이 자주 변하고 공방이 수시로 치열하게 벌어지는 한국 정치에선 역시 대변인이 필요했던 걸까 하는 회의감이 나왔다.

모든 개인은 저마다 의지로 말을 한다. 그러나 만약 내게 대변인이 필요하다면, 나는 어떤 상황에 처한 것일까? 내가 말주변이 없어 나의 상황을 조리 있게 잘 전달할 수 없어서? 공개석상에서 스스로 마이크를 잡기엔 말실수가 잦아서? 내가 속한 집단을 대표해 말할 사람이 없어서? 내게 관심을 보이는 사람들과 직접 말 섞기가 귀찮아서? 내게 관심을 가진 사람들이 너무 많아서?

다 나름대로 좋은 이유다. 다만 정치인들이 늘상 말하듯 자기 말에 책임을 지겠다는 태도라면, 대변인은 오히려 거추장스러운 존재가 아닐까? 대변인을 창과 방패로 내세우고 그 뒤로 숨는 정치인보단, 언제 어디서나 자신의 생각을 자신 있게 밝힐 수 있는 정치인이 보고 싶다.

양당제와 다당제 비교

일당제는 정당이 하나밖에 없는 사회다. 일당제에 상대되는 개념은 복수정당제다. 일당제와 복수정당제는 독재와 민주주의의 구분으로 보아도 무방하다.

양당제는 정당이 둘만 있는 것이 아니라, 정권을 놓고 경쟁을 벌일 만한 정당이 둘일 경우를 뜻한다. 미국의 공화당－민주당, 영국의 보수당－노동당에서처럼, 대표적 두 정당이 번갈아 정권을 잡는 시스템이다. 반면, 다당제는 집권 가능성이 있는 정당이 셋 이상인 경우다. 한 정당이 독자적으로 의석 과반을 차지할 수 없어, 연립정부 구성이 불가피한 경우가 많다. 이런 탓에 양당제가 다당제보다 책임 소재가 비교적 분명하다는 특징이 있다.

양당제에서는 특정 정당이 압도적 지배력을 행사하기 어렵고, 양당이 상호경쟁하는 구도가 형성된다. 커다란 양대 정당이 정책적 차별성을 분명히 하면, 평가와 선택을 하는 국민들로서도 이해하기가 쉽다. 다만 다양성이 보장받기 힘들고, 양당이 극단적 대립 구도에 빠지면 해결이 쉽지 않다.

다당제에선 극단적 대립·정쟁은 피할 수 있겠지만, 특정 정치세력이 강성했을 때 나머지 군소 정당들이 견제하기 힘들어진다는 한계가 있다. 유권자들도 선택의 폭이 너무 넓어 오히려 선택하기가 힘든 상황이 될 수 있다.

흔히 우리는 정치 세력을 좌익과 우익으로 구분하기도 한다. 좌익은 급진적·혁신적 정파로, 좌파라고도 한다. 우익은 점진적·보수적 정파이며, 우파라고도 한다. 영어의 왼쪽 날개Left wing를 한자로 옮긴 게 좌익左翼이고, 오른쪽 날개Right wing가 우익右翼이다. 왼쪽(좌익·좌파)은 진보, 오른쪽(우익·우파)은 보수라는 상징성을 갖게 된 용법은 1789년 프랑스 대혁명 이후 국민의회의 의석 배열에서 유래했다. 당시 의장석에서 보아 오른쪽에는 왕당파 의원들이 앉았고, 왼쪽엔 혁명을 지지하는 공화파 의원들이 앉았기 때문이다.

경제를 보는 시각에서도 좌익은 분배, 우익은 성장을 중시하는 성향으로 표현된다. 정치권과 언론에서는 여기에 빗대 분배 지향적 정책을 내놨을 때 '좌클릭', '왼쪽 깜빡이' 등의 수식어를 쓰기도 한다.

15장

우리는 새로운 것만을
바라는 게 아니다

: '청년 정치인'은 우리 세대의 희망이 될 수 있을까?

아이폰4에 없는 기능은 뭘까. 아이폰4S에 추가된 기능이다. 기업은 새로운 상품을 개발해 자사의 기존 상품을 낡은 것으로 만든다. 소비자가 기존 상품에 채 익숙해지기도 전에 새로운 상품이 나올 정도로 그 시간차는 점점 짧아지고 있다. 새로운 기능이 결여된 상품은 유행에 뒤처지고 소비자는 새로운 상품을 사야 올드패션에서 벗어난다는 강박에 빠진다. "부단한 새로움의 추구." 철학자 강신주가 《철학이 필요한 시간》에서 설명하는 모던Modern의 정의다. 한 증권사의 CF에 등장한 앨빈 토플러가 "미래는 아직 오지 않은 게 아니라 만들지 못한 것"이라고 한 말이 모던의 속성을 말해준다. 모던은 미래를 창조해 현재를 낡은 것으로 만든다.

당돌함과 엉큼함 사이에 놓인 청춘

그런 면에선 오늘의 한국 정치도 '모던'하다. 정치가 외면받자 새로운 정치 상품을 내세워 기존 정치를 낡은 것으로 밀어낸다. '청년 정치인'의 등장이 단적인 예다. 박원순 서울시장의 탄생은 정치에 무관심하다고 여겼던 20~30대의 마음을 사로잡는 게 얼마나 중요한지 깨닫게 해줬다. 무한경쟁에 내던져진 젊은이들이 비싼 대학 등록금, 취업난, 희망이 사라진 불안감을 해결하지 못하는 정당정치를 낡은 가치로 거부했다. 위기감을 느낀 정당들은 '청년'을 영입해 새로운 정치라 내세우기 시작했다.

새누리당으로 이름을 바꾸기 전 한나라당은 27세의 이준석 씨를 비상대책위원으로 불러들여 걸출한 스타로 만들었다. 이 씨는 눈치 보지 않는 톡톡 튀는 언행으로 눈길을 사로잡았다. 베테랑 정치인도 박근혜 당시 비상대책위원장의 눈치를 보는 마당에 신선한 충격이었다. '박근혜의 낙하산'이란 비아냥거림도 있었다. 새누리당을 담당하는 기자들 사이에서도 그다지 인심을 얻지 못한 듯했다. 그의 지나친 당돌함, 기성 정치인을 떠올리게 하는 엉큼함 때문이었을까. 그렇지만 그가 한나라당의 고루한 이미지를 조금이나마 벗겨내는 데 기여했음을 부인하기 어렵다. 그에겐 분명 비슷한 시기 등장한 다른 '청년 정치인'이 보여주지 못한 매력이 있었다.

2011년 12월 비상대책위원회가 구성된 지 얼마 안 됐을 때였다. 회의에서 박근혜 위원장이 평소 되풀이하던 얘기를 늘어놨다. "국민만 보고 나아가겠습니다." 그러자 이 씨가 어기댔다. "평소 국민, 국민 하시는데 이를 듣는 국민들은 아무 느낌도, 감동도 없는 것 같습니다. 교과서에 나오는 얘긴 그만 좀 하시죠." 기성 정치인들의 입이 딱 벌어질 만한 일침이었다. 이 씨의 쓰임새를 알 수 있는 일화다.

거침없는 언행은 양날의 검이다. 그는 문재인 민주통합당 후보의 목을 베는 만화를 페이스북에 올렸다가 뭇매를 맞았다. 그런 그가 문 후보에게 사과하러 가면서 방송사 카메라기자와 취재기자들에게 문 후보와 만나는 시간과 장소를 카카오톡으로 미리 알려 뒷말이 나왔다. 쇼맨십에 능한 말의 향연은 언제 한계를 드러낼지 모른다.

새로워져야 한다는 강박

민주통합당의 '청년 정치인'인 비례대표 김광진 의원을 만났을 때 이런 말을 했다. "준석이는 똑똑하고 야무지고 합리적이다. 하지만 굳이 말하지 않아도 알 수 있는 걸 굳이 말로 드러내려 하는 게 단점이다." 그런 그도 의원이 되기 전 미니홈피와 트위터에 올린 '막말'로 설화舌禍를 겪으며 자질을 의심받기도 했다.

김 의원은 19대 국회의원 299명을 나이순으로 세우면 가장 뒷줄에 서야 한다. 서른한 살. 〈슈퍼스타K〉 방식을 차용한 민주당의 청년 비례대표 오디션에서 389명 신청자 중 1등을 차지하며 화려하게 등장했다.

1954년 27세에 의원이 된 YS(김영삼)에 이어 헌정사상 두 번째로 젊은 의원이다. 정치에 입문한 지 1년이 채 안 됐지만 당의 총선 중앙선거대책위원장에 지도부인 최고위원까지 해봤다. 그 스스로 "정치 수십 년 한 정치인도 해보기 어려운 직함을 거쳤다"고 농담한다.

민주당 의원들이 2012년 4월 서울시립대에서 대학 등록금 문제로 대학생들을 만났을 때다. 예순한 살의 백재현 민주당 의원이 "6조여억 원이란 안정적 예산을 확보해 반값 등록금을 실현하겠다"고 말했다. 김 의원이 "당이 해결할 수 있었으면 왜 우리 같은 사람을 뽑았겠나. 학생들은 6조는 고사하고 6,000만 원, 600만 원도 없는데 6조 예산 끌어오겠다고 학생에게 얘기할 게 아니다. 내가 해결해야 할 문제"라고 받아쳤다. 당돌함과 함께 '당신들이 아니라 나만이 새롭다'는 강박이 느껴졌다. 그는 국회 일정의 쳇바퀴에 짓눌려 또래의 생각으로부터 멀어지지 않을까 걱정한다. 주말에 〈추적자〉, 〈신사의 품격〉 같은 드라마를 열 편, 스무 편씩 몰아 본다. 그의 여가가 '나만이 새롭고 당신은 틀리다'는 낡은 이분법에서 벗어나 젊은 유권자들과 공감하는 정치적 상상력을 가질 수 있게 한다면 좋은 일일 것이다.

함정일지도 모르는 길에 들어선 것일까?

김재연 통합진보당 의원은 한때 이들과 '청년의 미래'를 함께 고민한 사이지만 당의 비례대표 부정 경선으로 낡은 구태의 한복판에 섰다. 그는 그토록 반값등록금 실현을 외쳐왔지만 어느 순간인가부터 그가 반값 등록금 관련 기자회견에 참석하겠다는 얘기가 들리면 회견을 준비하던 관계자들부터 못마땅해하는 처지가 됐다고 한다. 정파의 한줌 이익을 포기하지 못한 낡은 가치가 새로운 상품의 매력을 잡아먹은 셈이다.

그 안타까움을 드라마틱하게 보여준 2012년 9월의 사진 한 장을 잊지 못한다. 통합진보당이 더는 진보가 아니라며 유시민, 심상정 전 공동 대표 등이 탈당한 이틀 뒤였다. 이른바 구당권파에 속한 김 의원은 당원 결의대회에서 싸이의 〈강남스타일〉을 개사한 노래에 맞춰 '말춤'을 추며 활짝 웃었다. 정치평론가 진중권 씨는 트위터에 "무릎 꿇고 사과하고 눈물 흘리며 반성해도 시원찮을 판에 신나게 '말춤'이나 추고 있으니 정신병동 보는 거 같다"는 독설을 내뱉었다. '정신병동'이란 표현까진 동의하기 어려워도 그 답답함은 이해가 간다. 그건 김 의원이 대변하겠다는 보통 젊은이들의 상식으로도 이해하기 어려운 모습이었기 때문이다.

부산 사상에서 문재인 후보와 맞서며 이름을 알렸던 손수조 새누리당 후보는 공천 뇌물 혐의로 검찰 수사를 받은 현영희 의원에게서 돈을 받았다는 의혹에 휩싸였다. 현실 정치의 어려움을 새삼 깨달았는지, 2012년 9월 어느 날 그는 트위터에 "내가 사랑하는 정치. 그러나 철저한 약육강식. 이쪽 일을 하루하루 더 할수록 약자 편에 서야겠다는 생각이 절실해진다. 부딪혀가며 이렇게 배우나 보다"며 고민을 드러냈다.

이들의 등장은 화려한 쇼에 가까웠다. 민주당 스스로 청년 비례대표의 선출 방식을 TV쇼인 〈슈퍼스타K〉를 차용했다고 하지 않았던가. 이준석 씨의 활갯짓은 당의 낡은 이미지를 바꿔보겠다며 그를 깜짝 발탁한 박근혜라는 둥지가 없었다면 불가능했다.

이 쇼를 무대에 올린 정당들에 정말 낡은 정치를 일신하고 새로운 정치를 일구려는 진정성이 있었을까. 젊은이들의 고민을 대변하고 그들의 불안감을 해결할 제대로 된 비전이 있었을까. 젊은이들을 좋은 정치인으로 키워갈 준비가 돼 있었을까. 아니면 발등에 떨어진 불을 끄는 심정으로 당장 20~30대의 표심을 잡으려는 생각이었을까. 후자에 가까웠다는 생각을 지우기 어렵다.

소외돼버리고 만 또 다른 청춘

2011년 12월 한창 청년 비례대표 선출에 대한 기대가 부풀어 오를 때 일이다. 국회에서 민주당의 주요 간부들이 모이는 확대간부회의가 열렸다. 회의 테이블 구석에 20대의 대학생위원장이 앉았다. 앉을 의자가 부족했던지 그는 철제 간이의자에 앉았다. 손학규 대표가 말했다. "어, 손한민 대학생위원장, 내 옆 가까이에 앉아." 누군가 손 대표에게 속삭였다. 손 대표가 멋쩍은 듯 말했다. "아 자리가 없어서?", "…."

대학생위원장은 결국 테이블 모서리 끝 원래의 간이의자에 앉아 회의를 지켜봤다. 그랬다. 정당은 20대 젊은 정치인에게 회의에 앉을 자리조차 제대로 마련해주지 않아온 터였다. 그런 정당들이 갑자기 청년이 직접 정치에 참여할 기회를 주겠다고 나선 것이다. 민주당의 한 젊은 당직자가 꼬집었다. "정당이 젊은 정치인들을 좋은 정치가로 길러내는 인큐베이터 역할을 포기한 채 이벤트성 행사로 청년들의 관심을 끌어보려하고 있다."

'청년 정치인'이란 이름으로 100 : 1의 오디션 경쟁률을 뚫고, '박근혜의 황태자'로 혜성처럼 등장할 때, 정작 정당에서 보좌관으로 당직자로 구의원으로 시의원으로 정치와 정책을 공부해왔던 젊은이들은 쇼의 화려한 무대 뒤로 물러나야 했다.

2012년 2월 어느 날 민주당 청년 비례대표 후보자들이 서울 마포구 홍익대 인근의 클럽에서 열린 록파티에서 심사 기준을 듣고 있던 시간, 국회에선 30대의 젊은 민주당원들이 '우리에게도 국회의원이 될 기회를 달라'는 기자회견을 열었다. 정당에 있다는 이유로 새로운 상품이 아니라 대체돼야 할 낡은 가치로 취급받는 게 억울했던 것 아닐까.

정당의 진짜 역할은 정치를 통해 세상에 기여하려는 젊은이들을 제대로 된 정치 리더로 길러내는 일이다. 한국의 어떤 정당도 이런 일엔 무관심하거나 무능력하다. 좋은 정치가를 찾기 어려운 우리 정치의 위기도 여기서 비롯된 것 아닐까. 이를 성찰하고 바꾸는 게 진짜 새로운 정치 아닐까.

그런 성찰 없이 새로운 정치 상품을 내놓는다고 정치가 새로워질 리 없다. 민주당의 안병욱 비례대표 공천심사위원장은 공천 심사가 한창이던 2012년 3월 청년 비례대표 후보들에 대해 "정치에 대해 공부하는 기간이 필요하다"고 말한 적이 있다. 50대의 한 3선 의원은 사석에서 이렇게 털어놨다. "정치는 사람을 설득하고 이야기를 경청하고 그들의 삶에 공감하는 일이다. 열정도 중요하지만 경륜이 있어야 잘할 수 있는 일이더라. 이제야 길이 보이는 것 같다."

새로운 것만이 세상을 바꾸는 건 아니다

'청년 정치인'의 가치를 폄하하려는 게 아니다. 지금도 그들은 자신의 새로운 가치를 증명하기 위해 고군분투하고 있다. 민주통합당 장하나 의원은 2012년 3월 청년 비례대표 후보로 확정된 날에도 자신의 신념인 제주 해군기지 건설 반대를 외치며 제주 강정마을을 지켰다.

낡은 정치에 대한 성찰 대신, 이들이 그저 화려한 포장에만 집중된 채로 등장한 점도 부정할 수 없는 사실이다. 김광진 의원은 스스로 재선을 해야겠다고 마음먹었다며 이렇게 말했다. "우리의 등장이 정당의 일회성 시혜로 기억될지 모른다는 두려움 때문이다."

이준석 씨와 김 의원은 2012년 가을 한국정치학회의 초대를 받아 함께 대선의 향방을 전망했다. 스물일곱 살과 서른한 살 또래들이 흔히 나눌 얘깃거리는 아니다. 그들은 나이에 어울리지 않는 무거운 옷을 입고 있는지 모른다. 그 무게에 압도된 나머지 그들이 너무 빨리 타성에 젖은 현실 정치인이 되지 않길 바란다. 자신이 처한 환경에 안주하는 순간 새로운 생각은 일지 않는다. 새로운 정치 상품으로서 그들의 가치도 사라질 것이다.

우리는 낯선 것보다 익숙한 환경에 안심한다. 긴장감이 사라진 일상의 반복은 따분하다. 관성이 생겨나고 변화는 정체된다. 오늘을 낡은 것으로 만들고 내일을 새로움으로 만드는 모던함은 낯선 상황에 도전하고 부딪힐 때 생겨난다.

어제의 나를 돌아보지 않고 어제의 잘못을 지워 새로운 나로 포장하는 건 위선이다. 어제가 틀리고 오늘이 맞다고 말하려면 무엇이 틀렸는지 진심으로 성찰하는 게 먼저다. 정치에도, 우리 삶에도 그 반성보다 새로운 것만이 진리이고 모든 걸 해결해준다는 맹신의 바람이 불고 있는 건 아닐까. 어제의 나를 돌아보는 힘. 그 힘이 어느 때보다 절실한 시대를 우리는 살고 있다.

역대 정치인들의 특별한 기록들

역대 최연소 국회의원의 타이틀은 김영삼 전 대통령이 갖고 있다. 1954년 3대 총선에서 27세 나이로 국회의원에 당선됐다. 그는 국회의원에 9번 당선돼 역대 최다선 의원이기도 하다. 9선을 기록한 정치인은 국무총리를 지낸 김종필 씨, 국회의장을 지낸 박준규 씨가 있다.

여성 중 최연소 국회의원은 2008년 18대 국회의원 선거에서 친박연대의 비례대표 1번으로 당선된 양정례 씨(당시 31세)였지만 당선과 동시에 선거 비리가 드러났고 2009년 공직선거법 위반으로 형을 선고받아 의원직을 박탈당했다.

고 김대중 전 대통령은 3일 만에 국회의원 임기를 마친 기록을 갖고 있다. 1961년 강원 인제 보궐선거에서 의원에 당선됐지만 3일 만에 5·16쿠데타가 발생하면서 국회가 해산됐다. 공식 기록은 1961년 5월 13~16일이지만 14일 오전에 당선이 선포되고 16일 오전에 국회가 해산됐기 때문에 실제 임기는 48시간에 가깝다. 이후 1963년 6대 국회의원으로 당선된 뒤 5선을 지냈다.

국회 임기 종료 26일을 앞두고 국회의원이 돼 '초단기 의원'으로 남은 사람도 있다. 안희옥 씨는 16대 국회 민주당 비례대표인 박종완 의원이

16대 국회 임기 만료를 코앞에 두고 2004년 6월 재보궐 선거에 출마하겠다고 사퇴하면서 의원직을 승계했다. 안 씨처럼 짧은 기간 의원직을 유지한 전직 의원도 평생 연금을 받는다. 19대 국회에서도 '초단기 의원'이 탄생했다. 통합진보당 비례대표 1번으로 의원에 당선됐으나 비례대표 부정 경선 파문에 도의적 책임을 지고 개원 한 달여 만에 사퇴한 윤금순 전 의원이다. 다만 그는 국회의원으로서 누릴 모든 특혜를 포기한다고 밝혔다.

최고령 당선자는 1992년 14대 국회의원에 당선된 당시 통일국민당의 문창모 전 의원이다. 당시 85세였다. 세계 최고령 의원으로 당시 기네스북에도 올랐다. 그는 우리나라 최초로 '크리스마스 실seal'을 발행한 주인공이다.

7선의 정몽준 새누리당 의원은 19대 국회의원 중 재산이 가장 많다. 무려 2조 227억 6,042만 7,000원의 재산을 신고했다. 2위인 고희선 새누리당 의원이 1,266억 199만 원임을 감안하면 엄청난 재산이다. 19대 의원 중 재산이 가장 적은 의원은 강동원 진보정의당 의원으로 빚 3억 27만 6,000원을 신고했다.

정치란
정치인에게 맡기기엔
너무 심각한 문제라는 결론에
도달하게 되었다.

샤를 드 골Charles De Gaulle

네 번째 프러포즈

정치는
세상에 대한
예의다

세상에는 우리가 하고 싶은 일이 있고,
하기 싫은 일도 있습니다.
우리가 하기 싫은 일을 마다하고는 살아가기가 어렵습니다.
하기 싫어하는 일도 해야 하는 게
세상에 대한 예의이기 때문입니다.
아쉽게도 정치는
우리가 하기 싫어하는 부분에서 시작될 때가 많습니다.
그래서 정치는 권리보다 의무의 영역입니다.
정치는 세상에 대한 우리의 예의입니다.

16장

리더는 남고
어른은 사라져간다

: '당대표와 최고위원'을 통해 본 리더십

훌륭한 리더란
감동적인 스토리를 말하는 사람이 아니라
진실로 감동을 시키는 사람이다.
로버트 맥기Robert Mckee

민주통합당 유인태 의원의 별명은 '엽기 수석'이다. 청와대 정무수석
비서관 시절 거침없고 솔직한 입담으로 이런 별명을 얻었다. 유 의원의
이런 면모를 잘 보여주는 일화가 있다. 2012년 6월 3일, 6·9전당대회
를 앞두고 열린 서울시당위원장 경선 행사장에서 김한길 당시 당대표
후보는 유인태 의원을 만나 "형, 나 좀 도와줘"라고 말했다. 그런데 유
의원은 김 후보의 면전에다 대고 이렇게 말했다. "난 이미 이 싸움을 싸
가지와 양아치의 싸움으로 규정했어."

당시 1, 2위를 다툰 후보는 이해찬, 김한길 후보였다. 경선 결과 이해
찬 후보는 0.5%포인트 차로 당대표로 선출됐고, 김한길 의원은 최고위
원이 됐다. 결과를 본 유 의원은 이렇게 말했다. "결국 싸가지가 양아치

를 이겼네." 유 의원이 말한 싸가지는 이해찬 후보를, 양아치는 김한길 후보를 뜻했다. 이 후보의 날카롭고 비판적인 면모를 '싸가지'로, 김 후보의 전략과 지략에 능한 부분을 '양아치'로 규정한 것이다. 이런 발언은 과거 제왕적 총재 시절엔 상상조차 할 수 없는 일이었다.

아직도 제왕적 리더십이 필요한가

김영삼 총재, 김대중 총재, 이회창 총재 등 과거의 정당에선 당대표가 제왕적 군주에 맞먹는 힘을 가지고 있었다. '짐이 곧 국가다'를 외쳤던 프랑스의 루이 14세의 말로 바꾸면, '짐이 곧 당'인 시대였다고 할 수 있다. 김대중 대통령 시절까지만 해도 대통령이 여당 총재를 겸직했다. 지금으로 치면 이명박 대통령이 곧 새누리당 대표가 된다는 얘기다. 야당의 총재 역시 차기 대통령이 될 수 있는 미래권력이었기 때문에 막강한 영향력을 행사했다. 이를 바탕으로 총재는 공천과 인사를 좌지우지할 수 있었다. 그러나 이런 제왕적 총재시대는 이회창 전 신한국당(새누리당의 전신) 총재를 끝으로 막을 내렸다. 민주통합당의 경우 2001년 전신이던 새천년민주당에서 당권–대권 분리를 이뤄냈다. 김대중 대통령 정권 말기에 혁신 없이 정권교체가 어렵다는 판단에서 '천신정(천정배–신기남–정동영 전 의원)'을 중심으로 한 정풍운동(整風運動, 정치쇄신운동)이 성공하면서였다. 새누리당에선 박근혜 후보가 당권–대권 분리를 주도적으로 이끌었다. 2002년 대선을 앞두고 신한국당 부총재였던 박 후보는 이회창 총재에게 당권-대권 분리를 요구했지만 받아들여지지 않자 탈당했다. 박 후보는 2004년 탄핵역풍으로 당이 존폐 위기에 처한 상황에서 당대표로 선출된 뒤 이듬해 당권-대권분리 제도를 도입했다. 현재 새누리당은 1년 6개월 전부터, 민주통합당은 1년 전부터 대권에 도전하는 사람은 당대표-최고위원에 출마할 수 없도록 당헌으로 못 박고 있다.

당대표 권력에 대한 견제장치는 또 있다. 당대표(새누리당의 경우는 대표최고위원)와 최고위원을 함께 뽑는 것이다. 이른바 집단지도체제다. 투표를 통해 1등부터 5등(새누리당) 또는 6등(민주당)까지를 뽑아 1등한 사람이 당대표를 맡고 2등부터는 최고위원이 된다. 회사로 치면 당대표는 이사회의 의장이고, 최고위원은 이사가 되는 셈이다. 이사회에서 회사의 중요한 결정을 내리듯이 정당은 최고위원회의를 통해 당의 주요한 사안을 의결한다. 대표와 최고위원들의 회의기구인 최고위원회의를 통해 공천을 주거나 당직자를 임명하거나 주요한 이슈에 대한 당의 방침(당론)을 결정하는 역할을 맡는다. 당대표의 권한이 그만큼 분산되는 시스템이다.

그러나 이 방식은 부작용도 커서 아직 정치권 내부에서 논란이 되고 있다. '사공이 많으면 배가 산으로 간다'는 속담처럼, 집단지도체제는 의사결정이 중구난방이라는 단점을 드러내기도 한다. 대표적인 예가 2012년 총선에서 민주통합당 한명숙 대표가 보여준 리더십이었다. 한 대표는 계파와 세대를 아우르는 통합의 리더십을 내세워 압도적인 표로 당대표에 선출됐다. 그러나 총선에서는 그의 강점으로 꼽혔던 '통합의 리더십'이 오히려 역효과를 냈다. 한 대표는 공천과정에서 자신의 측근인 임종석 전 의원을 공천해 무리한 공천이라는 비판을 받았고, 이 때문에 다른 최고위원들이 자기 몫의 공천권을 요구하는 것을 막지 못해 계파 나눠먹기 공천이란 오명에서 자유롭지 못했다. 〈나는 꼼수다〉의 진행자로 서울 노원갑에 공천을 받았던 김용민 후보가 과거의 막말 발언으로 파문을 일으켰을 때도 조기에 논란을 진화하지 못했다. 한 대표 개인의 잘못이 아니라 집단지도체제의 한계로 볼 수 있는 대목이다. 새누리당 역시 집단지도체제였지만, 당시 새누리당은 기존의 대표—최고위원 체제 대신 박근혜 전 대표를 비상대책위원장으로 추대해 비대위 중심으로 총선을 치렀다. 박 위원장은 당의 이름과 색깔을 바꾸고, 새로운 인물들을 영입했다. 결과는 더 집중된 권한을 갖고 있었던 박 위원장이 이끈 새누리당의 승리였다.

둘의 리더십 중 어느 것이 훌륭한 리더십이라고 말하기는 어렵다. 리더십은 상황과 목적에 따라 달라지기 때문이다. 민주당—시민통합당—한국노총이 모여 만든 민주통합당 창당 초기에는 당을 안정적으로 이끌 통합의 리더십이 요구됐다. 이에 비해 총선 승리라는 목표가 분명한 상황에선 박 위원장의 결단형 리더십이 더 큰 효과를 발휘했다고 볼 수 있다. 총선 패배 후 한 대표는 사퇴했고, 권한 대행을 맡았던 문성근 당시 최고위원은 이를 두고 이렇게 한탄하기도 했다. "박근혜(비대위원장)가 느닷없이 독재를 해 독재의 효율성을 잘 살린 선거를 했고, 우리는 (대선 주자가 빠진) 당권(주자) 중심의 선거를 했다는 점에 문제가 있었다."

사라져버린 대화와 타협의 리더십

권력 약화의 또 다른 이름은 존재감 약화다. 안타깝게도 대부분의 국민들은 정당의 대표와 원내대표(당연직 최고위원), 최고위원이 누구인지 잘 알지 못한다. 한때 '이박연대(이해찬 당대표-박지원 원내대표 연대)'로 떠들썩하게 지도부에 입성한 이해찬 대표와 박지원 원내대표는 그나마 잘 알려진 정당의 당대표-원내대표 콤비일 것이다. 그러나 새누리당 대표(황우여)가 누군지 아는 국민은 드물다. 심지어 황 대표가 지방 행사를 갈때 대변인실에서는 기자들에게 전화를 해 "가십니까?"가 아닌 "안 가시죠?"라고 묻는다. 아무도 동행 취재를 안 하다 보니, 혹시나 가는지 묻는 것이다. 최고위원은 상황이 더 심각하다. 국민들 중에는 최고위원을 '최고의원'이라고 생각하는 사람도 많다.

그렇다면 왜 우리 사회에선 존경받는 정당의 대표, 존경받는 최고위원을 발견하기 어려운 것일까. 여론조사 전문기관 리처치앤리서치의 배종찬 본부장은 이 원인을 '올 오어 나싱(All or Nothing, 이기면 모든 것을 갖고 지면 모든 것을 잃는 것)'으로 설명했다. 삼권분립이라고는 하지만 대통령이 국정 운영의 모든 권한을 갖고 있는 제왕적 대통령제도하에서 여당은 청와대의 눈치를 볼 수밖에 없고, 야당은 잃어버린 권력을 되찾기 위해

'무조건 반대'를 외칠 수밖에 없다는 것이다. 이런 구조적 한계 속에서 정당의 중요한 리더십이라고 할 수 있는 대화와 타협의 리더십을 찾기란 쉽지 않다.

다만, 이 모든 걸 제도의 탓으로 돌리기엔 그동안 당대표와 최고위원들이 국민들에게 보여준 실망스러운 모습이 적지 않다. 정치력이 뛰어난 정치인일수록 그 힘을 정당과 국민을 위해 쓰기보다는 계파를 위해 쓴다. 평상시엔 당의 중요한 요직에 자기 사람을 앉히기 위해서, 총선을 앞두고는 자기 사람의 공천을 챙겨주기 위해서, 대선을 앞두고는 자신과 우호적인 관계를 맺고 있는 대선 후보에게 유리한 선거 환경을 만들기 위해서 당대표와 최고위원으로서 목소리를 높인다. 민주통합당 486 운동권 출신의 한 전직 최고위원은 왜 최고위원이 되려고 하는지 묻는 질문에 "더 이상 선배들의 정치가 아닌 우리 세대만의 정치를 하고 싶다"고 포부를 밝힌 적이 있다. 이런 야심찬 포부를 가지고 있었던 그도, 최고위원이 되고 난 뒤엔 다른 최고위원과 별반 다르지 않은 모습을 보였다.

그들의 경험과 직관만 믿어도 될까

권력이 견제되고 분산되는 것은 반가운 일이지만, 존재감이 약화되고 권위가 사라지는 건 안타까운 일이다. 2012년 9월 16일 민주통합당 대통령 후보로 선출된 문재인 후보는 다음 날 비서실장과 대변인만 대동하고 현충원 참배에 나섰다. 당 후보로 선출되면 보통 당대표와 최고위원, 주요 당직을 맡고 있는 의원들과 함께 현충원을 참배하는 게 관례다. 그런데 문 후보는 전날 사무총장 명의로 지도부와 의원들에게 "현충원 참배 일정에 최고위원 국회의원님은 참석하지 않으시는 일정입니다"란 내용의 문자를 보냈다. 당대표와 최고위원들에게 참석하지 말 것을 요청한 것이다. 이에 대해 문 후보는 트위터를 통해 "단독 참배에 대한 제 생각은 단순합니다. 제가 정치인이 아니었을 때 정치에서 보기 싫었던 모습 따라 하지 않는 게 제일 먼저 할 일이라고 생각합니다. 현충원 참배 때 검은 옷, 검은 넥타이에 서열대로 선 수십 명의 도열을 거느리고 참배하는 모습, 좀 우스웠습니다"라고 말했다. 하지만 이 장면을 보면서 만약에 민주통합당의 지도부가 국민들로부터 존경과 사랑을 받는 지도부였더라도 문 후보가 "참석하지 말아 달라"는 문자를 보냈을까 하는 생각이 들었다. 문 후보의 참모들 역시 당의 지도부에 둘러 싸인 모습보다는 후보만 전면에 내세우는 게 후보의 지지율 상승에 훨씬 더 도움이 된다는 판단을 했을 것이다.

지도부의 위상과 권위가 어쩌다가 이 정도로 추락한 것일까. 무엇보다 스스로 변화하려는 노력이 부족해 국민의 기대하는 모습으로 거듭나지 못했기 때문이다. 일전에 한 친노(친노무현계) 의원에게 "이해찬 대표는 완고한 이미지가 강한데, 이를 좀 완화하면 안 되느냐"고 물은 적이 있다. 이 의원의 답이 이랬다. "60살 넘은 할아버지한테 뭘 바래. 그냥 그 부분은 포기해." 이웃집 어르신도 아니고, 당대표가 행여나 이런 생각을 한다면 이런 정당에서 변화를 기대하긴 어려울 것이다.

변화와 혁신을 이끄는 리더십에 대해 생각해볼 만한 좋은 영화 한 편이 있다. 메이저리그 오클랜드 애슬래틱스 단장, 빌리 빈(브래드 피트 역)의 성공 실화를 담은 〈머니볼Moneyball〉이란 영화다. 빌리 빈은 스카우터들의 경험과 경륜을 바탕으로 선수들을 영입하던 기존의 관행 대신, 경기기록을 데이터화해 저평가된 선수들을 영입하는 전혀 새로운 방식으로 만년 꼴찌팀을 20연승의 최강팀으로 이끈다. 이 방식을 도입하는 과정에서 그는 스카우터들과 갈등을 벌인다. 29년 경력의 그래디 퓨슨은 빌리 빈에게 이렇게 항의한다. "야구인은 야구인들만이 이해할 수 있는 어떤 영역이 있어. 우리에겐 우리만의 경험과 직관이 있다고. 그런데 당신은 지금 지난 150년 동안 야구인들이 해온 일을 무시하려는 거야?"

직업병인지는 몰라도, 이 장면을 보면서 정당의 당대표와 최고위원들이 생각났다. 당대표와 최고위원들 역시 "우리에겐 우리만의 경험과 직관이 있다"라는 논리로 국민과 여론의 비판을 잘 받아들이지 않고 자신들의 방식만을 고집하는 모습이 떠올라서였다.

누군가로부터 존경을 받는다는 건, 권위가 있다는 건, 단순히 오래 무슨 일을 했고 무슨 타이틀을 얻었다는 데서 오는 건 아닐 것이다. 오히려 그런 오랜 경험과 경륜 덕분에 변화해야 할 때를 알고, 과감히 혁신을 이끌어낼 때 우리는 그 지도자를 존경하고 그의 권위를 인정하게 된다. 어쩌면 권위는 누군가가 '이룬 것'에 있지 않고, 누군가가 '이룰 수 있는 것'에 있다. 무언가를 이룬 사람이 아닌, 앞으로 무언가를 이룰 수 있는 사람에게 우리는 더 큰 관심과 기대를 보낸다.

정당의 당대표와 최고위원의 권한

    정당은 당헌(당의 헌법)을 통해 당대표와 최고위원들의 선출방식과 권한을 명시하고 있다. 여당인 새누리당 당대표의 공식 이름은 대표최고위원(이하 당대표)이다. 최고위원들의 대표란 의미다. 당대표와 최고위원은 전당대회를 통해 뽑는데 여기서 1위를 차지한 사람이 당대표, 2위~5위까지가 최고위원이 된다. 다만 5위 득표자 이내에 여성이 1명도 없으면 5위 득표자 대신 여성 후보자 중 최다득표자가 최고위원이 된다.

    원내대표는 자동으로 최고위원의 자격을 얻기 때문에, 대표가 지명하는 지명직 최고위인 2명과 정책위의장까지 총 9명으로 최고위원회의가 구성된다. 여당 정책위의장이 최고위원회의의 구성원에 포함되는 건 여당의 경우 정책위의장이 당정(정당과 정부)협의를 통해 중요한 정책을 조율하는 가교역할을 맡고 있기 때문이다. 제1야당인 민주통합당 역시 대표와 최고위원을 함께 뽑긴 하지만 구성면에서 조금 차이가 있다. 전당대회를 통해 6명을 뽑아 1위는 당대표, 2위부터 6위까지는 최고위원이 된다. 민주통합당에서도 원내대표는 당연직 최고위원을 맡는다. 여기에 대표가 지명하는 최고위원 4명을 둬 총 11명으로 구성된다.

두 정당 모두 당헌을 통해 당권과 대권을 분리하고 있다. 당대표와 최고위원이 돼 당권을 잡으려고 하는 사람이 일정 기간 동안은 대권에 도전할 수 없게 하기 위해 만든 제도다. 새누리당의 경우 대통령 후보 경선에 출마할 예정인 당대표와 최고위원은 대통령 선거일 1년 6개월 전에 사퇴하도록 하고 있다. 민주통합당은 당대표와 최고위원이 대통령 선거에 출마하고자 할 때 선거일 1년 전까지 사퇴해야 한다.

대표와 최고위원이 갖는 권한은 두 정당이 대동소이하다. 대표는 주요 회의 소집권, 주요 당직자 임명 추천권, 공직 선거후보자 추천권 등을 가진다. 최고위원은 의원총회 소집 요구, 주요 당직자 임명 의결, 공직후보자 의결, 기타 주요 당무에 관한 심의·의결하는 역할을 담당한다.

17장
타협이 사라진 자리에는
아픔만 남는다

: 다르면서도 유사한, 한국의 '여당과 야당'

실망하는 것보다
아무 것도 기대하지 않는 게
더 나쁘다고 생각해요.
루시 모드 몽고메리Lucy Moud Montgomery, 《빨간 머리 앤》 중에서

2010년 겨울, 진눈깨비 흩날리던 날이었다. 새해 예산안 처리 합의에 실패한 한나라당과 민주당이 국회 본회의장에서 난투극을 벌였다는 뉴스가 흘러나왔다. 화면은 아수라장에서 주먹다짐을 벌이는 두 남자를 비췄다.

"저 사람들 국회의원이야?" 아내의 말에 혀를 끌끌 찼다. 욕이 절로 나왔다. 국회를 출입하지 않을 때였다.

석 달 뒤 두 사람은 서울의 한 곱창집에서 '러브샷'으로 화해했다. 국회 의원회관 지하 사우나 단골 이용객 의원들의 친목 모임인 '목욕당'의 만찬 자리였다나. 온 국민 앞에서 꼴불견을 보여주고도 자기네들끼린 속없이 잘도 푸는가 보다 하며 헛웃음을 지었다.

그들이 숙제를 푸는 법

'여당은 정부 정책을 무비판적으로 편들고 야당은 무조건 반대한다. 결과는 난장판이다.' 현안마다 고성을 지르며 치고받는 의원과 보좌관이 뒤엉킨 국회를 보면 이런 생각을 떨치기 어렵다. 우리는 그런 여야에 협상과 타협은 어림없겠다며 눈살을 찌푸리고 고개를 돌린다.

2011년 11월 22일 파국으로 끝난 한미 FTA 국회 비준동의안 처리를 둘러싼 논란이 그런 심증을 더 굳게 했을지 모른다. 많은 사람들이 여당의 표결 강행과 한 야당 의원의 최루탄 소동으로 끝난 이 갈등을 중간지대 없는 제로섬 게임으로 기억했다.

현장에서 본 느낌은 좀 달랐다. 한미 FTA 문제에 관한 한 파국을 막기 위한 수많은 여야의 협상이 있었다. 머릿속을 맴돈 건 '왜 여야의 이런 노력들이 뒤안길로 사라지고 극한 대치만 남는지'에 대한 의문이었다.

그래서일까. 그해 10월 31일 국회에서 일어난 어떤 사건이 풀어야 할 숙제처럼 남아 있다. 그날 한나라당과 민주당은 3주 뒤의 파국을 막을지도 모를 갈림길에 서 있었다. 운명처럼 여야는 그날 어떤 길을 선택했는데, 돌이킬 수 없는 비극을 예고하는 전조였다.

그날 새벽 민주당의 김진표 원내대표와 노영민 원내수석부대표는 국회의사당 2층의 원내대표실에서 머리를 맞댄 채 무언가를 열심히 적고 있었다. 긴박감이 흘렀다. 취재 중에 "청와대 정무수석실에서 염탐 왔느냐"는 관계자의 호통에 발길을 돌려야 할 정도였다.

두 사람이 엄격한 보안 속에 작성한 건 한미 FTA 비준동의안 처리를 위한 여야와 정부의 합의문이었다. 그해 6월 여야와 정부의 협의체가 구성되고 4개월 동안 밀고 당긴 끝에 협상이 타결된 것이다. 여야 합의 내용의 문구를 민주당이 만들었다는 건 민주당 주장이 상당 부분 수용됐다는 걸 뜻했다. 민주당이 요구했으나 정부가 반대한 농축수산업, 중소 상공인 피해대책이 대부분 받아들여졌다.

어떻게든 한미 FTA 비준동의안을 통과시키길 원했던 한나라당 황우여 원내대표가 몸싸움으로 표결을 막지는 말아 달라며 민주당 요구를 꽤 수용했던 것이다. 물론 민주당이 내건 전면 재협상은 합의문에 반영되지 않았다. 민주당 원내 지도부는 그것만큼은 한나라당이 결코 양보하지 않을 것임을 알았다. 대신 여야의 핵심 쟁점이었던 투자자 국가소송제ISD의 유지 여부를 정부가 미국과 협의하고 국회가 그 결과를 수용할지 결정하도록 했다.

싸울 수밖에 없는 사람들

나와 상대가 원하는 걸 모두 관철하는 것만이 협상의 최선이 아니라는 점에 동의한다면 그날 여야 원내대표의 합의는 존중할 만했다. 민주당에서도 협상이 잘됐다는 평가가 나왔다고 했다. 전날 오후 김진표 원내대표는 여의도 렉싱턴 호텔(의원들이 모임장소로 애용하는 고급 호텔)에서 민주당 중진 의원 20여 명을 만나 협상 내용을 설명했고 합의의 효력을 위해 합의문에 서명하라는 조언도 들었다. 손학규 민주당 대표에게 합의 내용을 알렸다.

그런데 그날 아침 열린 민주당의 의원총회에서 정동영 최고위원을 비롯한 의원 20여 명이 '한미 FTA 반대'를 강하게 주장했고 민주당은 합의문을 거부하기로 했다. 이 상태로 협정을 통과시키면 국익에 해가 된다는 나름의 절박감이 있었을 것이다. 이명박 정부에 대한 국민적 불만이 극도로 높은 시점에 '싸우는 야당'의 선명성을 보여야 지지를 받을 수 있다고 판단했을 것이다. 4·11 총선에서 승리하기 위해 민주노동당(지금의 통합진보당)과 연대하려면 한미 FTA 폐기를 주장한 민주노동당과 보조를 맞출 필요도 있었다. 어쨌거나 협상의 성과는 잊혔다.

한나라당은 민주당을 설득하기보다 '노무현 정부 때 추진한 한미 FTA를 왜 반대하느냐'는 식의 감정싸움으로 맞불을 놓고선 '우리가 의석수가 훨씬 많으니 다수결로 처리하면 된다'는 협박성 언사로 사태 해결을 어렵게 했다. 그날로 야당 의원들이 국회 상임위원회인 외교통상통일위원회를 점거했다. 그 뒤로 여야 의원 누구로부터도 합의문 내용을 호소력 있게 재론하는 걸 듣지 못했다.

2012년 가을 협상에 관여했던 민주당 사람을 만났더니 이런 얘기를 들려줬다. "여당이든 야당이든 협상 당사자를 빼놓고는 합의문 내용 자체엔 별 관심이 없더라. 어떤 최선의 협상을 해왔어도 반대했을 것 같다." 그의 넋두리가 뼈 있게 다가왔다. 야당이 여당에 협조하고 여당이 야당에 끌려가는 모양은 안 된다는 인식이 여야에 강하게 남아 있는 한 협상으로 대화해보려는 사람들은 운신의 폭이 좁다는 얘기다. 김진표 원내대표에겐 한나라당의 'X맨'이라는 낙인이 찍혔고 황우여 원내대표에겐 무능한 원내 지도부라는 딱지가 붙었다.

여당은 정책과 법안을 조율하기 위해 청와대 및 정부와 이른바 '당·정·청 협의'를 하지만 대통령의 권한이 워낙 막강하다 보니 대체로 청와대의 요청(지시)을 여당이 이행할 때가 많다. 정치권에선 '여당은 청와대의 거수기, 행동대장'이라는 비아냥거림이 통용된다. 한미 FTA를 둘러싼 여야 갈등이 극으로 치닫던 2011년 11월 김효재 당시 청와대 대통령정무수석비서관이 "ISD 문제는 한나라당의 정체성과도 직결돼 타협이나 협상의 대상이 아닌 우리가 지켜야 할 가치다. 타협으로 변형될 수 없으며 싸워 획득하는 것"이라고 말해 적잖이 놀랐다. 청와대와 여당의 관계를 상징적으로 보여준다는 느낌이 들어서였다.

국회를 빈정거리는 말로 '통법부'라는 말도 쓰인다. 입법부가 정부 법안을 통과시키기 위한 기관으로 전락했다는 뜻이다. 이런 불신이 팽배하니 야당이 여당의 정책에 협조하는 건 불가능하다는 인식이 강하다. 종종 정부와 여당이 추진하는 정책과 법안을 몸으로 막고 짓밟혀야 할 일을 다한 것으로 생각하는 것 아니냐는 느낌도 든다. 2011년 민주당 지도부에 있었던 한 의원이 들려준 얘기가 그랬다. "김진표 원내대표야 울고 싶은 심정이겠지만 몸싸움에 대한 비난을 걱정할 건 한나라당이지

우리가 아니다."

전쟁에서 정치를 배우다니

정치의 본질은 분배다. 한정된 자원과 기회의 우선순위를 정하고 분배할 때 발생하는 갈등을 해소하는 게 정치의 숙명이다. 정당정치는 그 과정을 다수결로 정할 수 있게 제도화했지만 다수결은 민주주의의 본질이 아니다. 의석수가 많은 당이 표결로 다 결정해버릴 수 있다면 소수일지라도 반드시 반영해야 할 이견이 묵살되기 일쑤일 것이다.

그래서 다수당과 소수당, 여당과 야당의 협상이 중요하다. 협상은 필연적으로 양보와 타협을 동반한다. 그런데 협상하는 사람을 무능하다 하고 명분을 관철시키는 것만 정치라 생각하니 파국만 남는 것이다. 적과 동지의 이분법이 난무하는 편 가르기로는 갈등을 해소하지 못한다. 우리의 내면에도 이런 편 가르기가 자리 잡은 건 아닐까. 그로부터 상대에 대한 편견이 생겨나고 증오의 정치가 우리 삶을 지배하게 된 건 아닐까.

김동철 민주통합당 의원을 사석에서 만났더니 정당 활동에서 전략이라는 말을 아예 없애야 한다고 강변했다. 누가 이기거나 져야 끝나는 전쟁에 쓰는 말을 협상과 타협이 본질인 정치에 쓰다 보니 부작용이 이만저만이 아니라는 자성이었다.

한미 FTA 비준동의안이 처리되던 날, 한나라당 의원들은 국회 본회의장 바로 맞은편의 예·결산특별위원회 회의장에서 예산안 관련 의원총회를 연다는 명목으로 모여 있다가 본회의장으로 우르르 몰려가 다수결의 힘으로 표결을 성공시켰다. 민주당 의원들은 허를 찔렸다며 허탈해했다. 한나라당의 모습이 목표를 달성하기 위한 영리한 전략일 수는 있어도 올바른 정치와는 거리가 멀다. 이를 기민함으로 치켜세우는 정치문화가 국회 폭력사태나 회의장 점거 같은 파국을 조장하는 것 아닐까.

가해와 피해를 구별하는 건, 다시 우리 몫이다

2010년 겨울의 주먹다짐을 화해했다는 두 사람은, 지금은 공천에서 탈락해 전직 의원이 된 김성회 한나라당 의원과 19대 국회에서 당선돼 3선이 된 강기정 민주당 의원이다. 강 의원이 기자들과 저녁 자리에서 '폭력에 관련된 18대 국회의원 가운데 나만 당선됐다. 선거운동 때 폭력 의원으로 나를 바라보는 사람들의 눈초리가 힘들었다. 다시는 국회 폭력이 일어나선 안 된다'는 취지의 말을 하며 멋쩍어한 기억이 난다.

강 의원은 정치적 이성이 사라진 아수라장에서 자신의 감정을 다스리지 못하긴 했지만, 폭력의 가해자이기보단 타협의 정신이 사라진 정치 구조의 또 다른 피해자일지 모른다. 그런 정치인들에게 혀를 차고 욕하는 건 어쩌면 쉬운 일이다. 정당정치가 외면당하는 오늘의 위기는 그렇게 생겨났다. 그들을 난장판으로 내몬 정치 구조를 바꾸고 좋은 정당을 만들기 위해 두 눈 크게 뜨는 건 어려운 일이지만, 유권자들만이 할 수 있는 일이기도 하다.

한국의 여당과 야당의 변천사

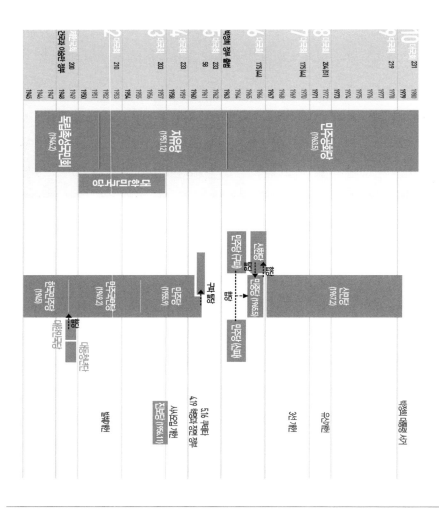

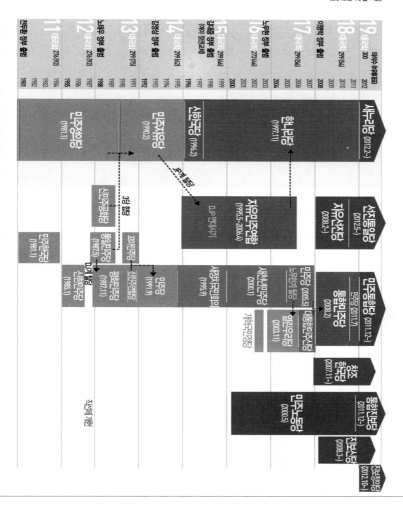

18장

위기가 일반화된 시대에
살고 있는 건 아닐까?

: '정당의 비상대책위원회'는 과연 위기를 제대로 돌파했을까?

위기의 시기는
사람들에게 삶의 의미를 생각할 수 있도록 한다.
자크 아탈리 Jacques Attali, 경제학자

지금은 종영됐지만 KBS 〈개그콘서트〉에는 '비상대책위원회' 코너가 있었다. '안 돼!'라고 줄곧 외치는 개그맨 김원효와 '고뤠?'라는 말로 우리를 웃겨주던 김준현을 대중에게 알린 프로그램이다. '비상대책위원회'는 곧 폭탄이 터질 듯한 급박한 순간으로 시작한다. 경찰 간부와 군인이 앉아서 이 상황을 막을 방법을 고민하면서 서로 "야~ 안 돼!"라며 소리를 지른다. 그러는 순간, 대통령이 등장한다. 대통령에게 상황 브리핑을 하면서 갖은 대책을 다 말하지만, 결국 또 갖은 이유로 적절한 대책은 세워지지 않는다. 그리고 "시간이 없습니다"로 끝난다.

〈개그콘서트〉의 놀라운 재연 능력

2012년 여야 정치권은 정상적인 정당 체제를 유지하지 못했다. 여야 모두 '비상대책위원회'를 꾸렸다. 비대위 전성시대라고 할 만했다.

한 친구는 개그콘서트에 나오는 '비상대책위원회'를 보면서 "저 모습이 정치권의 모습일까 봐 걱정인데 실제로도 그럴 것 같다"는 말을 했다. 그런데 한 국회의원으로부터 자조 섞인 목소리로 이런 말을 들었다. "비대위가 〈개그콘서트〉 같다."

한나라당은 2011년 10월 26일 서울시장 재보궐 선거에서 패배했다. 그 이후에 팟캐스트 〈나는 꼼수다〉에서 의혹을 제기했던 '선거 당일 이루어진 디도스 공격'이 사실로 드러났다. 한나라당 최구식 의원의 운전 비서가 디도스 파문에 연루된 것이었다. 한나라당 의원들 사이에서 '이대로는 내년 4월 총선 못 치른다. 다 죽는다'는 불안감이 엄습했다. 특히 '말실수로 웃음거리가 된 홍준표 당대표로 선거 못한다'는 말이 공공연하게 나돌았다.

한나라당은 당내 남은 구원투수를 바라봤다. 그 구원투수는 박근혜 전 대표였다. 그렇게 한나라당 비대위는 2011년 12월 19일 출범했다.

이 비대위는 '전지전능'했다. 원래 한나라당은 대선 주자가 대선 1년 6개월 전까지는 당대표 및 최고위원을 할 수 없다. 과거 이회창 총재 시절에 당 대선 후보가 당권까지 모두 거머쥐는 '독재적 권력'의 폐해에서 벗어나기 위해 이 같은 조항을 만들었다. 이 조항을 따지고 보면 박근혜 전 대표도 당대표 역할을 하는 비상대책위원장을 맡을 수가 없다.

그러나 한나라당은 급했다. 선거라는 '폭탄'이 눈앞에 다가왔다. 의원들은 당의 헌법과 법률의 역할을 하는 당헌·당규를 바꿨다.

당헌 중에서 92조 2항의 '대통령 후보 경선에 출마하고자 하는 자는 1년 6개월 전에 당직 사퇴하게 돼 있다'는 부분을 '비대위위원장과 비상대책위원회 위원은 당직 사퇴에서 예외하기로 했다'로 바꾸는 것을 의결했다. 급하니까 법을 바꿔버린 것이다. 이 모든 작업은 박근혜 전 대표가 당의 전면에 등장하는 길로 통했다.

홍준표에서 박근혜로 얼굴을 바꾸고 한나라당에서 새누리당으로 이름도 바꿨다. 그리고 총선에서 새누리당은 과반 151석을 달성했다(이후 탈당 및 출당 조치로 의석수가 줄어 과반의석을 달성하지 못했다). '비대위의 승리'였다.

'선거에 지기만 하면 비대위' 공식화

반면 선거에서 진 민주통합당은 뒤집어졌다. 이명박 정부를 향한 비판이 어느 때보다도 높고 디도스 파문, 한나라당 전당대회의 돈 봉투 사건 등으로 여당의 사고가 잇따랐음에도 불구하고 쉽게 말해, 야당 입장에서는 '지기 힘든 선거'에서 져버린 것이다. 여기도 대선을 앞두고 '폭탄'이 던져진 셈이다. 한명숙 대표가 사퇴하고 문성근 최고위원의 대행체제를 거쳐서 박지원 원내대표가 5월 7일 비상대책위원회를 맡았다.

비슷한 시기, 통합진보당은 비례대표 경선 과정에서 부정 논란이 불거졌다. 이석기, 김재연 의원의 사퇴 여부가 관건이었고, 통합진보당은 진통을 겪었다. 이 과정을 수습하고자 통합진보당도 5월 20일 비상대책위원회를 만들었다. 이때 자유선진당도 비상대책위원회 체제를 가동했다.

2012년 상반기 국회는 주요 4개 정당이 모두 비대위로 운영되는 비정상적인 현상이 벌어진 것이다. 전당대회를 거쳐 당원들의 지지를 받고 정당하게 선출된 당대표가 순식간에 사라지고 비상대책위원장이라는 '메시아'만 바라보는 상황이었다. 우리 정치는 '혼돈' 그 자체였다. 비상대책위원회는 그 이름에서 알 수 있듯 '상황이 정상이 아니'라는 것을 의미한다. 이는 여야를 막론하고 민주주의 체제하에서 정당정치가 제대로 작동하지 못하기 때문에 생겼다는 분석이 나왔다. 어찌 보면 정당, 그리고 선거가 제도나 시스템으로 돌아가는 게 아니라 한 개인에 의해 돌아가기 때문인지도 모른다. 다른 말로 하면 '개인기'에 의존하기 때문이다.

그렇다면 비대위 안에서는 상황이 제대로 돌아갈까? 돌아보면, 2012년 여야 정당의 비대위가 무엇을 했는지 고개가 갸웃거려진다. 비대위에서 하는 일도 사실 평소 정당에서 하는 일과 똑같다. 정책을 만들고 당의 정강(기조)을 바꾸는 일은 꼭 비대위만 할 수 있는 게 아니지 않은가.

정치권에서 그나마 성공했다고 꼽는 사례는 새누리당 비대위이다. 외부 사람을 불러다가 쓴소리를 내고 시끌벅적하게 만들어서 새누리당이 변화하고 있다는 인식을 줬기 때문이다.

이 시끄러웠던 비대위는 들여다보면 결실은 없다. 비대위에서는 보수 논쟁으로 시끄럽기만 했지, 새누리당 정강정책에서 '보수'라는 단어를 삭제하지 못했고, 정치 개혁 분야에서는 공천권을 국민에게 넘기는 오픈프라이머리 도입에 대한 말만 오갔지 실현되지 못했다. 여기서도 갖은 이유들이 나왔다.

그럼에도 불구하고 새누리당 비대위가 성공했던 이유는 '사람'에 있다. 가장 큰 역할은 박근혜라는 인물 그 자체였다. 박근혜라는 인물을 당의 전면으로 끌어냈기 때문이다. 그렇기 때문에 새누리당 비대위는 그게 끝이었다. 선거가 끝나고 나서 큰 변화가 온 것도 아니었다.

결국 범인은 한 명도 못 잡았다

여기서 재미있는 사실은 비대위의 역사가 2012년뿐이 아니라는 점이다. 여야 모두 선거를 기점으로 비대위를 만들었다.

한나라당은 2011년에 2번의 비대위가 있었다. 한나라당은 2011년 4월 27일 재보선 패배로 안상수 대표 체제가 무너졌다. 그리고 전당대회를 열어 새 대표를 뽑기 전 비대위를 꾸렸다. 한해 전으로 더 올라가보자. 2010년 한나라당은 6·2 지방선거에서 패배했다. 당시 정몽준 대표도 선거 패배 책임을 지고 사퇴했고, 비대위가 역시나 등장했다. 비대위는 전당대회에서 새 대표를 뽑기 전 건널목이었다.

민주통합당도 과거 열린우리당 시절로 거슬러 올라가면 비슷하다.

2004년 6월 5일 4곳의 광역단체장을 뽑는 지방선거에서 참패한 열린우리당은 지도부가 총사퇴했고 비대위가 떴다. 1년 뒤 2005년 10월 26일 재보선에서 패배한 문희상 의장은 사퇴했고 정세균 원내대표가 비상대책위원회를 이끌었다. 그해 11월 민주노동당도 선거 패배로 지도부가 사퇴하고 권영길 비상대책위원장이 전면에 나섰다. 2006년 5월 31일 지방선거에서 열린우리당은 또 참패해 정동영 당 의장이 사퇴하고 김근태 비대위가 출범했다.

다 열거하기도 숨이 차다. 그리고 열린우리당의 비대위 역사와 한나라당의 비대위 역사가 서로 맞닿아 있다는 것을 알 수 있다. 선거에서 지기만 하면 지도부는 사퇴하고 새로운 인물로 비대위를 꾸리는 것이다.

기자들끼리는 선거를 앞두고 이런 우스갯소리를 한다. "일단 선거를 치르면 이념 지향과 상관없이 출입하는 정당이 이겨야 한다. 그래야 지도부가 사퇴하고 비대위가 만들어지는 격랑에 휩싸이지 않을 수 있다."

2011년 서울시장 보궐선거에서 새누리당이 패배한 후 새누리당 기자를 비롯해 당직자들은 정신을 못 차릴 정도로 바빴다. "이대로는 안 된다"며 당장 정당의 문을 닫을 것처럼 곳곳에서 위기론이 터져 나왔고, 지도부의 총사퇴론이 나왔다. 의원들은 총회를 요구하고 난리법석이었다.

민주당이 2012년 4월 11일 총선에서 지고 나서도 마찬가지였다. 밤샘 의총을 하고 누구누구 물러가라며 떠들썩했다. 각 계파에 속한 의원들끼리 모이고 다른 계파의 반응을 예의주시하고 기자들은 이를 취재하기 위해서 부산했다. 선거에서 패배한 정당의 부산함을 기자들도 그대로 따라가게 마련이다. 2012년 여야 모두 그 부산함의 종착점은 비대위였던 것이다.

그래서 어쩌면 비대위는 선거에 패배한 정당의 공식인지도 모른다. 비대위가 정당 역사상 밥 먹듯이 습관처럼 만들어졌다는 것을 보면 비상대책위는 더 이상 '비상대책위'가 될 수 없다는 생각이 든다. '비상대책위'인지 '상시대책위'인지 구분이 안 갈 정도니까.

새누리당 비상대책위는 2012년 5월, 민주통합당의 비상대책위는 2012년 6월 해체했다. 그리고 KBS 〈개그콘서트〉의 '비상대책위원회'는 그해 6월 17일 막을 내렸다. 마지막 방송에서 경찰 간부 김원효는 "범인 한 명도 안 잡았는데 여기서 끝낸대?"라고 물었다. 김준현은 "안되겠다야. 사람 불러야겠다"고 외쳤다.

여야 정치권에 묻고 싶다. 여기서 끝내느냐고. 그러면 이제 우리는 어떤 사람을 불러야 할까. 더 부를 사람이 남아 있을까?

의원내각제

    의원내각제는 대통령제와 함께 입헌민주국가의 양대 정부형태를 이룬다.

    의원내각제는 입법부와 행정부를 엄격하게 분리한 대통령제와 달리 국회가 내각에 대해 우위에 있다는 특징이 있다. 내각이 성립하고 존속하는 데는 국회의 신임이 필요하다. 특히 국회의 내각불신임이 있을 때에는 내각은 총사직하거나 국회를 해산하여 국민에게 신임을 묻는 총선거를 실시하고 그 결과에 따라 진퇴를 결정해야 한다. 그러나 국회와 내각은 별개의 국가기관이고, 국회는 내각의 행정권을 스스로 행사할 수 없고 내각에 대한 지시통제권을 가지지 않는다.

    우리나라는 대통령제를 택하고 있지만 의원내각제적 요소를 띠고 있다. 국무총리를 임명할 때 국회의 동의를 얻게 하고 있고, 국무총리는 대통령의 명을 받아 행정각부를 통할하고 국무위원의 임명을 대통령에게 제청할 수 있으며, 국무위원의 해임을 건의할 수 있다. 외형상 의원내각제의 내각에 유사한 국무회의를 설치하여 행정부의 권한에 속하는 중요 정책을 심의하게 하고 있으며, 대통령을 국무회의의 의장으로

하고 있다. 또 미국식 대통령제와 달리 정부도 법률안을 제출할 수 있다. 국무총리, 국무위원 등은 국회나 그 위원회에 출석하여 발언할 수 있으며 국회와 그 위원회도 이들을 출석시켜 답변을 요구할 수 있다.

19장
열정이 정의의
필수조건은 아니다

: '정당의 당원'에게서 느껴버린 열정의 덧없음

미움은 사랑과 마찬가지로 맹목적이다.
오스카 와일드 Oscar Wilde, **아일랜드 작가**

최근 새누리당의 한 보좌관과 식사를 했다. 나는 민주통합당 출입 기자지만 정보 공유차원에서 가끔 새누리당 사람들과 어울리기도 한다. 온종일 안철수와 문재인에만 파묻혀 살던 민주당 기자가 새누리당 사람들을 만나 "왜 박근혜인가?"에 대한 강의를 듣고 있노라면 평소 쓰지 않던 뇌 한쪽을 자극하듯 그 재미가 제법 쏠쏠하다.

이들은 자신들이 직접 음으로 양으로 파헤쳐온 안철수와 문재인 등 야권 대선주자들의 도덕적 흠결이나 개인 비리에 대한 은밀한 정보들을 기사로 쓰라며 귀띔해주기도 하는데, 이들 대부분이 새누리당이 잘되길 바라는 새누리당 당원들임은 물론이다. 박근혜를 대통령으로 만들어서 청와대에 함께 들어가겠다는 꿈을 가진 이도 상당수다.

자발적으로 활동하는 사람들

나와 식사를 한 30대 초반 보좌관 역시 2002년 대학생 시절부터 이회창 대선캠프에서 자원봉사자로 일하며 당시 한나라당에 당원으로 가입한 '한나라당 키드Kid'였다. 어릴 때부터 방송과 신문에 나오는 정치인의 모습이 멋있어보였고, 여의도에서 일하는 것이 늘 꿈이었다고 했다. 그는 대학생 시절부터 지금까지 수년간 한 달에 1만 원씩 당비를 납부해온 열성 당원이었고, 18대 국회에 이어 19대 국회에서도 당당히 의원 보좌관을 하는 데 자부심을 느끼고 있었다.

흔치는 않지만 우리 주위에는 잘 찾아보면 정치적인 인간, '호모 폴리티쿠스Homo politicus'들이 상당수 존재한다. 특정 현안에 대해 뜻을 같이하는 조직이 정당이라면, 당원은 그러한 조직을 구성하는 멤버들을 말할 것이다. 이들은 야구 뉴스만큼이나 정치 뉴스를 재밌어하고 걸그룹 멤버는 몰라도 국회의원 이름은 다 외우고 다니는 사람들이다. 동아리 회원이 있어야 동아리가 굴러가듯 정당의 뼈대는 당원이다. 그중에서도 돈, 당비를 내는 당원이야말로 정당 입장에서는 가장 우대해야 하고 가장 떠받들어야 할 대상이다.

'진성眞性 당원' '권리 당원' '주권 당원' 등 정당별로 이들을 부르는 명칭은 제각각이지만 백화점으로 치면 모두 VIP 고객쯤 되는 셈이다. 정당은 국고보조금 외에 당원들이 내는 당비를 모아 각종 선거비용을 대고, 크고 작은 정당 행사를 치르며, 당직자들의 월급도 주고, 기자들과 밥도 먹는다. 2011년 기준으로 가장 덩치가 큰 새누리당은 당비로만 108억 원, 민주통합당이 76억 원을 걷었다. 열성 당원들이 많기로 유명한 통합진보당은 가장 규모가 작음에도 민주당보다 많은 79억의 당비를 모았다. 이런 당비 납부 당원들이 새누리당은 30만 명, 민주당은 20만 명, 통합진보당은 5만 명쯤 되는 걸로 알려져 있다. 당비는 내지 않지만 당원으로 가입만 해놓은 일반 당원들만 치면 새누리당과 민주당 모두 200만 명이 넘는다고 주장하고 있을 정도다.

한 달에 몇천 원씩이라도 꾸준히 기부를 하는 것은 보통 의지를 갖고 할 수 있는 일은 아니다. 정당에 당비를 꼬박꼬박 납부하는 것 역시 마찬가지다. 흔히 자동 계좌이체로 당비를 납부하는 당비 납부 당원들의 당을 향한 사랑은 상상을 초월한다. 여의도 바닥에서 흔히 '애당심愛黨心'이라고 표현하는 것들이다.

어느 조직이든 그렇겠지만 일부 열성적인 멤버가 조직 전체를 이끈다. 반상회든 동창회든 해병대 전우회든 앞에 나서 자발적으로 활동하는 에너제틱한 사람들 몇몇에 의해 그 조직이 돌아가고 휘둘리기도 하기 마련인데, 정당으로 치면 당비 납부 당원들의 목소리가 제일 클 수밖에 없는 셈이다. 대통령조차 국민을 생각하기 앞서 자신이 속한 정당의 당원들을 무시할 수 없고 어떤 국회의원도 자신의 지역구 당원들의 민원을 무조건 모른 척할 수만은 없는 것이다.

난닝구와 빽바지 논란

전라도 민주당 당원들이 'DJ(김대중 대통령)'를 아버지처럼 따랐던 것 역시 알고 보면 이 애당심에 기초한 절절한 사모곡이었다. 이들은 보통 영남이냐 호남이냐 자신의 고향에 따라, 부모 세대 등 주변 사람들의 선택에 따라, 아니면 친한 사람들의 적극적인 권유로, 또는 뚜렷한 정치적 소신을 갖고 특정 정당의 정책에 힘을 실어주겠다는 강력한 의지를 갖고 당원이 되는 경우가 많다.

정치부 기자 생활을 하며 가장 충격적이고 적나라한 애당심을 체험한 적이 두 번 있는데, 2011년 12월 11일 서울 잠실체육관에서 있었던 민주당 임시전국대의원대회와 2012년 5월 12일 일산 킨텍스에서 열린 통합진보당 중앙위원회였다. 임시전국대의원대회, 중앙위원회, 전국운영위원회 등 모이는 사람들의 계급과 목적에 따라 이름은 제각각이지만 통칭 '전당全黨대회'로 불리는 행사들이다. 결국 돈 내는 당원들이 전부 모여 당의 중요한 의사 결정을 내리는 행사를 통칭한다.

두 행사가 가장 기억에 남는 건 학창시절 까까머리 친구들의 어설픈 싸움과, 군대 시절 계급의 이름으로 자행되던 구타 이래 처음으로 눈앞에서 펼쳐진 '자유로운 어른'들의 주먹질과 발길질이 새삼 생소하게 느껴졌기 때문일 것이다. 신문과 TV를 도배하고 해외 토픽에까지 나가 유명세를 떨쳤던 당시 폭력 전당대회의 활극은 안타깝게도 변질된 애당심에 기초하고 있었다.

민주당 폭력 전당대회는 2012년 4월 총선을 앞두고 국민들의 표를 의식한 민주당이 시민사회 세력 '혁신과 통합'을 흡수하며 '민주통합당'으로 당명을 바꾸는 과정에서 일어났다. 전통적인 전라도 민주당 당원들은 이를 두고 "60년 전통의 민주당 간판을 내리는 것은 안 된다", "외부 잡것들을 들여와 정통 민주당의 정체성을 해치자는 것이냐"며 몸소 이를 막기 위해 관광버스 수십 대에 나눠 타고 상경했다.

민주당에서는 이들을 '난닝구'라고 부른다. 전통적인 민주당 당원들을 지칭하는 말인데, 2003년 여름 실제 난닝구 차림으로 당의 진로를 논하는 회의장에 나타나 난투극을 벌였던 당원 이막동 씨의 활약상을 기려 고유명사화 됐다. 당시 70살의 당원 문팔괘 여사는 이미경 의원의 머리채를 뒤에서 잡아채 끌고 가는 모습이 신문에 대문짝만하게 실리며 '난닝구'의 전설로 남기도 했다.

'난닝구'의 반대말은 '빽바지'다. 2003년 재보궐 선거로 당선된 유시민 전 의원이 의원 선서를 하기 위해 양복이 아닌 면바지 차림으로 국회 본회의장 발언대에 나서자 한나라당 의원들은 "국회를 모독했다"며 퇴장해버렸다. 난닝구에 비해 빽바지는 개혁적 성향을 특징으로 내세우는데, 이후 민주당을 양분하며 각종 현안마다 대립해 '난닝구와 빽바지 논란'을 불러일으키기도 했다.

수십 년간 당원으로 활동해오며 '짝귀', '목포의 눈물' 같은 닉네임까지 각각 가지고 있는 이들 난닝구 당원들은 대부분 50~60대 어르신들

로 까마득한 후배 당직자와 보좌진들을 "어쭈, 막냐?" 하는 식으로 일
방 폭행했다. 야권 통합을 추진했던 손학규 대표도 단상을 점거한 이들
을 피해 측근들에 둘러싸인 채 급히 피신해야 했고, 생생한 활극 장면
을 담아내느라 흥분한 카메라·사진 기자들 앞에서 어르신 당원들은 막
걸리와 까나리 액젓을 최루액 터트리듯 흩뿌려댔다.

사랑하기 때문에 헤어진다?

통합진보당의 중앙위원회는 더욱 살벌했다. 부정경선 사태의 책임을
물어 이석기, 김재연 의원을 비롯한 비례대표 후보자 전원을 총사퇴 시
키자는 안건을 통과시키려 하자 이에 반대하는 당원 수백 명이 벌떼처
럼 일어난 것이다. 논리가 통하지 않는 아수라장 속에서 이들은 마치 군
대처럼 일사불란하게 움직였다. 일부 언론 기자들은 신변의 위협을 느
낄 정도였다.

진보 정당 특성상 통합진보당의 당원들은 대부분 노동자 출신 노조
관계자나 학창시절 운동권 출신들인 경우가 많은데, 이들의 난투극은
훨씬 더 다채로웠다. 50대의 조준호 공동대표가 그 유명한 '머리끄덩이
녀' 20대 여대생 당원에게 머리채를 끌어 잡히는 바람에 목 디스크 수
술을 해야 했고, 여성인 심상정 공동대표에게 당원들은 화염병 던지듯
물병과 책을 집어던졌다. 심 대표를 감싸 안으며 보호하는 과정에서 유
시민 공동대표의 안경이 깨질 뻔도 했다.

:: 2012년 5월 12일, 일산 킨텍스에서 열린 통합진보당 중앙위원회에서 유시민 당시 공동대표가
몸싸움을 벌이는 당원들에게 둘러싸여 있다. (출처: 연합뉴스)

학생티를 못 벗어난 앳된 얼굴의 당원들은 분을 삭이지 못했는지 곳
곳에서 가슴을 치며 눈물을 흘렸고, 며칠 뒤 중앙위원회 결정에 반발했
던 한 50대 당원은 분신자살을 시도해 39일 뒤 결국 목숨을 잃었다. 5월
22일 검찰이 통합진보당 당원 명부가 들어 있는 서버를 압수수색하려 할
때도 당원들은 12시간 넘게 경찰과 대치하며 서버를 가져가는 경찰차 유
리창을 깨고 차량 앞에 드러누웠다.

당시 한나라당도 마찬가지였다. 2011년 6월 7일 서울 공군회관에서
열린 전국위원회에서 막장 혈투극이 재현됐다. 당대표 선출 룰을 만들

기 위한 회의에서 자신의 뜻과 다른 안이 만들어졌다는 이유로 흥분한 당원들이 의원들의 멱살을 잡고 회의장 복도 이곳저곳을 끌고 다녔다. 당내에서 신사로 통했던 70세의 이해봉 전 의원이 당시 회의 진행을 맡았다는 이유로 멱살이 잡힌 채 오도가도 못하는 굴욕을 겪기도 했다. 물론 그 일 때문은 아니겠지만 이 전 의원은 1년 뒤인 2012년 8월 19일 지병이 악화돼 별세했다.

"사랑하기 때문에 헤어진다"는 이해 못 할 말처럼, 겉으로 보이는 이들의 거칠고 폭력적인 모습 뒤에는 아이러니하게도 자신들의 정당을 아끼고 정체성을 지키고 싶어 하는 애당심이 과하게 자리 잡고 있었던 것도 사실이다. 다만 자신들이 지키고 싶어 하는 정치적 견해처럼 상대방도 다른 정치적 견해를 가지고 있을 수 있다는 사실을 좀체 이해하려 하지 않았던 맹목적 애당심이 문제였을 뿐이다.

우리가 그들을 비난할 수만은 없는 이유
국민이 있어야 국가가 있을 수 있듯 당원은 정치의 기본 토대인 정당의 가장 기초적인 세포 조직이다. 당원들의 의식이 깨이면 결국 국민들이 깨이고 나라 전체의 민주주의가 한층 더 발전할 수 있다. "악플보다 비참한 것이 무플"이라는 말처럼, 그런 면에서 보면 자신들이 속한 정당이 간판을 내리든 말든, 중요 안건을 자신들 모르게 통과시키든 말든 상관하지 않는 것보다는 다소 과하지만 이러한 정치적 과정에 적극적으로 참여하는 이들의 모습에 일견 긍정적 측면도 있는 것 같다.

어쩌면 우리들의 과제는 이들의 열정을 민주주의 발전에 도움이 되는 긍정적 방향으로 이끄는 데 있는지도 모른다. 적어도 당원 자격을 가진 사람들은 총선이든 대선이든 나라의 중요한 미래를 결정하는 선거에는 자신이 지지하는 당을 찍기 위해서라도 빠짐없이 참여한다. 그런 관점에서라면 투표일을 야외로 놀러가는 휴일쯤으로 아는 상당수 사람들에게 과연 이들의 과도한 열정을 자유롭게 비판할 수 있는 자격이 얼마나 있는 것일까.

정당의 운영비용

　우리나라의 각 정당은 한 해 어느 정도의 금액으로 운영되고 있을까? 정당의 수입 중 가장 덩어리가 큰 것은 정치자금법에 따라 국민이 내는 세금을 일괄적으로 나눠받는 국고보조금과, 각 정당에 소속된 당원들이 내는 당비다.

　중앙선거관리위원회는 분기마다 약 90억 원에 해당하는 국고보조금을 우리나라 정당별 크기에 따라 배분한다. 배분 기준은 정치자금법 제27조에 따라 교섭단체(20석)를 구성한 정당에 총액의 50%를 균등 배분하고, 5석 이상 20석 미만의 의석을 가진 정당에는 총액의 5%씩을, 의석이 없거나 5석 미만의 의석을 가지면서 일정요건을 충족하는 정당에는 총액의 2%씩을 각각 배분한다.

　위의 기준에 따라 배분하고 잔여분 중 절반은 국회의석을 가진 정당을 대상으로 그 의석수 비율에 따라, 그리고 나머지 절반은 역시 국회의석을 가진 정당에 대하여 최근 실시한 국회의원 선거에서의 득표수 비율에 따라 배분한다. 복잡하지만 결국 국회의원 보유수에 비례해서 돈을 갈라준다는 뜻이다.

　2012년 8월 3분기 국고보조금을 예로 들면, 선관위는 90억 1,300여만 원을 각 정당별로 배분했다. 이 시점을 기준으로 149석을 가진 새누리당에 39억 4,500여만 원(43.8%)을, 128석을 가진 민주통합당에 38억 2,400여만 원(42.4%)을 지급했다. 13석을 가진 통합진보당에 7억여 원(7.8%), 5명의 국회의원을 보유한 선진통일당에 5억 4,200여만 원(6%)을 지급했다.

2011년도 우리나라 각 정당의 수입 현황을 보면 새누리당이 518억여 원, 민주통합당이 283억여 원, 통합진보당이 151억여 원, 자유선진당이 45억여 원, 진보신당은 41억여 원, 창조한국당은 23억여 원 수준이었다.

구체적으로 보면 새누리당의 경우 전년도 이월 금액이 230억 원, 당비가 108억 원, 국고 보조금이 133억 원 등이었다. 민주통합당의 경우 전년도 이월 59억 원, 당비 76억 원, 국고보조금 112억 원을 수입으로 올렸고, 통합진보당의 경우 전년도 이월 13억 원, 당비 79억 원, 국고보조금 26억 원 등이었다. 정당은 이러한 수입을 각종 선거비용, 당직자들의 월급, 조직 활동비, 정책개발비 등으로 사용한다.

20장

기술이 진화하면
문화가 된다

: '뉴미디어 정치', 우리의 소통 방식은 과거로 회귀 중이다

기술의 편에 선 자가
승리하리라.
미국 드라마 〈뉴스룸Newsroom〉 중에서

#1. 2012년 오늘

지하철에서 우연히 보게 되는 사람들의 스마트폰 화면에는 페이스북, 트위터 같은 SNS가 떠 있다. 카카오톡 같은 모바일메신저로 수다를 떠는 이들도 많다. 누군가의 삶을 왜 저리도 열심히 들여다볼까? 무슨 이야기를 저리도 재미있게 나눌까?

단순한 일상이지만, 아주 기초적인 정치 행위다. 정치적 맥락에서의 해석도 가능하다. 특정 시간과 공간에 모여 있는 사람들의 의견을 모아 결정을 내리는 과정이 정치다. 대개는 국가나 지방정부, 국회나 지방의회처럼 규모가 큰 단위에 대해서만 '정치'라는 용어를 쓰지만, 작은 규모의 정치가 없을 리 없다. 우리 동네 반상회도, 초등학교 반장 선거도,

부서 회의도 나름대로 정치적 행위다.

페이스북이나 카카오톡의 정치적 의미는 그 특성에서 나온다. 이들 서비스는 개인끼리 소통에서 공간의 제약을 제거해주었다. 대화방을 하나 만들어놓으면, 집에 있는 사람, 회사에 간 사람, 외국에 있는 사람, 버스를 타고 있는 사람 모두가 실시간으로 대화를 나눌 수 있다. 이른바 '가상공간(Cyberspace, 사이버스페이스)'이다. 예전에도 MSN메신저, 네이트온 같은 인스턴트메신저가 비슷한 서비스를 제공했다. 채팅 전문 서비스도 있었다. 다만, 인터넷에 연결된 컴퓨터가 필요했다. 스마트폰은 장소의 구애를 받지 않는다. 언제 어디서나 가능한, 공간을 뛰어넘었다는 건 그런 의미다.

#2. 옛날 언젠가

사람들이 경험하는 사회의 단위가 가족과 마을 정도가 전부였던 시절이 있었다. 평생을 살아도 마을을 벗어날 일이 좀처럼 없던 그 시절 사람들이 얻을 수 있는 정보는, 직접 목격한 게 아니면 다른 사람에게서 전해들은 것이었다.

직접 보지 않고 전해들은 이야기는 얼마나 정확한지를 좀 따져봐야 했다. 얘기를 전해준 사람이 믿을 만한지가 가장 중요한 기준이었다. 평소에도 늘 정확한 소식을 전해주는 사람이라면 으레 제대로 된 이야기를 해주겠지만, 워낙에 허튼소리를 많이 하는 사람은 무슨 이야길 해도 믿음이 가지 않는다. 인간 사회의 가장 기초적인 소통 구조라 할 수 있다. 소셜 소통Social communication이라 하면 적절하겠다.

소셜 소통은 상호작용이었다. 예컨대, 한 장돌뱅이가 마을 장터에서 이웃마을 난봉꾼의 연애사에 관한 이야기를 늘어놓는 상황을 가정해보자. 신나게 이야기하는 장돌뱅이는 정보를 전하는 사람으로서 발언권을 가졌지만, 그렇다고 그를 둘러싼 마을 주민들에게 발언권이 없는 건 아니었다. "예끼, 이 사람아! 허튼소리 하지 말게. 그이는 절대 그럴 위인이 아니네!" 하며 장돌뱅이에게 정면으로 반박할 수도 있다. 또는 "자네 말이라면 분명 사실일 테니, 당분간 그 집 근처엔 가지 않는 게 좋을 것 같구먼." 하며 공신력을 보태줄 수도 있다. "그 양반은 원래 유명했다네. 내가 알기로는…." 하며 과거 사례를 덧붙여주면 좀 더 완성된 이야기가 될 수도 있다. 모두가 정보의 생산자인 동시에 소비자였다.

하지만 소셜 소통은 한계가 있었다. 아무리 믿을 만한 이야기꾼이라 해도, 그의 발걸음이 세상 모든 곳에 미칠 순 없었다. 아무리 목소리를 크게 질러도 다다르는 범위는 얼마 되지 않았다. 어느 지점부터는 다른 전달자들이 그의 역할을 대신할 경우가 생겼다. 전달에 전달을 거듭하면 왜곡되기도 했다. 결국 공간적 한계였다. 정치의 단위도 어느 범위를 넘어서기 힘들었다. 사실 굳이 그럴 필요도 없었다.

#3. 19세기 후반~20세기(1)

신문(대량인쇄술)과 방송(전파송수신기술) 등 기술에 힘입은 대량 소통(또는 대중 전달, Mass communication)이 발전했다. 신문과 방송에선 같은 내용의 정보가 동시에 다중mass에게 전달된다. 대량 소통 방식의 가장 중요한 특징이다.

누구나 나설 수 있는 일은 아니었다. 신문을 찍기 위한 인쇄기나 방송 제작과 전파 송신에 필요한 각종 장비는 무척 비싸다. 돈 있는 소수가 독과점할 수밖에 없다. 그렇다고 돈만 있으면 무조건 할 수 있는 것도 아니다. 대량 소통은 내용에 따라 민심이 달라질 수 있어, 권력은 항상 촉각을 곤두세웠다. 국왕이 통치할 때 신문은 국왕의 허가를, 독재 치하의 방송은 독재정권의 허가를 얻어야 했다. 지금도 민주주의 국가의 대중매체는 일정 정도 정부와 의회의 규제를 받는다.

대량 소통은 일방적이다. 메시지를 발신하는 대중매체는 숫자가 많지 않다. 일하는 사람도 소수다. 소셜 소통 시절엔 전체 사회 구성원 모두가 발신자였다. 신문에 글을 쓰거나 방송에서 마이크를 잡는 일은 아무나 누릴 수 없는 특권이 됐다. 상호작용은 사실상 불가능하다. 독자나 시청자가 매체에 참여해 정보를 생산하는 기회는 거의 없다. 정보의 유통은 소수의 매체와 그 종사자(기자)들이 독점했다.

#4. 19세기 후반~20세기(2)

신문, 라디오, 텔레비전으로 발전하는 대량 소통의 각종 수단에 대해 정치권력은 항상 군침을 흘렸다. 대중매체만 장악하면 여론을 좌지우지할 수 있다고 여겼다. 매체는 독점돼 있으므로 소수인 그들만 붙잡으면 원하는 메시지를 동시다발적, 일방적으로 전달할 수 있었다. 대중매체는 권력을 잡는 과정에서 중요한 역할을 하게 됐다.

20세기 초 러시아 볼셰비키 혁명에선 신문이 중요한 수단이었다. 당시 〈프라우다Pravda〉지는 러시아 전역 공장, 사업장, 병영 등지의 노동자들이 보내온 편지를 실으며 노동계층의 소식지가 됐다. 레닌의 볼셰비키는 이렇게 형성된 네트워크를 혁명의 구심으로 활용했다. 혁명이 성공한 뒤, 소련은 모든 신문을 당과 정부의 기관지로 만들었다. 이후 등장한 사회주의 국가들도 소련의 선례를 따랐다.

라디오 정치의 총아는 아돌프 히틀러였다. 히틀러는 빼어난 말솜씨를 자랑하던 연설가였다. 누구나 알아들을 수 있는 쉬운 언어, 적절한 유머와 성대모사는 단박에 독일 대중을 사로잡았다. 나치는 그 효과를 극대화하기 위해 국민들에게 라디오를 저가에 공급하기도 했다.

정통성이 결여된 정권일수록 어떻게든 언론을 장악해보려 했다. 5·16 직후 박정희 소장이 새벽 5시 방송에 '혁명공약'을 내보내려고 군인들을 앞세워 총을 쏘며 남산의 KBS 방송국에 들이닥친 것도 한 사례다. 하지만 민주주의에선 언론의 자유가 보장되는 탓에, 눈치없이 대놓고 언론을 장악하면 독재라는 비판을 듣게 된다. 무모하게 그런 비난을 무릅쓰기보다, 정치가들은 최대한 언론 매체를 이용하려 들었다.

TV 정치의 시대를 활짝 연 것은 1960년 미국 대통령 선거를 앞두고 존 F. 케네디와 리처드 닉슨이 벌였던 생방송 토론이었다. '대토론Great Debate'이란 이름으로 역사에 남은 이 방송은 당시 미국 전체인구의 3분의 1이 시청할 정도로 관심을 모았다. 방송에서 케네디는 구릿빛의 건강한 얼굴과 자신 있는 시선으로 언변을 과시한 반면, 화면에 비친 닉슨은 실제와는 무관하게, 어딘가 아파 보였고 왠지 지쳐 보인다는 평가를 들었다. 라디오로 토론회를 들은 사람들은 닉슨도 나쁘지 않았다고 평가했지만, TV 화면으로 방송을 본 사람들은 케네디에게 압도적으로 높은 점수를 줬다. 이후 TV는 '이미지 정치'의 핵심적인 도구로 떠올라 오늘을 맞고 있다.

#5. 20세기 말~21세기 초

인터넷이 보편적으로 쓰이기 시작했다. 한 개인이 웹게시판에 글을 올리면 불특정다수가 읽을 수 있었다. 글을 쓰는 권한엔 사실상 제약이 없었다. 글만 잘 쓰면 잘 알지도 못하는 수많은 사람들이 읽고 의견을 제시하곤 했다. 이전 시대에 신문이나 책 같은 인쇄 매체를 통해야만 가능했던 '출판 행위'가 새로운 환경을 맞이했다. 자본과 권력 앞에 위축됐던 개인은 저마다 의견을 마음껏 피력할 수 있게 됐다.

이메일과 게시판이 활성화되면서, 글을 주고받는 통로가 다양해졌다. '카페'라는 이름으로 웹상의 커뮤니티가 생기면서 가상 공간에는 학교, 지역, 관심사 등을 반영한 모임이 생겨났다. 가상 공간이 인간 관계를 반영하기 시작한 것이다. 초기 유형의 SNS인 싸이월드가 태어났다. 게시판이 블로그로 진화하면서, 관심 있는 블로그를 굳이 매일 확인하지 않아도 새로운 글이 올라오면 자동으로 전달해주는 체계RSS도 생겨났다. 마치 신문을 구독하듯이, 인터넷에서도 글을 받아보는 '구독 행위'가 구현됐다.

기술 발달에 힘입어 서버와 회선의 용량이 커졌고 속도도 나날이 빨라졌다. 컴퓨터 성능도 좋아졌다. 글뿐만 아니라, 인터넷엔 소리와 영상도 실을 수 있게 됐다. 동영상을 '스트리밍' 방식으로 시청하는 유튜브 같은 서비스가 가능해졌고, 영상이나 오디오를 구독하는 새로운 방송 방식인 '팟캐스트'도 가능해졌다. 방송국처럼 고가의 장비를 갖추지 않고도 방송을 할 수 있게 됐다.

페이스북, 트위터처럼 한층 업그레이드된 SNS가 생겨났다. 그리고 스마트폰이 상용화됐다. 스마트폰은 카메라와 휴대전화 기능을 갖췄고, 휴대전화망으로 인터넷에도 연결됐다. 스마트폰으로 찍은 사진 한 장, 동영상 한 편이 인터넷을 통해 일면식도 없던 전국, 전 세계 수많은 사람들에게 전파되는 시대가 개막했다. 새로운 소통 방식은 정치적 역할을 해내기에 이른다. 모로코, 이집트, 튀니지 등 2011년 중동에서 일어난 일련의 반독재 민중혁명에선 스마트폰과 SNS가 중요한 구실을 했다고들 평가한다.

이는 신문, 방송 같은 대량 소통과는 차원이 달랐다. 오히려 한 단계 업그레이드된 소셜 소통에 가까웠다. 페이스북이나 트위터에선 나의 '친구(또는 팔로어) 관계'가 나의 정보의 양과 질을 결정했다. TV만 보고 신문만 보면 종합적으로 망라된 정보를 접할 수 있던 것과 달리, 인적 관계를 어떻게 맺느냐에 따라 무엇을 얼마나 빨리 알게 되는지가 정해졌다. 페이스북·트위터에서 만난 친구들이 잡다한 신변잡기만 이야기하면 내가 알게 되는 것은 그들의 잡다한 신변잡기뿐이다. 친구들이 정치 이야기만 하면, 나는 정치 이야기만 계속 듣게 된다.

결국 '페이스북 친구'와 '트위터 팔로어' 같은 인적 관계에 기반하면서도, 소셜 소통의 한계였던 공간적 제약을 뛰어넘었다. 이용자들은 누구나 콘텐츠의 소비자인 동시에 생산자였다. 장돌뱅이의 이야기를 듣는 장터의 주민들처럼 너도나도 한마디씩 담론 형성에 참여하게 됐다. 듣기만 하는 사람들도 누가 옳은 말을 하는지 누가 그른 말을 하는지 분간할 수가 있었다. 스마트폰과 SNS 덕에 우리는 '옛날 언젠가'의 소통 방식을 다시 만났다.

#6. 다시 2012년 오늘

정치인들은 이미 꽤 오래 전부터 SNS에 뛰어들었다. 예컨대 싸이월

드에서 이미 엄청난 인기몰이를 한 바 있는 박근혜 새누리당 대선 후보
는 종종 트위터에도 글을 올리고 있다. 그런데 그 형식이 소셜 소통이
아니라 대량 소통이다. 마치 신문의 짧은 기사나 방송에서 짧은 인터뷰
를 하듯 이야기를 한다. 하지만 인터뷰는 아니다. 질문자가 없기 때문이
다. 결국 누구도 물어보지 않고, 짤막한 답변만 내놓는 셈이다. 재미있
는 것은, 실제로 그에게 트위터에서 뭘 물어보면 답변이 돌아오는 경우
는 거의 없다는 점이다.

　박 후보뿐 아니라 여야의 많고 많은 정치인들이 트위터를 이런 식으
로 쓴다. 자기 자랑만 가득하기 일쑤다. 물론, 정치부 기자들은 그 한 마
디도 아쉬워서 매일같이 정치인의 트위터를 지켜본다. 하지만 이렇게
운영하면 괜한 일만 늘어날 게 뻔하다. 일부 정치인들은 자기 이름을 내
건 트위터·페이스북 계정도 직접 운영하지 않고 보좌진에 맡긴다. 새
누리당은 지난 총선 때 SNS 활용지수를 공천에 반영한 탓인지, 할 수
없이 억지춘향으로 SNS를 시작한 사람들도 꽤 있어 보인다. 정치인들
은 이렇게 이뤄지는 '셀프 인터뷰'가 인터넷을 통해 '출판'되는 것만으
로, 마치 많은 관심을 얻은 양 혹하기도 할 것이다. 이쯤 되면 대중이 그
들의 메시지에 얼마나 관심을 갖는지는 이미 별 상관도 없다.

　트위터 활동이 가장 활발한 축인 노회찬 무소속 의원 경우는 다르다.
그의 트위터에는 다른 사람들과 나누는 대화가 가득하다. 소소한 일상
에서부터 각종 현안에 대한 입장까지 내용도 다양하다. 박원순 서울시

장도 시장이 되기 전부터 트위터에서 주목받던 인물이다. 박 시장은 사람들과 대화를 나눌 뿐 아니라, 아이디어 공유와 발전에 적극 나섰다. 두 사람의 트위터 이용 방식에선, 모든 참여자가 콘텐츠 생산자가 된 소셜 소통 시대에 정치인들이 해야 할 일의 일면을 엿볼 수 있다.

〈나는 꼼수다〉류의 팟캐스트 방송이 나날이 성장하고 있는 것도 앞으로 미디어 지형이 많이 바뀔 거란 예측을 가능케 한다. 〈나는 꼼수다〉 자체의 인기는 4·11 총선 이후 한풀 꺾인 것 아니냐고들 하지만, 다운로드 순위는 여전히 부동의 1위다. 팟캐스트 방송의 종류도 많이 늘었다. 방송 제작에 도전하는 사람들도, 그런 방송에 관심을 갖는 사람들도 많아지고 있단 얘기다.

#7. 앞으로 언젠가

한때 트위터는 '좌편향'이라는 딱지가 붙었다. 지금도 일각에선 그렇게 주장한다. 새로운 기술이 등장할 때마다 늘 일어나는 일이다. 멀게는 1970년대 대량으로 유인물을 만들 때 쓰였던 '가리방(등사기)'을 필두로, 1990년대 PC통신이나 2000년대 초반 휴대폰 문자메시지 같은 전파 수단이 등장할 때마다 그랬다. '좌파'의 선전 수단이라 했고, 실제 그렇기도 했다.

그러나 어쩔 수 없는 일이다. 몇백에서 몇천 억 원짜리 인쇄·방송 장비가 요구되는 주류 언론을 가질 수 없는 약자들은, 저비용 미디어에 몰두하며 활약하기 마련이다. '좌파의 선전수단'이 된 이유는 좌파가 비주류인 탓이다. 기술 발전 덕에 가능해진 최신 미디어는 그렇게 까다롭지 않다. 지금 당장도 스마트폰만 있으면 팟캐스트 방송 한 편을 뚝딱 만들 수 있다. 기술 자체는 정치적 성향을 따지는 게 무의미하지만, 앞으로도 저비용 미디어는 항상 비주류의 몫이 될 것이다. 편향성 시비도 언제나처럼 따라올 뿐, 사라질 리 만무하다.

트위터·페이스북도 언젠가는 힘을 잃고, 다른 모습의 새로운 SNS에 자리를 내줄 것이다. 계속 향상되는 서버와 회선의 용량은 머지않아 우리의 일상을 고스란히 기록하는 데 부족하지 않은 수준에 오르게 될 것이다. 그렇게 탄생할 새로운 SNS는 우리의 일상에 대해 현재 수준과 비교할 수 없는 막강한 영향력을 갖게 될 전망이다.

하지만 대량 소통에서 소셜 소통으로 바뀌어온, 그래서 대중매체보다는 개인에게 더 많은 말과 글의 기회를 주는 쪽으로 발전해온 방향성은 유지될 것이다. 거스를 수 없는 도도한 역사의 흐름이란 말은 이럴 때 쓰는 표현이다. 정치인이 됐건 누가 됐건, 우리는 새로운 소통 방식을 받아들여야 할 때다.

언론의 자유와 책임

언론은 중요한 사회적 사실을 사회 구성원들에게 신속하고 정확하게 전달한다. 사회적 쟁점을 규정하고, 이를 해설하거나 비판하는 일도 언론의 몫이다. 언론은 이로써 여론 형성에 지배적 역할을 하며, 국민 개개인은 의사 결정을 내릴 때 언론 보도를 중요한 판단 근거로 삼는다. 언론은 대중을 대변하면서, 국민의 의견을 정치권에 전달하기도 한다. 정부가 정상적인 기능을 수행하도록 감시하는 것도 언론이 수행해야 하는 중요한 역할이다.

이는 모두 국민의 '알 권리'를 위한 역할이다. 국민이라면 누구나 국가와 사회에서 일어나는 모든 것을 알아야 할 권리가 있다. 이때 필요한 것은 언론의 자유와 독립이다. 정치 권력이나 특정 이익집단으로부터 자유로워야 하며, 그들에 대한 비판과 감시의 자유가 보장돼야 한다. 확인된 사실을 출판·보도하는 과정에서 편성과 편집의 독립성도 필수적이다.

국민의 알 권리 충족을 위한 표현의 자유를 누리는 만큼, 언론에겐 그에 따른 피해를 최소화해야 할 사회적 책임도 있다. 국가적 이익이나 사회적 이익 또는 개인의 기본권 보호와 같은 가치가 더 중요하다고 보일 때엔, 알 권리도 제한을 받을 수 있다. 공정한 보도의 책임도 있다. 언론은 자기 이익을 대변하기보다는 독자·시청자들의 합리적 판단을 위해 사실에 입각한, 균형 잡힌 보도를 해야 한다. 이런 책임을 다하지 않는 언론은 사회적 비판뿐 아니라, 법적 제재를 받는다.

언론보도로 개인이 피해를 입었을 경우엔 ① 언론중재위원회에 정정보도나 반론보도 등을 청구하며 조정·중재에 나서거나 ② 법원에 손해배상청구 등 민사소송을 제기할 수 있고 ③ 검찰·경찰에 형사고발할 수 있다. 피해자는 3가지 가운데 어느 것을 먼저 해도 무방하다. 준사법적 기관인 언론중재위원회에서는 14일 안에 조정 처리결과를 얻을 수 있고 비용이 들지 않는다. 다만 조정·중재의 성격상, 법원과 같은 사법적 판단이나 구속력 있는 결정을 내리진 않는다.

정치의 목적은
행복한 삶을
실현하는 것이다.

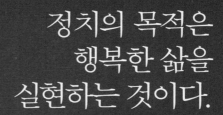

정치는 결국 행복해지기 위한 조건이다

목적을 깨닫는 순간 방법이 쉬워질 때가 있습니다.
정치는 매우 어려운 과정이지만,
그 목적이 우리의 행복이란 사실을 인지하는 순간에
정치는 쉽게 받아들여질 수 있습니다.
정치는 우리의 생각이자 행동입니다.
정치는 우리의 행복을 위한 수단입니다.

21장

일상을 정글로
만드는 건 무엇인가?

: '법률안 통과 과정', 그리고 우리들의 삶

법의 목적은 평화,
그 목적에 이르는 과정은 투쟁이다.
루돌프 폰 예링 Rudolf von Jhering, **《권리를 위한 투쟁》 중에서**

택시를 타고 국회로 가달라고 하면, 기사님들은 여지없이 욕을 퍼붓는다. "동물원으로 출근하시나 봐요?"라는 비아냥거림부터 시작해 "그만 좀 싸우라고 하세요."라는 주문까지.

그러나 국회를 출입하는 나에게 국회는 그 자체로는 참 아름다운 곳이다. 푸른 잔디밭과 조화를 이루는 에메랄드 빛의 돔, 서울에서 좀처럼 보기 힘든 하늘뿐인 배경. 봄이면 벚꽃이 흩날리고, 여름엔 메타세콰이어 나무가 향긋한 여름 향기를 내뿜는다. 가을엔 의원동산의 소박한 단풍 길도 아름답고, 겨울의 눈 덮인 의사당과 사람이 밟지 않은 하얀 잔디밭은 휴대폰 카메라로 찍어도 한 장의 엽서가 된다.

하지만 이렇게 아름다운 풍경에도 불구하고, 국회를 아름다운 곳으로 떠올리는 사람은 드물다. 국회라고 하면, 여야 의원들끼리 싸우는 장면이 제일 먼저 떠오르기 때문이다. 국회의원이 해머로 회의실 문을 부수기고 하고, 본회의장에서 최루탄을 터뜨리기도 하며, 사무총장 책상 위에서 공중부양을 하고, 동료 의원의 얼굴을 가격해 8바늘을 꿰맬 정도의 부상을 입히기도 한다.

법안에도 족보가 있다

그럼에도 불구하고 우리가 국회를 외면할 수 없는, 또 외면해선 안 되는 이유가 있다. 우리 실생활에 영향을 미치는 법안과 정책을 만들어내는 곳이 바로 국회기 때문이다. tvN이라는 채널에서 방영되는 〈코미디 빅리그〉라는 프로그램에 '게임 폐인'이란 코너가 있었다. 이 코너의 주인공은 PC방에서 게임 세계와 현실세계를 구분하지 못하는 행동을 하다가 PC방 점원에게 항의를 받는다. 주인공은 이 점원을 게임 속의 적으로 간주하고 전투를 치르다 갑자기 사라진다. 다들 어디로 갔는지 궁금해 하는 순간, PC방에선 이런 멘트가 흘러나온다. "청소년은 10시가 넘으면 이용할 수 없습니다." 이른바 '셧다운제'를 언급한 것이다. 셧다운제는 16세 미만 청소년들이 자정부터 새벽 6시까지 게임을 할 수 없도록 한 법안이다.

직장인들이면 누구나 공감할 연말 소득공제제도는 또 어떤가. 법이 어떻게 바뀌느냐에 따라 직장인들은 그해 카드를 더 많이 쓸지 현금을 더 많이 쓸지를 놓고 계산기를 두드리곤 한다. 어떤 금융 상품에 가입할지, 차를 언제 바꿀지, 집은 언제 살지를 고민할 때도 법부터 따져봐야 한다. 세제 혜택이나 규제를 꼼꼼히 따져봐야 합리적 선택이 가능하기 때문이다.

그렇다면 국회의원들은 이렇게 중요한 법안을 어떻게 만드는 걸까. 보기만 해도 머리 아픈 법안을 국회의원이 되자마자 쏟아낼 수 있는 비결은 뭘까. '하늘 아래 새로운 것은 없다'는 말처럼, 국회의원들이 생짜로 법안을 만드는 건 아니다. 국회의원들에게도 족보가 있다. 대학시절 선배들이 물려준 시험 문제 모범 답안처럼 기초가 되는 법안이 존재한다. 아예 새로운 법안을 만들기도 하지만 대개 기존의 법안에 새로운 내용을 추가하거나 일부 내용을 수정하는 식으로 법안을 만든다. 새로 만드는 법안은 제정안, 수정하는 법안은 개정안이라 부른다. 신문에 나오는 법안의 이름은 새로운 것처럼 보이지만, 실제 이름은 '무슨 무슨 법률 개정안'이 대부분이다. 이렇게 만든 법안에 동료 의원 10명의 서명을 받으면 법안을 발의할 수 있다. 법을 만든 국회의원이 왕따가 아니라면 의원 10명쯤의 서명을 받는 건 그리 어렵지 않은 일이다.

그중에서도 가장 쉽게 법을 만드는 방법은 글자를 바꾸는 일이다. 2009년 국회의원 11명이 발의한 국가유공자 등 예우 및 지원에 관한 법률 일부개정안이 대표적인 예다. 이 법안은 기존의 법안에 있는 '남자'란 표현을 '남성'으로, '여자'란 표현을 '여성'으로 바꾸자는 내용을 담고 있다. 2012년 3월 21일 공포된 이 법안의 공포안에 따르면 법안의 개정 이유는 다음과 같다. "현행법의 법문표현에서 '남녀'를 구분할 경우 '여자'와 '남자'로 하고 있는데, 최근 성인지적 관점으로 볼 때 사회적으로 성년인 '여자'는 '여성'으로, '남자'는 '남성'으로 표현하려는 경향이 보다 보편적이고 일반화되고 있는바, 현행법의 법문표현도 성인지적인 관점에 부합되도록 바꾸려는 것임." 의미는 그럴듯하지만, 일반 국민들 정서로는 '글자 하나 고치려고 법을 바꾸나' 하는 생각이 들 법도 하다.

국회의 씁쓸한 자화상

의원들이 법안을 만들기는 쉬울지 몰라도, 법안을 통과시키기는 일은 만만치 않다. 18대 국회를 기준으로 의원들이 발의한 법률안은 1만 2,220건이었지만 이중 가결된 건 1,663건에 불과했다. 법안이 최종적으로 통과가 되려면 국회 본회의가 열려야 하는데, 법안이 태어나서 국회 본회의장 문턱을 넘기란 쉬운 일이 아니다. 고등학교를 나오거나 그에 준하는 자격을 얻어야 대학 입학시험을 칠 수 있는 것처럼, 법안이 본회의에 상정되기 위해선 국회의 해당 상임위원회를 거쳐 법제사법위원회를 통과해야 한다. 국회 본회의에 상정이 된다고 해도 의원들이 과반 출석에 과반 찬성을 해야만 세상의 빛을 볼 수 있다. 대통령이 거부권을 행사할 경우, 이 법안은 다시 국회로 돌아가 재수를 해야 한다. 이때는 기준이 더 까다로워져서 3분의 2 찬성을 얻어야 한다. 다만 대통령이 거부권을 행사하는 건 극히 이례적인 일이다.

우리가 흔히 국회에서 싸우는 모습을 보게 되는 건, 이 과정을 생략하고, 국회의장이 중학교나 고등학교에 있는 아이를 바로 대학(본회의장)에 입학시키려 하는 경우다. 국회의장은 상임위원회나 법제사법위원회에 머물고 있는 법안을 바로 본회의에 올릴 수 있고, 다수당이 이를 찬성하면 법안이 통과가 되는데, 이때 소수당은 이를 물리적으로 저지하려고 하고, 다수당은 이를 말리면서 집단 난투극이 벌어지게 된다. 이 때문에 홍준표 전 의원은 2011년 한나라당 대표 시절 "내년 국회에는 (씨름선수 출신인) 강호동이나 이만기를 데려와야겠다"는 말을 하기도 했다. 대화와 타협보다는 싸움과 파행으로 치닫는 우리 국회의 씁쓸한 자화상이라 할 수 있다.

이렇게 여야가 극단으로 대치하면, 멀쩡히 다 합의해놓은 법안마저 볼모로 잡혀 본회의를 통과하지 못하는 일이 허다하다. 대표적인 '민생법안'으로 꼽혔던 약사법 개정안을 보자. 해열제나 감기약 등의 비상약을 편의점에서도 살 수 있게 하는 내용의 이 안은 그 필요성에도 불구하고, 약사회라는 이익단체의 저항으로 15년 넘게 무산돼왔다. 동네마다 있는 약사들에게 "약사법 개정안을 통과시키면 이번 선거에서 떨어질 각오하라"는 소리를 듣고도 앞장서 이 법안을 통과시키려는 의원이 극소수에 불과했기 때문이다. 이 법안은 2011년 국민 여론과 시민단체의 거센 요구로, 어렵사리 합의안이 마련돼 복지위원회와 법제사법위원회를 통과했지만 2012년 4월까지 국회선진화법을 둘러싼 여야 간의 입장차로 국회 본회의장 상정이 무산되면서 폐기될 위기에 놓였다 (18대 국회가 끝나면 18대에서 미처리된 모든 법안은 자동으로 폐기된다. 이 때문에 의원들은 이전 국회에서 자동 폐기된 법안을 다시 발의하는 '재활용' 법안을 내기도 한다).

다행히 이 법안은 국민들의 비난 여론이 거세지자 의원들이 18대 마지막 임기 월인 5월에 임시국회를 열면서 겨우 통과됐다. 4월 11일에 총선으로 19대 국회의원이 새로 뽑혔으니, 선거에서 떨어진 국회의원들이 다시 국회로 나와 법안을 통과시킨 것이다.

최진실법이 재빨리 통과된 이유

이렇게 법률이 통과되는 데 결정적인 역할을 하는 건 역시 유권자인 국민이다. 국민들의 관심이 집중된 법안은 재빨리 통과되기도 한다. 그래서 국회의원들은 사회적 이슈가 된 사람이나 사건의 명칭을 법안의 가칭으로 붙이는 경우가 많다. 2008년 10월 탤런트 최진실 씨가 사망한 뒤 두 자녀의 친권이 전 남편인 조성민 씨에게 넘어가자 이에 대한 비판 여론이 확산됐다. 이에 일명 '최진실법'으로 불리는 민법 개정안이 2011년 4월 국회 본회의를 통과했다. 이 법은 미성년자의 친권자가 사망했을 때, 자동으로 살아 있는 아버지나 어머니에게 친권이 넘어가지 않고 법원이 자격을 심사해 다른 친권자나 후견인을 둘 수 있도록 하는 내용을 담고 있다. 법안이 최진실법으로 불리지 않았더라면 법안이 언제 만들어지고 언제 통과됐을지 모를 일이다. 다만 이렇게 가칭으로라도 법안에 특정인의 이름을 붙이면 이름이 거론되는 당사자의 가족들에게는 상처가 될 수밖에 없다. 이 때문에 요즘은 법안 이름에 당사자의 이름을 쓰지 않는 게 우리 사회의 관행으로 굳어져 가는 추세다.

법안의 또 다른 이름은 정책이다. 국회의원들이 정책을 발표할 때, 정책을 실현가능하도록 만드는 것이 법안이다. 법안의 제정이나 개정 없이는 정책은 그저 헛공약에 불과하다. 대학생들과 학부모들을 중심으로 강력하게 요구되는 '반값등록금' 정책의 경우도 반값등록금 법안이 따로 있는 게 아니라 기존의 교등교육법을 개정하거나 고등교육재정교부금법과 같은 법안을 새로 만들어야 한다. 대선을 앞두고 여야 모두 차기 정부 최대 과제로 꼽고 있는 '경제민주화'란 정책도 마찬가지다. 순환출자 금지와 출자총액제한제를 도입하겠다고 주장한다면, 독점규제 및 공정거래법 개정안이 통과되어야 한다. 부자들에게 세금을 많이 걷겠다고 한다면 소득세법을, 금산분리를 강화하겠다고 한다면 은행법과 금융지주회사법을 개정해야 하는 식이다.

결국 법은 우리에게서 나온다

이렇게 법은 우리 일상생활과 밀접하게 연계돼 있다. 가까이엔 정책이, 그 뿌리엔 법안이 존재한다. 흔히들 '법 없이도 살 사람'이란 표현을 쓰지만 법 없이 살 수 있는 사람은 없다. 법의 보호를 받기도 하고, 법의 규제를 받기도 한다. 그럼에도 불구하고 우리는 늘 '어렵다'는 이유로 법을 제대로 이해하는 데는 소홀했던 것이 사실이다. 어떤 의원이 어떤 법안을 만들었는지 그 법이 우리 삶에 어떤 영향을 끼치는지에 대해서 까다롭게 평가하지 않는다. 그러니 국회의원들도 글자를 바꾸거나 폐기된 법안을 재활용하거나, 아니면 인기 있는 법안만 발의하게 되는 편의주의에 빠지게 됐다. 국민들의 삶에 중요한 법률보다 당장 자신의 이해관계나 정당의 이해관계에 맞아떨어지는 일에 온몸을 던져 사수하는 것도 같은 이유다.

그러나 법안을 제안하거나, 법안에 대해 평가를 내리는 일이 꼭 어려운 일만은 아니다. 법안을 만드는 것은 우리의 영역이 아니지만, 우리는 정책을 제안하고 요구함으로써 국회의원들이 관련 법안을 만들고 이를 통과시키게 만들 수 있다. 다행히 최근 대선후보들을 중심으로 이런 공간이 마련되고 있다.

새누리당 박근혜 후보는 '5천만 상상누리'라는 블로그를 운영하고 있다. 국민들이 정책을 제안하면, 토론을 거친 후 제안자의 이름을 따 '홍길동 공약'으로 만든다.

민주통합당 문재인 후보 역시 국민들이 정책을 제안할 수 있는 '국민명령1호'란 사이트를 운영하고 있다. 문 후보는 이들 중 하나를 골라 대통령이 된 이후 첫 국무회의에서 이 정책을 제일 먼저 다루겠다고 약속했다. 무소속 안철수 후보 역시 정책 네트워크 '내일' 블로그와 페이스북을 통해 정책 제안을 받고 있다. 국회의원 중에서도 사이트를 통해 정책 제안을 받는 의원들이 많다. 그들이 법안 전문가라면 우리는 생활 전문가니까, 우리가 정책을 제안하는 것이 국회의원들에게도 큰 도움이 될 수 있다.

이런 문화가 확산된다면, 더 이상 국민들은 국회의원들에게 주는 월급(세비)을 아까워하지 않을 것이다. 국회가 국민들의 제안에 귀를 기울이고, 실생활에 도움이 되는 법안을 만든 뒤 여야 합의하에 이를 잘 통과시켜서 '우리가 국회의원 월급 좀 인상해줍시다'는 여론이 생겨났으면 좋겠다. 택시 기사님에게 국회로 가자고 했을 때, "이번에 이런 법안이 생겨서 큰 도움을 받았다"라는 말을 듣는 날이 오게 되길 바란다.

입법에 관한 권한

국회의 입법에 관한 권한 및 활동안내

정기회

집회	매년 9월 1일에 집회하되 그 날이 공휴일인 때에는 그 다음날에 집회함.
회기	100일 이내
주요활동	다음 연도의 예산안을 심의·확정하며, 법률안 및 기타·안건을 처리하고 국정에 관한 교섭단체대표연설 및 대정부질문 등을 실시함.

임시회

집회	대통령 또는 국회재적의원 4분의 1이상의 요구시, 재적의원 4분의 1이상의 국정조사 요구시
회기	30일 이내
주요활동	주요 현안에 대하여 정부측 설명을 듣고 대책을 논의함. 법률안 및 기타 안건을 처리함.

국회의 회기

• 국회는 일정한 기간을 정하여 개회되며 그 기간을 회기라 함.
• 국회는 회기 동안 활동능력을 가지며 안건을 심사함.

국회의 연간 국회운영 기본 일정

• 의장은 국회의 연중 상시 운영을 위하여 각 교섭단체 대표의원과의 협의를 거쳐 매년 12월 31일까지 다음 연도의 연간 국회운영기본 일정을 정함.
• 다만, 국회의원 총선거후 처음 구성되는 국회의 당해연도의 국회운영기본일정은 6월 30일까지 정하여야 함.

자료출처 : 대한민국 국회 홈페이지
http://www.assembly.go.kr

헌법개정안 제안 · 의결권

헌법개정의 의의

· 헌법에 규정된 개정절차에 따라 특정조항을 수정 · 삭제하거나 새로운 조항을 추가하여 헌법의 형식이나 내용에 변경을 가하는 것임.
· 국회가 헌법개정과정에서 제안권과 의결권을 행사하는 것은 헌법 개정에 대한 국민적 합의의 가능성을 높이고자 하는데 있음.

헌법개정 절차

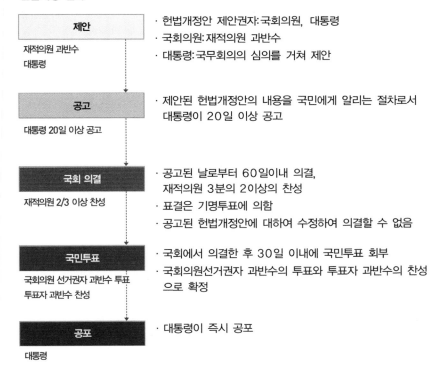

제안	· 헌법개정안 제안권자: 국회의원, 대통령
재적의원 과반수 대통령	· 국회의원: 재적의원 과반수 · 대통령: 국무회의 심의를 거쳐 제안
공고	· 제안된 헌법개정안의 내용을 국민에게 알리는 절차로서 대통령이 20일 이상 공고
대통령 20일 이상 공고	
국회 의결	· 공고된 날로부터 60일이내 의결, 재적의원 3분의 2이상의 찬성 · 표결은 기명투표에 의함 · 공고된 헌법개정안에 대하여 수정하여 의결할 수 없음
재적의원 2/3 이상 찬성	
국민투표	· 국회에서 의결한 후 30일 이내에 국민투표 회부 · 국회의원선거권자 과반수의 투표와 투표자 과반수의 찬성으로 확정
국회의원 선거권자 과반수 투표 투표자 과반수 찬성	
공포	· 대통령이 즉시 공포
대통령	

법률 제정 · 개정권

법률제정 · 개정의 의의
· 법치국가에 있어서 법률은 모든 국가작용의 근거가 되므로 법률의 제·개정 및 폐지는 국회의 가장 중요하고 본질적인 권한임.

입법 절차

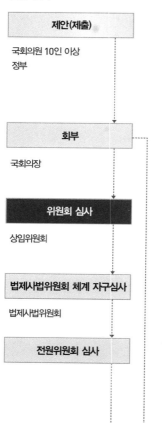

· 제안권자(국회의원), 제출(정부)
· 국회의원 : 10인 이상의 찬성
· 국회의 위원회도 그 소관에 속하는 사항에 관하여 법률 제안
· 정부 : 국무회의 심의를 거쳐 대통령이 서명하고, 국무총리·관계 국무위원이 부서하여 제출

· 국회의장은 법률안이 발의 또는 제출되면 이를 인쇄하여 의원에게 배부하고 본회의에 보고한 후 (폐회·휴회 등의 보고할 수 없는 때에는 생략), 소관 위원회에 회부하여 심사하게 함.

· 위원회는 회부된 법률안에 대하여 위원회 상정 → 제안자 취지설명 → 전문위원 검토보고 → 대체토론 → 소위원회심사보고 → 축조심사 → 찬반토론 → 의결(표결)의 순서로 심사

· 위원회의 심사를 마친 법률안은 법제사법위원회에 회부되어 체계·자구심사를 거치게 됨.

· 위원회의 심사를 거치거나 위원회가 제안하는 의안 중 정부조직에 관한 법률안, 조세 또는 국민에게 부담을 주는 법률안 등 주요 의안에 대해서는 당해 안건의 본회의 상정 전이나 상정 후 재적의원 4분의 1이상의 요구가 있으면 의원 전원으로 구성되는 전원위원회의 심사를 거침.

- 체계 · 자구심사를 거친 법률안은 본회의에 상정되어 심사보고, 질의 · 토론을 거쳐 재적의원 과반수의 출석과 출석의원 과반수의 찬성으로 의결됨.

- 국회에서 의결된 법률안은 정부에 이송되어 15일 이내에 대통령이 공포함.

- 법률안에 이의가 있을 때에는 대통령은 정부이송 후 15일 이내에 이의서를 붙여 국회로 환부하고, 그 재의를 요구할 수 있음.
- 재의요구된 법률안에 대하여 국회가 재적의원 과반수의 출석과 출석의원 3분의 2이상의 찬성으로 전과 같은 의결을 하면 그 법률안은 법률로서 확정됨.
- 정부이송 후 15일 이내에 대통령이 공포하지 않거나 재의요구를 하지 않은 경우 그 법률안은 법률로서 확정됨.

- 대통령은 법률안이 정부에 이송된 지 15일 이내에 공포하여야 함.
- 법률로 확정되거나, 확정법률의 정부이송 후 5일 이내에 대통령이 이를 공포하지 않을 경우 국회의장이 공포함
- 법률은 특별한 규정이 없으면 공포한 날로부터 20일을 경과함으로써 효력을 발생함

조약 체결 · 비준동의권

- 국회가 조약의 체결 · 비준에 대한 동의권을 행사하는 것은 조약이 국민의 권리 · 의무와 국가 재정에 상당한 영향을 미칠뿐 아니라 국내법과 동일한 효력을 가지므로 이에 대한 국민적 합의를 형성하기 위한 것임.
- 국회는 상호원조 또는 안전보장에 관한 조약, 중요한 국제조직에 관한 조약, 우호통상항해조약, 주권의 제약에 관한 조약, 강화 조약, 국가나 국민에게 중대한 재정적 부담을 지우는 조약 또는 입법사항에 관한 조약의 체결 · 비준에 대한 동의권을 가짐.

22장

생각을 바꾸는 건
쉽지 않은 일이다

: '정치인의 변신'에서 잊고 있던 나의 신념이 떠오른 이유

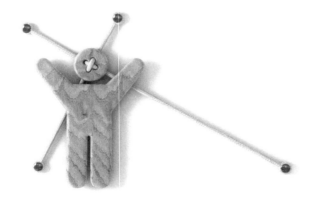

잘못을 고백하는 것은
오늘은 어제보다 더 현명해졌다는 것을 의미하므로
아무것도 부끄러워할 필요가 없다.
알렉산더 포프Alexander Pope, 영국 시인·비평가

기자생활을 하면서 가장 재미있었던 곳은 교육 담당 부서였다. 우리나라 교육 기사는 중·고등학생들의 대학 입시 관련 보도가 대부분이다. 한 문장으로 설명해보면, 입시제도가 어떻게 변하고 어떤 영향을 미치고, 그 변화에 따른 사교육 트렌드는 무엇이며 이에 대한 정부부처의 대응은 미흡하다는 것이 골자다. 따지고 보면 전국의 고등학교 3학년 학생은 매해 제일 어렵게 대학에 입학하고 죽음의 트라이앵글을 겪는다. 이런 입시 기사를 반복적으로 쓴다. 또 정치인들은 이 같은 입시제도를 바꿔보겠다고 매 정권마다 정책을 뒤집어엎는다. 그러면 또 사교육도 바뀌고 학생들도 허둥지둥하는 악순환의 고리가 반복된다.

실제로 나도 이 같은 입시를 겪어왔고 이런 지옥 같은 입시체제에서

벗어날 방법은 없을까 고민하면서 교육 관련 기사를 꼭 써보겠다고 다짐했었다. 경쟁 위주 교과목 교육보다는 인성 교육이 우선이길 바라면서. 수월성 교육보다는 평등성 교육이 더 나은 길이라고 생각해왔다. 교육 담당 기자 2년을 하면서 그런 관점의 기사를 쏟아냈다. 사실 기사를 쓰면서도 과연 경쟁이 없는 교육은 어떨까 하는 의문이 들 때도 있었다.

내가 다닌 고등학교는 교과목별·수준별 이동수업을 했다. 다른 과목은 그렇지 않는데 수학 과목만큼은 나는 하위반에 속했다. 쉽게 말해서 우열반 가운데 열반이었다. 지금도 그렇지만 그때도 유독 숫자에 취약했다. 고등학교 1학년, 17세에게 열반이라는 딱지는 부끄럽기 그지없었다. 그래서 열반에서 벗어나려고 무진장 애를 썼다. 얼마 만에 우반으로 올라갔는지 정확하지는 않지만, 분명 열반 딱지를 떼고자 경쟁체제에서 이기고자 공부를 했던 기억이 있다.

내 경험상 우열반은 성공적으로 자리 잡고 있었지만 내 의식상 형평과 평등, 인성 위주의 교육 신념에서는 맞지 않았다. 혼란이 생겼고 아직도 그 부분에 관한 질문이 오면 "정답이 없다. 모르겠다"고 답할 것이다. 실제로 잘 모르기도 하지만 마음속 깊이 내 신념을 바꿀 용기가 안 생겨서 그런지도 모른다.

진정성은 종점에서 발견된다

최근 몇 년 사이 신념의 대변신을 보여준 대표적인 정치인은 정동영 전 의원이다. 2007년 대통합민주신당 대선후보였던 정동영 민주당 상임고문은 2010년 8월 8일 당대표 선거를 앞두고 반성문을 썼다.

'담대한 진보 선언'.

"저는 참여정부 시절 '한미FTA'를 초고속으로 밀어붙일 때도 그 중차대한 문제에 대한 심각한 검토와 고민 없이 비켜서 있었습니다. 정권의 성패에 대해 공동책임을 져야 하는 위치에 있으면서 모든 것을 걸고 대통령에게 직언하지 못했습니다. 그것은 현직 대통령과의 갈등이 두렵고 부담스러웠기 때문이었습니다. (중략) 저는 신자유주의의 본질을 철저히 인식하지 못했습니다. 그 부작용을 대비하기 위한 어떤 구체적 전망과 비전을 갖고 있지도 못했습니다. 관료 사회를 중심으로 전개되는 신자유주의 정책에 대해 어떤 실효성 있는 대안도 내놓지 못했습니다. 한마디로 무지했습니다."

정 상임고문은 참여정부 시절 국가안전보장회의NSC 상임위원장과 통일부 장관, 열린우리당 의장을 거쳐 대통합민주신당 대통령 후보까지 됐다. 참여정부의 그림자를 지울 수 없는 그가 이 사과문을 내놨을 때 물론 선거용이라는 비판도 있었다. 그러나 그는 통렬한 자기반성을 쏟아냈다. 당대표 선거에서 그는 당시 손학규 후보에 밀려 졌다. 선거가 끝나고 그는 당내 좌클릭의 선두주자로 변모했다.

정 상임고문은 2011년 민주당 내에서 보편적 복지를 위한 재원 마련 논란이 한창일 때 손학규, 정세균 후보가 '증세 없는 복지'를 주장한 데

비해 혼자 부유세 도입 등 '증세를 통한 복지'를 이야기했다. 2007년 대선후보 시절 "집권하면 새로운 세금 도입은 없다"고 한 것과 비교해도 180도 입장이 바뀌었다.

한미 FTA 협상에서 전면적으로 반대를 주장했던 정 의원은 말 바꾸기 논란으로 "정치 쇼 한다"는 비판도 받았다. 참여정부 시절 장관까지 역임한 사람이 2011년 10월 20일 국회 외교통상통일위원회에서 한미 FTA 2차 끝장 토론에서 당시 김종훈 통상교섭본부장과 질의응답하면서 "한미 FTA가 2007년 4월 타결됐고 참여 정부 시절이 맞지만 그땐 개인적으로 잘 몰랐다"고 말했다.

그러나 그는 2011년 1월 한진중공업 사태가 터진 이후 2월부터 상임위를 외통위에서 환경노동위원회로 옮기고 한진중공업 사태에 관심 가지기 시작했다. 그는 부산을 15번 방문하면서 희망버스의 밤샘 시위 참여했고 8월 국회 환노위의 한진중공업 청문회 실시, 10월 7일 국정감사 마지막 날 새벽 조남호 회장이 참석한 가운데 환노위 차원의 한진중공업 권고안을 만드는 일을 주도했다. 결국 김진숙 위원을 크레인에서 내려오게 하는 일이 성공하자 그에 대한 진보진영의 평가가 바뀌기 시작했다. 진보진영에서도 이제는 "대선을 위해 정치쇼를 하는 줄 알았는데, 진정성이 느껴졌다"며 인정하는 분위기가 형성된 것이다. 정 상임고문은 자신의 변신을 쇼라고 하는 말에 힘들어했지만 "그렇다면 끝나지 않는 쇼를 보여 주겠다"고 했다고 전해진다.

정 상임고문의 '좌클릭'은 출발은 순수하지 않았지만 종점은 진정성을 보여줬다. 그의 좌클릭 방향성이 '옳다', '그르다'를 떠나서 그의 정치적 변신은 무죄라고 해주고 싶다.

제대로 됐다면 통할 수도 있다

새누리당 유승민 의원은 2011년 6월 〈한겨레〉 1면에 등장했다. 당대표를 뽑는 전당대회에 출마하겠다는 기자회견에서 무상급식을 전면 수용했고, 이명박 정부의 핵심 경제 기조인 감세 정책에 대해서도 더 감세를 해서는 안 된다고 주장했으며, 공기업과 대기업에 청년 의무고용 할당제 실시를 주장했다. 당시만 해도 한나라당은 무상급식에 대한 입장을 뚜렷하게 밝히지 않았던 때다. 그는 "재벌 회장 손자에게도 무상급식하는 것은 문제라는 주장도 있는데, 이 문제는 재벌회장에게서 세금을 제대로 걷으면 되는 문제"라면서 민주당 쪽이 주장하는 무상급식을 찬성했다.

유 의원의 기자회견은 정치인으로서, 학자로서도 '변신'이었다. 그는 한국개발연구원KDI 연구원 시절, 그는 보수 경제학자였고 김대중 정부 시절에는 DJ 정부의 좌파적 경제정책을 비판하다 KDI에서 대외활동금지처분과 감봉처분까지 받았던 인물이다. 어떤 정책을 좌파 정책으로 볼 것이냐는 논란이 있겠지만 유 의원은 DJ 정부와 노무현 정부의 정책을 '빈곤층에 사탕 주기 정책'이라고 앞장서서 비판했다. 그런 의미에서 밤을 새워 썼다는 그의 출마선언문은 타이틀 그대로 '용감한 개혁'이었다. 그 스스로도 "내가 생각하는 선에서는 좌로 많이 옮아갔다"고 했다. 당시 한나라당 내에서도 너무 '왼쪽으로 갔다'는 부정적 말들이 흘러나왔을 정도였다. KDI 시절을 기억하는 인사들은 유 의원의 변신에 놀라워했다.

그는 이 전당대회에서 놀라운 성적을 거뒀다. 인지도 제로(0)에 가까웠던 인물이 전당대회 2등을 했다. 물론 친박근혜계 인사라는 이점이 작용했겠지만 놀라운 수치였다. 그리고 유 의원은 한나라당 최고위원으로 좌클릭의 목소리를 냈고, '친박계 개혁파'라는 별칭이 붙기도 했다.

신념은 감옥이다

대학교 첫 전공수업 시간. 교수님은 "대학 생활은 자신의 세계관을 정립해가는 길"이라고 말씀하셨다. 대학 전공 수업 가운데 전공 내용은 그다지 떠오르지 않고 이 장면이 기억나는 것을 보면 나는 사뭇 비장하게 이 말을 들었나 보다. 그런데 지금 생각해보면 세계관을 정립해나가는 것도 중요하지만 그 세계관을 상황과 현실에 맞게 바꿔나가는 것도 만만치 않게 중요하다는 생각이 든다. 언젠가 한 취재원은 "나이 60이 넘어서 소통하고 쓴 소리를 듣고 자신의 생각을 바꾼다는 것은 거짓말"이라고 했다. 그만큼 생각을 바꾸는 것은 쉽지 않은 일이다. 니체의 말처럼 "신념은 감옥이다".

변신이 욕을 먹는 이유는 대개 변신이 배신을 동반하기 때문이다. 그러나 변신도 변신 나름이다. 변신이 국민을 향해 있다면 배신과 같은 선상에 놓을 수 없다. 정동영 상임고문이나 유승민 의원이나 그들이 택한 길은 어느 쪽이 맞는지 후대가 평가할 일이지만, 과거 신념을 바꾼 것은 박수를 보내야 할 일이 아닐까. 또한 그 변신이 국민을 향하고 있다면, 그 감옥은 탈출해야 하는 게 맞는 것 아닐까.

국민의 기본권

헌법이 보장하는 국민의 기본적인 권리를 '기본권'이라고 한다

국민의 기본권을 바라보는 시각은 크게 2가지로 나뉜다. 하나는 인간은 태어날 때부터 불가침의 권리를 가진다는 천부인권 사상이며, 다른 하나는 기본권도 법 안에서 인정되는 권리에 불가하다는 실정권 사상이다.

헌법 10조는 모든 국민은 인간으로서 존엄과 가치를 가지며 행복을 추구할 권리를 가지고 있다고 규정하고 있다. 이는 가장 근본적인 권리이다. 이러한 근본 권리를 실현하기 위해 개별 권리로 자유권, 평등권, 사회권, 청구권, 참정권이 있다.

'자유권'은 국가권력으로부터 개인의 자유를 보장하는 소극적 권리이다. 가장 기본적으로 불법적인 체포 또는 구속 당하지 않을 신체의 자유가 있으며, 자신이 원하는 종교를 택할 수 있고, 자신이 옳다고 생각하는 것을 말하고 표현할 수 있는 자유가 있다. 직업 선택의 자유, 사유재산권의 자유 등도 중요한 자유권이다.

'평등권'은 모든 국민은 법 앞에 평등하며 직업, 성별, 종교 등에 의해서 차별받지 않을 권리를 의미한다.

'참정권'은 국민이 국가의 의사 형성과정에 참여할 수 있는 권리로 헌

법 개정 등처럼 국가의 중대사에 국민 투표를 할 수 있으며 대통령 선거, 국회의원 선거 등에 투표를 할 수 있다. 또 국가권력 행사 등 공무에 참여할 수 있는 권리도 여기에 포함된다.

'사회권'은 인간이 인간다운 생활을 할 수 있는 권리로 현대에 와서 더 적극적으로 요구되는 권리이다. 그 내용으로는 일할 능력과 의욕이 있는 사람이 일할 기회를 보장해달라고 요구할 수 있는 근로권, 교육을 받을 수 있는 교육권이 있다. 교육권에 따라 국가가 의무교육 기간을 정해놓고 그 기간동안 국가의 예산으로 교육을 받을 수 있도록 하고 있다.

'청구권'은 다른 기본권이 침해됐을 때 그것을 구제하는 권리이다. 국민의 의견을 국회나 행정기관에 알려서 입법과 행정에 반영시킬 수 있는 청원권과 법관에 의한 재판과 법률에 의한 재판을 받을 수 있는 재판 청구권도 이에 속한다.

23장

가끔 우리는
본질을 잊고 산다

: '모바일 정치' 뒤편에 놓인 것들

기술의 발전에 겁먹지 말고 현상을 직시하라.

셰릴 샌드버그Sheryl Sandberg, 페이스북 최고 운영책임자

"One thing leads to another." 정당정치의 구태에 신물 난 국민들의 지지로 미국 대통령에 오른 코미디언 톰 돕스(로빈 윌리엄스 역) 얘기를 담은 할리우드 영화 〈맨 오브 더 이어Man of the Year〉의 첫 대사다.

'하나의 일이 다른 일로 이어진다.' 이 말은 하나의 큰 사건이 꼬리에 꼬리를 물어 다른 커다란 사건의 원인이 된다는 뜻으로 해석할 수 있다. 톰의 당선이라는 극적인 사건도 톰의 코미디쇼에서 한 여성 방청객이 건넨 대선 출마 제안에서 시작된다.

정당의 약해진 힘

2011년 10월 3일의 사건도 'One thing'이었다. 민주당 사람들은 그

날 오전만 해도 박영선 후보가 무소속 박원순 후보를 역전하리라 생각했다. 그들은 관광버스며 승합차로 잇따라 서울 장충체육관에 도착하는 사람들을 보며 안심했다. 장충체육관에선 아침 7시부터 야권의 서울시장 단일후보를 선출하기 위한 현장투표가 이어지고 있었다.

시민 여론조사와 TV토론 배심원단 평가에서 박원순 후보에게 밀렸던 박영선 후보 측은 그날의 현장투표에 기대를 걸 참이었다. 선거인단 투표는 선거인단에 등록할 사람을 동원할 조직이 있는 정당에 절대적으로 유리하다고 생각했기 때문이다.

그날은 야당을 출입하기 시작한 첫날이었다. 취재를 위해 어슬렁거리다 투표자가 본인인지 확인하는 컴퓨터 단말기의 모니터를 관찰하게 됐다. 투표자들의 주민등록번호가 대부분 숫자 4, 5로 시작했다. 50~60대가 많았던 것이다. 상당수가 동원돼 온 투표자임을 짐작할 수 있었다. 주민등록번호가 7, 8로 시작되는 경우는 거의 보지 못했다. 정당 취재 경험이 일천한 기자에겐 놀라운 일이었다. 여당에 비해 야당은 젊은 층의 지지를 기반으로 하고 있다는 게 상식이었기 때문이다. 투표 참여도가 낮은 젊은이들이 투표장에 많이 와야 전체 투표율이 높아진다. 투표율이 높아질수록 야당이 유리하다는 건 그래서 나온 말이다. 그럼에도 젊은 사람이 별로 없는 투표장에서 웃고 있는 민주당 사람들의 모습은 아이러니 그 자체였다.

점심 즈음 투표 행렬이 줄어드는가 싶더니 오후에 사건이 벌어졌다.

백팩을 둘러멘 캐주얼한 차림의 젊은 남성들, 서너 명이 수다를 떨며 같이 온 젊은 여성들, 유모차를 끌고 나타난 젊은 부부들까지, 체육관 정문에 잠시만 서 있어도 누구나 실감할 정도로 풍경의 변화는 드라마틱했다. 젊은 사람들이 밀려들고 투표율이 높아지자 민주당 사람들의 얼굴은 굳어졌다.

그날 밤 박영선 의원이 패배를 인정하고 체육관을 떠나며 관중석에 남은 선거인단들에게 낙선 인사를 하는 도중 들려온 한 외침은 정당정치의 위기를 고민하는 지금의 내게도 화두처럼 남아 있다. 정치를 잘 몰랐던 기자에게도 그날은 'another'를 부르는 'one thing'이 돼줬던 셈이다. 젊은 여성이 외쳤다. "박 의원님 좋아해요! 하지만 민주당에서 나오세요! 그러면 박 의원님 찍어드릴게요!"

엄지족의 혁명

그날은 젊은 유권자의 무관심과 낮은 투표율, 조직을 동원한 투표에 기대를 걸었던 민주당에 충격이었을 것이다. 그해 12월 민주당은 박원순 시장이 참여한 정치세력인 '혁신과 통합'과 합치면서 민주통합당으로 이름을 바꾼 뒤 박 시장을 당선시킨 힘으로 지목된 새로운 투표자를 끌어들일 방법을 찾았다. SNS와 스마트폰에 친숙한 젊은층을 겨냥한 휴대전화를 통한 투표, 모바일 선거였다.

모바일 선거는 테크놀로지의 진보와 그로 인한 사람들 생활패턴의 변화를 정치에 응용했다는 점에서 21세기적이었다. 조직과 돈을 동원한 20세기형 선거 방식의 종말이 다가온 걸까.

　2007년 민주당의 대선 후보를 뽑기 위한 경선은 20세기적이었다. 당시 192만 명이나 되는 선거인단을 모집했지만 이해찬 현 민주당 대표마저 "유령당원 등 허수가 많았다. 192만 명은 별 의미 없는 숫자"라고 말할 정도로 구태가 많았다. 이른바 '박스 떼기'라는 이름으로 선거인단의 집단 대리 신청이 허다했다. 민주당의 한 보좌진이 들려준 얘기다. "이름과 주민등록번호만 있으면 한 사람이 수십 수백 명의 선거인단 신청서를 만들 수 있었다. 나도 수많은 신청서를 받아 처리해야 했다." 신상 정보만 빌려주면 얼마든지 선거인단의 대리 신청이 가능했고 때로 그 과정에서 돈이 오갔다.

　모바일 투표는 선거인단 신청 때 본인임을 증명해야 하니 그런 구태를 없앨 수 있다. 젊은이들이 스마트폰으로 투표장에 가지 않고도 손쉽게 투표가 가능하니 자발적 참여도 많아질 수 있다. 2012년 1월 민주당 지도부를 뽑는 선거에 모바일 투표가 처음 도입됐다. 정당의 대표를 뽑는 선거인단에 무려 80만 명이 몰렸다. 누군가는 '엄지족의 혁명'이라고 했고, 기술의 진보로 인한 선거 방식의 변화가 참여민주주의의 극적 확대를 가져올 것이라는 낙관적 기대가 터져 나왔다. 선거인단 모집 마감 뒤 한 당직자의 흥분 어린 설명이다. "예전엔 20~30대의 선거인단 참여 비율이 너무 낮아서 한국의 20~30대 인구 비율에 맞추기 위해 젊은 층의 선거인단 수에 가중치를 줘야 했는데, 이번엔 그럴 필요가 없을 정도로 참여율이 높았다!" 박원순 시장의 승리One thing가 인과의 연쇄 다발을 거친 뒤 낳은 또 다른 사건Another이었다.

영화 〈맨 오브 더 이어〉에서 톰은 새롭게 도입된 첨단 투표시스템 '델라크로이'을 통해 대통령에 당선된다. 영화에서 혁명적 선거시스템으로 소개된 델라크로이는 유권자들이 투표소에 가되 투표용지에 기표하는 게 아니라 디지털 화면을 터치해 후보를 선택하는 방식이다. 기술의 진보를 선거에 도입한 덕에 사람들은 길게 줄을 서 기다릴 필요 없이 손쉽게 투표할 수 있었다. 개표가 수작업으로 이뤄지는 데서 발생하는 실수나 혼란도 없었다. 영화 대사를 빌리면 "첨단 기술 덕분에 민주주의가 능률적이고 효과적으로 작동하게 됐다." 그런데 정작 톰의 당선을 가능하게 한 건 첨단 시스템의 기술적 오류였다. 국민적 인기가 당선에 필요한 지지율에 미치지 못했지만 시스템의 오류로 1위가 된 것이다. 다시 영화 대사를 빌리면 "문제는 국민이 뽑은 사람이 대통령이 되지 않았다는 것이지."

기술의 진보가 담보하지 못하는 것들

기술의 진보가 곧 민주주의의 확대를 보장하진 않는다는 얘기다. 모바일 투표도 혁명적인 동시에 한계도 분명하다. 2012년 8월과 9월 민주통합당의 대선 후보를 선출하는 경선에서 모바일 투표의 기술적 한계가 문제가 됐다. 개표 과정에서 투표 값이 1~4번의 후보가 아니라 '0'으로 나왔고 휴대전화를 통해 4명의 후보까지 모두 듣기 전에 한 후보를 선택하면 아예 투표하지 않은 것으로 처리되기도 했다. 마지막 4번 후보에게 유리할 수 있는 오류여서 논란이 커졌다.

첨단 기술의 도입이 조직과 돈을 동원한 20세기적 구태의 종말을 보장하는 것도 아니었다. 민주통합당은 2012년 3월 4·11 총선 후보자를 뽑기 위한 경선에도 모바일 투표를 도입했다. 광주 동구 경선에선 박주선 당시 민주당 후보를 돕던 전직 동장이 선관위 직원의 조사를 받다 투신자살하는 비극이 일어났다. 그는 선거인단을 불법적으로 모아 대리 등록시킨 의혹을 받았다. 모바일 선거인단 등록도, 제공받은 신원정보로 대리 등록이 가능했던 셈이다. 휴대전화와 스마트폰 사용이 익숙지 않아 투표가 어려운 농촌의 노년층에게서 이런 일이 비일비재하다는 건 공공연한 비밀이었다. 디지털 디바이드(정보격차)로 인한 계층 소외가 모바일 선거에서 불법 선거 의혹으로 비화된 셈이다.

대리 등록 같은 불법이 아니더라도 사람과 조직을 동원한 선거인단 모집은 모바일 선거에서도 일반화된 수단이었다. 민주통합당의 대선 후보 경선 기간 동안 국회의원과 어떤 당직자들은 자신이 선거인단을 많이 모았다는 증거로 휴대전화의 문자메시지를 보여주곤 했다. 휴대전화 화면엔 수많은 인증번호들이 있었다. 주변 사람과 조직을 이용해 선거인단 가입을 요청하고 그 요청을 받은 사람들이 자신이 선거인단에 가입했다는 증거로 본인 확인을 위해 받는 인증번호를 보내준 것이다. 한 대선 경선후보 캠프의 전략을 담당한 의원은 민주통합당의 제주 지역 경선을 앞두고 "우리가 확보한 제주 경선 선거인단의 30%가 자발적으로 참여한 일반 선거인단"이라고 했다. 70%는 조직을 동원해 모은 선거인단이란 뜻도 됐다. 실제로 제주 경선에서 제주 전체 인구의 6.2%나 되는 3만 3,000명이 모바일 투표 선거인단으로 참여했지만 정작 투표에 참여한 사람은 그중 58.6%밖에 안 됐다. 모바일 선거인단에겐 행여 전화를 받지 못해 투표를 하지 못하는 일이 벌어질까 봐 다섯 번의 투표 기회를 줬다. 굳이 투표를 하겠다고 전화나 인터넷으로 선거인단으로 참여해놓고 다섯 번의 기회를 모두 포기한 사람이 10명 중 4명이나 됐다는 얘기다.

누굴 뽑느냐가 중요한 거다

이런 한계에도 불구하고 모바일 선거가 참여민주주의의 폭을 넓히는 데 기여했다는 점은 부정하기 어렵다. 2011년 미국의 오리건 주는 연방하원의원 후보자 선출을 위한 예비선거에서 선거위원회 관계자들이 장애인이나 병원에 입원한 환자를 직접 찾아 아이패드로 투표할 기회를 줬다. 기술의 진보는 정치에 무관심하거나 투표하기 어려운 처지의 이들에게 선거에 손쉽게 참여할 기회를 제공하는 데 유용하게 활용될 수 있다. 모바일 투표가 공간과 시간의 제약을 초월한 유비쿼터스 시대에 걸맞은 첨단 선거방식의 예고편이라고 볼 수도 있다.

하지만 그 기술에 전적으로 의존해 기술의 진보가 곧 민주주의의 확대라고 신봉하는 건 위험하다. 영화 〈맨 오브 더 이어〉에서 톰이 기술적 오류로 자신이 당선됐다는 사실을 알고 고민할 때 그의 매니저는 "투표 시스템에 실제로 오류가 있었는지 어떻게 증명할 거냐"며 이렇게 말한다. "무슨 일이 벌어졌건 우린 알 수 없을 거야."

첨단 디지털 시대의 우리는 보고 듣고 쓰는 거의 모든 감각을 테크놀로지에 의지하는 시대에 살고 있다. 그 기술이 어떻게 작동하는지 제대로 아는 사람이 얼마나 될까. 기술에 오류가 생기거나 누군가에 의해 악용될 때 우리는 제대로 대처할 수 있을까. '클라우드cloud 컴퓨팅'은 인터넷의 가상공간에 정보를 저장해 노트북 휴대전화에서 언제 어디서든 꺼내볼 수 있는 혁명적 시스템이다. 사실 'IT구름'이란 말은, 인터넷이 일상이 됐지만 인터넷이 어떻게 운용되는지는 알 수 없는 뿌연 구름 같다는 말로 쓰였다. 우체부가 오토바이를 타고 편지를 전하는 건 안다. 하지만 인터넷에서 이메일이 어떤 경로와 방식으로 전송되는지 우리는 모른다. 어쨌든 전송이 되니 편리하게 쓰는 것이다. 이런 무지는 우리가 언제든 기계에 종속된 삶으로 전락할 수 있다는 디스토피아를 암시하기도 한다.

모바일 선거의 도입만으로 2011년 유모차를 끌고 장충체육관을 찾았던 젊은 부부의 발길을 다시 투표장으로 돌릴 수 있을까. 법륜 스님이 국회에 와서 이런 말을 했다. "대선 후보를 뽑겠다며 지역 순회 경선만 한다고 국민의 관심이 높아지는 건 아니다. 국민들이 원하는 문제로 침 튀겨가며 토론하지 않고 '너희끼리 잔치'가 되면 사람들이 안 온다." 대선 투표율이 80%에 육박할 정도로 높은 프랑스에서 정치에 관심이 높은 이유는 선거에 첨단 기술을 도입했기 때문이 아니라 정치가 현실을 바꿀 수 있다는 국민적 믿음 덕분이다.

모바일 투표는 분명 우리가 선거에 손쉽게 참여할 수 있게 해주는 기술적 진보다. 그렇다고 그것만이 '낡은 정치를 청산하는 유일한 방법'이라고 강변하는 건 설득력이 떨어진다. 영화 '맨 오브 더 이어'의 대사를 다시 빌린다. 델라크로이의 오류를 발견해 낸 여주인공 앨로니 그린(로라 린니 역)은 동료가 델라크로이에 "초소형 반도체 칩이 이끄는 민주주의"라는 찬사를 보내자 답한다. "투표가 쉬운가보다 누굴 뽑느냐가 중요한 거야."

전자 선거 제도

휴대전화를 이용한 모바일 투표는 전자 투표의 한 방식이다. 전자 투표는 투표장에 가서 전자 단말기로 후보자를 선택하는 투표소 투표 방식Poll site Voting과 투표장에 가지 않고 인터넷이나 휴대전화를 이용해 투표하는 원격 투표 방식Remote Voting으로 나뉜다.

한국에선 민주통합당과 통합진보당이 모바일 투표와 인터넷 투표를 도입했다. 정당은 지도부를 선출하거나 국회의원, 대통령 후보자를 뽑는 경선의 방식을 자유롭게 정할 수 있기 때문에 정당이 필요하다고 판단하면 전자 투표가 가능하다.

대통령 선거, 국회의원 선거, 지방자치단체장 선거처럼 국가의 공식 선거는 전자 투표를 도입하지 않고 있지만 관련 법규는 있다. 공직선거관리 규칙에 '전산조직에 의한 투표 및 개표에 관한 규칙' 항목을 둬 전자 투표에 필요한 세부 절차를 규정했다. 전자 투표를 시행할 법적 근거는 있는 셈이다.

해외에도 전자 투표를 도입한 국가가 꽤 있지만 국가 선거 전체를 전자 투표로 하는 나라는 없다. 발트해 연안의 IT 강국인 에스토니아는 2005년 지방 선거에서 인터넷 투표를 처음 도입했고 2007년 총선에선 인터넷 투표 참가자가 확대됐다. 2011년 총선에선 모바일 투표도 도입했다. 비중은 작은 편이다. 2005년엔 전체 유권자의 1%, 2007년엔 4% 정도만 인터넷으로 투표했다. 정부가 전자 칩이 내장된 ID카드를 유권자에게 발급하고 이를 컴퓨터 판독기에 집어넣은 뒤 비밀번호를 입력해 투표하는 방식이다. 에스토니아가 국가 선거에 인터넷 투표를 적용할 수 있었던 건 약 135만 명에 불과한 적은 인구수와 발달된 IT 인프라 덕분이라고 한다. 그러나 해킹 등으로 인한 기술적 한계로 비밀 투표의 원칙을 깨뜨릴 수 있다는 우려가 제기돼 2005년 대통령이 인터넷 투표 실시 방안에 거부권을 행사하는 우여곡절도 겪었다.

투표소에 가지 않는 방식의 인터넷 투표는 2000년 미국의 애리조나주 민주당 예비선거 때 처음 시작됐다. 2002년 영국 지방 선거에서는 인터넷 투표와 휴대전화 문자 메시지를 이용한 투표가 함께 활용됐다. 브라질은 투표소에 가서 단말기의 숫자 버튼을 눌러 투표하는 방식을 대선에 이용하고 있다.

24장

때로는 이유 없이 만날 수 있는 누군가도 필요하다

: '정치인과 기자'와의 관계에서 벌어지는 수많은 신경전

정치부로 발령을 받고 처음 출근한 날이었다. 직속 선배가 국회 커피숍으로 날 불렀다. "어느 모임에든 껴라. 그리고 국회의원들과 밥 약속, 술 약속을 잡아라. 네 능력을 보겠다."

국회의원들의 이름과 얼굴은커녕 국회 내 지리에도 익숙지 않아 기자실 찾기도 어려워할 때였다. 그런데 국회의원들과 식사 약속을 잡으라니. 설사 잡더라도 내가 처음 보는 국회의원과 마주 앉아 무슨 말을 할 것인가. 그 밥이 목구멍으로 넘어가나 할 것인가… 온갖 생각이 다 들었다.

일단 모임에 껴라

여의도에는 "정치는 밥에서 시작해서 술로 끝난다"는 말이 있다. 유권자들의 지지를 받아야 하는 정치의 속성상 사람을 만나야 하고, 길거리에서 만나 국가의 장래를 논할 수는 없으니 밥이나 술, 하물며 커피라도 마시며 지지를 호소해야 할 것 아닌가. 나 혼자 만나고 돌아다니는 것보다는 떼로 만나고 돌아다니는 것이 효율적일 것이다. 그래서 정치를 하려면 나를 따르는 조직이 필요하고, 그 조직이 움직이면 결국 돈이 드는 것이다. 뒷골목에서 이야기하는 '정치=돈'이라는 개념은 바로 여기에서부터 시작된다.

다시 앞 얘기로 돌아가자면 정치부에서는 국회의원들과 밥과 술을 먹는 게 일종의 기자 개개인의 능력이나 퇴근 후 별도의 과업 같은 개념으로 취급받는다. 아무래도 남들 다 보는 공식적인 자리에서 취재를 하는 것보다는 인간적으로 밥과 술을 먹으면서 넥타이도 푼 채 스스럼없이 이야기할 때 속 깊은 정보도 주고받을 수 있기 때문이다.

과거 YS나 DJ 같은 제왕적 총재가 정당을 좌지우지하던 시절 선배들의 이야기를 들어보면 밤낮으로 정치인의 집을 찾아다니는 게 일과였다고 한다. 아예 오전 6~7시 YS나 DJ의 집을 찾아가 다른 기자들과 함께 다 같이 식탁에서 아침 식사를 하며 그날의 정치 일정과 정국을 머릿속으로 그려보았다는 것이다. 기사 마감을 하고 퇴근 후에는 다시 정치인의 집을 찾아가 술을 마시며 더욱 자유로운 분위기에서 취재를 했다고 하니 정치부 기자의 생활이 정말 이만저만 고된 게 아니었던 셈이다.

내가 이름 석 자만 대면 대한민국 국민 누구나 알 만한 스타 기자도 아니고, 아흔 살까지 60여 년 동안 미국 백악관을 출입하며 언론계의 살아있는 전설로 불렸던 미국의 할머니 기자 헬렌 토머스 같은 전문가도 아닌 이상 "밥 한번 먹자"는 내 제안에 순순히 따라 나와줄 국회의원은 아무도 없다.

그래서 기자들은 조組를 짜서 대응한다. 일본식 용어가 남아 있는 언론계에서는 이를 '구미'라고 부르는데 고참 선배가 '네 능력을 보겠다'고 한 것은 아마 어느 '구미'에든 껴서 하루빨리 의원들과 형, 동생 하는 사이가 되어 각종 정보를 무한대로 캐내와 특종 기사를 기계처럼 써내라는 정도의 요구였다고 지금의 나는 생각한다. 실제로 기자들은 국회의원을 '선배'라고 부른다. 그 연원이 확실하지는 않지만 결국 친밀한 관계를 만들기 위한 기자들의 호구지책 중 하나였을 것이다. 이제 일부 의원들은 오히려 "의원님"이라고 부르면 화를 낼 정도니 말이다.

결국 정치부 발령을 받은 첫날 내가 식사를 같이한 인물은 민주통합당 신학용 의원이었다. 같은 해병대 출신이라는 점이 연결고리가 됐다. 세비를 전액 기부하고 있는 그에게 밥을 얻어먹을 때는 다소 미안한 마음이 들기도 해서 최근엔 기자보다 군후배라는 점을 강조하기도 한다.

작전과 작전이 횡행하는 자리

"기자 몇 명이 모여 있으니 밥 한번 먹자"고 할 때 이를 거부하는 정치인은 언론에 크게 데인 적이 있어 언론 기피 증세를 보이는 의원이나 지역구 일정이 너무 바빠 도저히 시간을 뺄 수 없는 의원을 제외하고는 거의 없다. 서로 원원하는 게임이기 때문이다. 기자들은 국회에서는 듣지 못한 내밀하고 은밀한 정보, 정치판이 굴러가는 속사정을 자유로운 분위기에서 들을 수 있어 좋고, 부고 기사만 빼고 자신에 대한 어떤 뉴스가 나와도 도움이 된다고 생각하는 정치인들은 홍보 활동도 충분히 하면서 훗날 언제 어떤 상황에서 언론이 자신에게 어떤 역할을 하게 될지 몰라 평소 기자 관리를 한다는 측면도 있을 것이다. 300명의 국회의원 중 저마다 대통령이 되겠다는 꿈을 가슴 한편에 품고 있지 않은 의원은 생각보다 많지 않기 때문이다.

2012년 6월 통합진보당 이석기 의원의 "애국가는 국가가 아니다"라는 유명한 발언도 기자들과 식사를 하는 자리에서 나온 말이 보도가 된 경우였다. '종북', '주사파', '간첩 논란'을 불러일으키며 2012년 상반기 최대 이슈의 장본인이었던 이 의원을 만나보고자 몇몇 기자들이 식사 자리를 만든 것이었다. 온 나라의 비판을 받으며 한창 언론을 피해 다니던 터라 기자들 역시 이 의원이 선뜻 밥을 사겠다고 나올 줄은 미처 생각하지 못했던 것도 사실이다.

이 의원 입장에서는 얼굴도 보지 못한 기자들이 늘 비판 기사를 써대

:: 2012년 7월 3일, 서울시청광장에서 열린 전국농어민대회에 참석한 통합진보당 이석기 의원이 '애국가 발언'에 항의하는 농민들에게 멱살을 잡히고 있다.(출처: 연합뉴스)

는 현실이 야속하기도 했을 것이고, 뭔가 현장에서 취재하는 기자들을 직접 대면해 설득 해보고자 하는 마음도 있었을 것이다. 이미 언론의 속성을 누구보다 잘 알게 된 이 의원이 국회의원 임기 4년을 길게 내다보며 기자 관리에 들어가려 한 것일 수도 있다.

어쨌든 이 자리에서 이 의원은 '오프 더 레코드(Off the record, 기사를 쓰지 않겠다는 약속)'를 전제하며 마음 놓고 발언을 했지만 현장 기자들의 보고를 받은 몇몇 언론사 데스크가 "이 정도 사안이면 '국민의 알권리'가 우선"이라는 판단 아래 기사를 쓰자는 상황이 오고야 말았다. 이 의원도 억울했겠지만, "좀 친해지자"면서 이 의원을 불러낸 현장 기자들도 자신들이 직접 한 약속을 깨트려야 하는 것에 난처했던 기억이 난다. 하지만 다음날 몇 개 신문에 관련 사실이 보도됐고 이후 '애국가 발언'은 전국적 논란을 불러일으켰다.

당시 일부 기자들은 한 시간여 진행된 식사 자리에서 오고간 대화들을 몰래 녹음했고 그 녹취록이 방송 뉴스로 보도되기도 했는데, 이 의원 측에서는 "기사를 쓰지 않겠다는 약속을 하고 어떻게 녹음까지 할 수 있느냐. 기자들이 원래 그러냐?"며 항의를 하기도 했다. 훗날 이 사실이 궁금해 나는 안철수 교수의 네거티브 대응 팀인 금태섭 변호사와 식사를 하는 자리에서 그러한 녹음이 불법인지 물은 적이 있다. 금 변호사 설명에 따르면 그럴 경우 녹음은 아무 문제가 되지 않는다고 한다. 이미 밥이나 술을 먹기로 한 이상 상대에게 어떤 이야기도 할 수 있다는 사실이 전제돼 있고, 몰래 녹음을 당하는 것 같은 리스크는 본인이 책임을 져야 하는 것이기 때문에 도청과는 다르다는 설명이었다.

몸 팔아 취재한다

오늘도 여전히 취재욕에 불타는 열혈 기자들은 식탁 밑에 몰래 녹음기를 켜두고, 잔뼈 굵은 노회한 정치인은 그런 수를 뻔히 내다보며 미리 발언 수위를 조정한다. 매 끼니마다 팽팽한 신경전이 벌어지고 있는 곳이 바로 여의도 바닥인 것이다. 실제로 정치권의 굵직굵직한 특종은 대부분 정치인과의 술자리에서 들은 정보를 화장실 간다며 메모해 다음 날 기사로 쓰거나 현장에서 바로 회사에 전화를 걸어 기사를 내게 하는 경우가 대부분인 것이 사실이다.

언젠가 신문사 주필로부터 '정치부 기자의 이상향쯤 되는 충고를 들은 적이 있다. "내가 움직일 수 있는 정치인 5명만 만들라"는 것이었다. 정치인 개개인은 나라를 움직일 수 있는 역량이 있는 사람들인데, 그중 5명만 나와 깊은 친분을 쌓고 그들이 내 말을 따르며 움직일 수 있게 만들면, 괜찮은 정치부 기자가 될 수 있다는 설명이었다.

방식만 다를 뿐 우리 사회에는 비단 영업사원들의 세계에서뿐만 아니라 인생을 살아가는 데 있어 인맥의 중요성을 강조한 담론이 차고 넘치는 게 사실이다. 어딜 가나 인맥을 최고로 치고 전라도 향우회와 해병대 전우회, 고대 동문회 같은 대한민국 인맥 3대 조직에 관한 농담도 일반 상식화돼 있지 않은가.

'몸 팔아 취재한다'는 자조가 나올 정도로 정치부 기자들은 일주일 점심 저녁 약속이 10개씩 빼곡히 들어차며 한 달 넘게 강행군을 이어가기도 한다. 말 그대로 술을 마시러 출근을 하는 기분이 들 때가 많다. 명함은 쌓여가지만 일주일만 지나도 국회에서 얼굴을 마주칠 때 '누구였더라' 헷갈릴 정도로 '인연의 홍수'에 떠밀려 다닐 때도 많다.

두 사람이 마주 앉아 밥을 먹는다

흔하디흔한 것

동시에 최고의 것

가로되 사랑이더라

매년 노벨상 후보로 오르내리는 시인 고은의 '밥'이라는 시다. 시인의 말을 빌리자면 기자들과 정치인들은 매일 밤과 낮으로 최고의 사랑을 하고 있는 셈이다. 연인의 그것처럼 순수하지만은 않는 사랑일 것이다. 각자 이해와 요구에 따라 자리를 만들고 폭탄주를 돌리며 비공식적으로 여전히 근무의 일환인 긴장된 자리의 연속일 수 있다.

밥을 먹으면서까지 인맥을 쌓아야 할까

"언제 밥 한번 먹자", "언제 소주 한 잔 하자." 살면서 무수히 들었고, 무수히 내뱉었던 말이다. 하지만 그 약속을 지킨 적은 손으로 꼽을 정도다. 으레 인사성으로 상대와의 관계를 고려해 주고받는 빈말이라는 건 이제 쌍방이 알 정도로 '국민 거짓말'의 대표적인 사례가 됐다. 사회 생활을 하려면 어쩔 수 없다면서 이정도 거짓말은 서로가 용인해주는 분위기가 있는 것도 사실이다.

우리는 정치인을 욕하지만, 우리 스스로도 매 순간 '정치적으로', '정치적인' 발언을 하며 나를 위해 살아가고 있는 것은 아닐까. 언제부턴가 '정치적'이라는 단어는 상당히 부정적이고 상대를 깎아내리는 데 사용되는 표현이 됐지만, 예수나 부처 정도 되는 뼛속부터 이타적인 인간이 아닌 이상 우리 모두는 나를 가장 사랑하며 원활한 사회관계를 위해 '정치적 발언'을 일삼는 가장 원초적인 '정치적 인간'인지도 모른다.

휴대전화에 수천 명의 전화번호가 입력돼 있어도 당장 불러내 아무 생각 없이 따뜻한 밥을 먹으며 술 한잔을 나눌 수 있는 사람은 얼마나 될까. 매끼니 술을 접대하고 대접을 받으면서도 일 얘기 아닌 화제로 대화를 나눈 적은 얼마나 있었을까. 밥을 사는 것도 술을 마시는 것도 결국 모두 정치적 행위가 아니었나 싶다. 우리 모두는 '사랑'을 꿈꾸면서 밥알을 목구멍으로 넘기고 있지만 실상은 모두 정치를 하고 있던 것은 아니었을까. '인맥 쌓기'용이 아닌, 정치적 술수가 없는, 순수한 밥자리를 가져본 적이 언제였던가 싶다.

국회의원의 특권

국회의원이 누릴 수 있는 특권은 200여 가지에 달한다고 한다. 각종 권력과 특별대우에 더해 경제적으로도 '국민의 대표'급 대우를 받는다.

국회의원 1인당 연봉, 즉 세비稅費는 거의 1억 6,000만 원에 달한다. 기본급에 해당하는 일반수당이 646만 4,000원, 입법 활동비 313만 6,000원, 특별활동비 연간 900여만 원, 관리업무수당 58만 1,760원, 급식비 13만 원에 연간 646만 4,000원에 달하는 정근수당과 775만 6,800원에 달하는 휴가비까지 추가된다.

가족수당(배우자 4만 원)이나 자녀학비보조수당(고등학교 분기당 44만 8,000원) 도 있고, 보조금으로 매달 차량유지비 35만 원, 유류비 11만 원도 나온다. 물론 최고급 승용차도 국가에서 지급되고 이를 운전하는 수행비서의 월급도 꼬박꼬박 나라에서 지원된다. KTX, 선박, 비행기 등의 비용은 과거 모두 공짜로 이용했지만 현재는 출장비 형태로 환급받는다. 이렇게 매달 1,000만 원이 넘는 월급을 받는다.

국회 의원회관에 40~50평짜리 사무실을 하나 배정 받고 4급·5급·7급·9급 보좌관과 비서관, 비서에 인턴까지 총 9명의 보좌진을 둘 수 있으며 이들의 연봉 3~4억여 원도 국가에서 지급된다. 보통 국회의원

1명과 보좌진 9명의 평균 월급이 4,516만 원으로 추산된다. 총 국회의원 숫자 300명으로 치면 하루 평균 4억 5,160만 원의 혈세가 지급되는 셈이다.

이게 다가 아니다. 국회의원을 단 하루라도 한 사람은 65세 이상 되는 해부터 관련 법에 따라 매달 120만 원의 연금을 죽을 때까지 받는다. 일반인이 이정도 연금을 받으려면 매달 30만 원씩 30년간 내야 한다. 국회의원은 각각 개인 후원회를 둘 수 있어 후원자들로부터 정치자금 명목으로 돈을 걷어 들일 수 있다. 1인당 연간 1억5,000만 원, 선거가 있는 해에는 3억 원까지 상한선이 뛴다.

불체포 특권과 면책 특권이 있어 회기가 진행되는 동안에는 국회의 동의 없이 체포를 당하거나 구금될 수 없다. 국회 내에서 직무상 어떤 발언을 하더라도 국회 밖에서 책임지지 않아도 된다. 연 2회 이상 국고를 들여 해외 시찰을 나갈 수 있으며 국내외에서 장관급 예우를 받는다.

25장

정점 이후의
삶에 대해선
아무도
알려주지 않는다

: 대통령의 '레임덕'에서 바라본 권력의 무상함

산다는 일은
더 높이 올라가는 게 아니라
더 깊이 들어가는것이라는 듯
나희덕, 〈속리산에서〉 중에서

"기자 양반도 출세해서 나중에 청와대 담당으로 가소. 거기가 제일 높은 자리 아닌가."

신문사에 처음 입사해 경찰서에서 먹고 자며 사건을 챙기던 '수습기자' 시절, 한 경찰이 나를 보며 이렇게 말했다. 서너 시간이 채 안 되는 쪽잠으로 하루를 버티는 수습기자의 몰골은 꽤나 처참하다. 경찰서에서 피곤에 절은 '좀비'가 남루한 옷차림으로 경찰 옆에 찰싹 달라붙어 있다면, 그는 십중팔구 수습기자일 게다. 내 꼴도 그랬다. 그 경찰이 나에게 한 말은 결국 지금은 불쌍하지만 나중엔 좋은 일이 있을 거란 '덕담'이었다.

기자들에게도 물론 청와대는 중요한 출입처다. 하지만 경찰에게 청와대는 그냥 중요한 정도가 아니다. 대통령은 행정부의 수장이고, 경찰 공무원들은 행정부 소속이다. 그러므로 경찰에게 대통령은 머나먼 최상부 권력이다.

어디 경찰뿐이랴. 한국의 대통령은 행정부 산하 모든 기관에 대해 가장 높은 존재다. 대통령은 공무원 인사권을 쥐고 있다. 국무총리 이하 각 부처 장관 등 국무위원들은 모두 대통령이 임명한다. 검찰과 경찰, 국정원과 국세청, 금융감독원 등 막강한 수사권을 가진 '사정司正기관'도 취임과 동시에 곧장 대통령의 손 안에 들어온다.

어린 시절 우리가 대통령을 꿈 꾼 이유

사법부의 수장인 대법원장과 대법관들에 대해서도 대통령은 임명권을 갖는다. 대법원장 추천과 국회 동의를 얻어야 하지만, 어쨌든 이들로 구성되는 최상급법원인 대법원은 청와대에서 임명장을 받아야 들어올 수 있는 곳인 셈이다. 대통령은 사법부의 결정을 무력화할 수도 있다. 사법부가 각종 범죄를 저지른 사람들에게 벌을 주어도 대통령이 사면·감형·복권을 통해 형벌에서 면제시켜버리면, 사법부는 헛심을 쓴 게 되고 만다.

대통령은 자신이 속한 여당을 통해 정치권과 입법부에도 영향력을 행사한다. 야당과는 달리, 여당은 '당정(여당-정부)협의'를 통해 정부가 추진하는 정책을 국회에서 법으로 만들고, 선거에서 내건 공약을 정부가 정책으로 추진하게 하는 힘이 있다. 당정협의의 틀을 통해 대통령은 의회를 사실상 직간접적으로 통제할 수 있다. 여당이 다수당이면 대통령의 힘은 더욱 강해진다.

대통령은 또 국가의 원수元首이고, 국군을 통솔하고 지휘한다. 국가 위기 때면 긴급처분·긴급명령, 그리고 계엄 선포 등 여러 조처를 취할 수 있는 권력도 있다. 그중에서도 계엄은 병력을 발동하고 국민의 중요한 기본권을 제한할 수 있는 심각한 수준의 방편이다. 전쟁 상황에서 대외적으로 선전포고를 하는 것도, 강화를 맺는 것도 헌법이 보장하는 대통령의 역할이다. 국민과 국가를 대표해 각종 조약을 체결·비준하는 것도 대통령의 권한이다.

한국 대통령은 양대 공영방송인 KBS와 MBC, 기간 통신사인 연합뉴스 등 주요 언론에 대해서도 영향력을 행사할 수 있다. 대통령 직속기구인 방송통신위원회는 KBS 이사회의 이사 임명제청권을, MBC 최대주주인 방송문화진흥회의 이사 임명권을 쥐고 있다. 연합뉴스의 최대주주이자 사장 선임권을 가진 뉴스통신진흥회 이사진은 대통령이 국회의장·신문협회·방송협회의 추천을 받아 임명한다. 언론의 공공성 증대를 위해 설정한 정부 지분이지만, 대통령이 마음만 먹으면 휘두를 수 있는 장치인 것도 사실이다.

대한민국 대통령의 권력은 이처럼 안팎으로 막강해서 한국 정치 체제는 '제왕적 대통령제'라고 불린다. 정치인들은 누구나 그 자리에 오르는 자신의 모습을 한번쯤 상상해보기 마련이다. 상상의 순간 머리를 세차게 흔들며 생각을 떨치려는 사람이 있는가 하면, 진지하게 생각에 잠기는 사람도 있을 것이다. 어느 경우든 그가 앞으로 나라의 지도가 되어 권력의 정점에 서지 말라는 법은 없다.

그런데 중요한 것은, 아무리 그렇다 한들 한번 당선되면 평생에 5년, 단 한 차례 밖에 누릴 수 없는 시한부 권력이라는 점이다. 한국 대통령제는 5년 단임제, 5년이면 임기가 끝나고 다시는 대통령이 될 수 없다. 대통령이 된 뒤 5년이 지나면 놓기 싫어도 놓아야 한다.

권력의 무상함

옛말에, 인무십일호 화무십일홍(人無十日好 花無十日紅, 사람은 열흘 지나도록 좋은 사람 없고, 꽃은 열흘 지나도록 붉은 꽃이 없다)이라고 했다. 이 격언의 뒤에는 달도 차면 기우나니 권세도 십년을 가기 어렵다(月滿卽虧 權不十年, 월만 즉휴 권불십년)는 말이 따라붙는다. 우리는 역사를 통해 권력의 속성을 이미 잘 알고 있는 셈이다.

동서고금을 막론하고 권좌에 한 번 오른 이들은 쉽게 내려오려 하지 않았다. 한 번 맛보면 최대한 오래 누리고 싶은 게 권력의 속성이다. 권력을 쥔 채 끝까지 버텨보려고 불로초를 찾아오라 닦달했고, 대를 이어 권력을 누리려고 아들딸을 후계자로 삼았다. 그 과정에서 권좌를 위협할 정적이라면 형제도 가리지 않고 피를 뿌렸다. 오랫동안 세습된 권력이 끝내 부패하고 그 자리에 또다른 권력이 탄생하면서, 부패와 반정이 되풀이됐다. 인류는 절대권력의 폐해를 깨우쳤고, 그 결과 탄생한 민주주의는 우두머리의 임기를 정해놓고 국민이 직접 선출하도록 했다. 아무리 체제 혼란이 있더라도 역사는 발전하고 사회는 진화한다. 그렇기에 임기제와 선출제의 시스템은 현 단계에서 가장 발전한, 또 진화한 모델이다.

일제 식민시대 이후 남쪽은 헌법 1조에 '민주공화국'을, 북쪽은 국호에 '민주주의인민공화국'을 내걸었다. 모두 민주주의를 표방한 것이다. 하지만 임기제와 선출제는 지켜지지 않았다. 이승만과 박정희는 사실상 영구집권을 시도하다 비극적 최후를 맞았다. 김일성-김정일-김정은은 세습으로 역사를 후퇴시켰다. 이들은 민주주의의 기본인 임기제·선출제를 받아들이지 않았기 때문에 '독재'라는 오명을 듣는다. 전두환의 독재 시도는 격렬한 사회적 저항에 가로막혔다. 임기 마지막 해(1987년) 전두환은 애초 7년 단임제와 간접선거 등 기존 틀 안에서 후계자(이자 친구인) 노태우에게 정권을 넘기려 했다. 그러나 6월 항쟁에 맞닥뜨리면서 '호헌(헌법 유지) 철폐, 독재 타도'를 외친 국민들의 직선제 개헌 요구를 받아들여야 했다.

이후 노태우, 김영삼, 김대중, 노무현, 이명박 등은 임기제·선출제를 얌전히 수용했다. 5년만 대통령을 하겠다고, 국민이 직접 선출하는 방식을 그대로 받아들이겠다고 했다. 그러자 신기한 현상이 빚어졌다. 이들은 모두 임기말 권력 누수를 절절히 겪는 이른바 '레임덕'이 되었다. 대통령들은 자신의 소속 정당인 여당에서 탈당해 고립무원의 외로운 처지에서 임기를 마무리 지었다. 때로는 여당이 대선에 도움이 되지 않는다며 대통령을 버렸고, 때로는 여당의 선거에 폐를 끼칠까 염려하며 대통령이 먼저 나서 제발로 여당을 떠났다. 차기 대선의 여당 후보들은 하나같이 현직 대통령과 차별화를 꾀했다.

이명박 대통령은 임기 4,5년차에 들면서, 친형 이상득 전 의원과 박영준, 신재민 전 차관, 최시중 전 방통위원장 등 측근들이 잇따라 비리 의혹으로 구속됐다. 박근혜 후보로 다음 대선을 치러야 하는 새누리당에서는 이 대통령이 탈당해야 하는 것 아니냐는 목소리가 많이 나왔다. 전례를 보면 탈당이 너무도 당연시되는 분위기여선지, 탈당을 않는 대통령과 박근혜 후보 사이에 밀약이 있는 것 아니냐는 추측성 의혹까지 나왔다. 새누리당은 이 대통령과 함께 비판받던 '한나라당'의 이름을 바꾸면서까지 이 대통령 정권과 달라졌다는 이미지를 내세웠다. 이 대통령은 새누리당 이름으로 열린 당 행사엔 참석을 하지 않으며 이에 화답하는 듯한 모습도 보였다. 심지어 '박근혜가 집권해도 정권교체'라는 인식이 생겨난 건, 이런 노력 덕에 얻은 '성과'였다.

탈당하지 않은 이명박 대통령은 사실 예외적이다. 나머지 전직 대통령들은 모두 탈당을 했다. 노태우 전 대통령은 대선 후보 김영삼의 '중

립내각 구성' 요구에 임기 마지막 해 9월에 탈당했다. 그랬던 김영삼 전 대통령도 임기 마지막 해 차남 김현철이 구속되고 후계 구도에서 혼선을 빚으면서 당내에서 지지기반을 잃었다. 결국 차기 대선 후보 이회창을 지지하는 당원들이 'YS인형'을 몽둥이로 두들겨 패고 화형식을 벌이는 최악의 상황이었던 임기 마지막 해 11월, 그도 떠밀리듯 탈당했다. 고 김대중 전 대통령은 각종 게이트 의혹과 아들 3형제의 비리 의혹 속에서 임기 마지막 해 5월 스스로 당을 떠났다. 차기 대선에 짐이 되기 싫다는 뜻이었다. 고 노무현 전 대통령은 임기 4년차였던 2006년부터 여당과 불협화음을 빚다가, 그해 말 한 자릿수의 참담한 지지율을 기록한 뒤 역시 임기 마지막 해였던 이듬해 2월 '당적 정리'라는 이름으로 당을 떠났다.

레임덕이 생기는 이유

선출제와 임기제라는 민주주의의 기본을 지킨 대통령이 이렇듯 유쾌하지 못한 임기 말을 맞이하는 이유는 뭘까?

정치학자들은 한국 정치의 구조상 대통령의 지지기반이 튼튼하지 못하다는 데서 이유를 찾는다. 대통령이 강하고 넓은 지지기반 위에서 집권했다면 이런 일이 없을 것이기 때문이다. 한국 정치에서 어느 정당이 대통령을 배출해도 그 지지기반이 취약할 가능성이 큰 이유는 크게 두 가지다.

첫 번째는 선거판세가 중도층에 좌우되는 정치적 이념 지형이다. 역사적으로 우리 분단 환경은 이념과 가치에 따른 온전한 좌우 정치 스펙트럼을 허용하지 않았다. 다양한 여론이 공존하는 사회에선 자유보다 평등, 시장보다 사회를 중시하는 좌파적 시각이 생겨날 수밖에 없다. 그런데도 좌파는 나쁜 것이란 생각이 팽배할 정도였다. 좌파에게 "공산주의 북한에나 가라"는 '딱지'를 붙이는 일은 21세기 대한민국에서도 횡행한다. 결국 우리 사회에선 정당 활동도 불편하고, 정치적 성향을 분명히 하는 것도 불편한 일이다. 대다수 유권자들은 한쪽 정당을 지지하기보다는 '마음 편한' 중도로 스스로를 자리매김한다. 그러다 보니 각 정당은 매번 선거 때마다 이들 중도층을 주요 공략 대상으로 삼는다. 문제는 중도 성향 유권자는 심적 충성도가 높지 않다는 점이다. 지지를 철회하는 것도 빠르다. 중도층에 힘입어 당선된 대통령일수록, 중도층이 지지를 철회했을 때 권력 기반은 위태로워질 수밖에 없다.

두 번째는 특정 정당이 특정 지역의 지지에 기반하는 지역주의다. 새누리당과 민주통합당이 계승하고 있는 양대 정당 구도에는 영·호남 지역주의 영향을 배제할 수 없다. 박정희 정권 시기 굳어진 이 구도를 허물어보려고 다양한 시도가 있었으나 번번이 좌초했다. 이런 구도에선 대통령에 당선돼도 전국적으로 고른 지지를 확보하지 못한다. 많아야 '절반의 승리'일 뿐이다. 나머지 절반은 매섭게 등을 돌리기가 쉽다.

:: 2009년 4월 30일, 고 노무현 전 대통령이 검찰출두에 나서면서 실망시켜 죄송하다며 머리를 숙인다. 그로부터 한 달이 채 지나지 않아 그는 우리 곁을 떠나고 말았다. (출처: 연합뉴스)

이렇게 지지층이 떨어져나간 대통령은 급격히 레임덕이 되고 만다.

그토록 강력한 권력을 거머쥔 대통령인데도, 임기 말이 되면 무슨 일을 해도 곱게 보이지 않는다. 노무현 전 대통령은 북한에 직접 가서 남북정상회담을 한 두 번째 대통령이었고, 이명박 대통령은 독도를 방문한 첫 대통령으로 자필의 표지석을 세웠다. 두 행위 모두 임기 초중반이었다면, 논란은 벌어졌을지언정 수상하다는 의혹을 받진 않았을 것이다. 오히려 칭찬을 받았을 수도 있다. 그러나 둘다 임기 마지막 해에 추진하다 보니, 떨어진 인기를 만회해 '레임덕'을 피해보려는 의도라는 의혹이 붉어졌다.

영원한 건 없다

폴란드 출신의 저널리스트이자 정치 풍자 작가 가브리엘 라웁Gabriel Laub은 "모든 권력은 국민으로부터 나오지만, 절대 국민에게 돌아오지 않는다"고 비꼬았다. 민주주의에서 국민은 주인인 듯 여기지만, 실제 돌아오는 권력은 없어 불행하다는 뜻이다.

한국 국민은 대통령에게 올바른 곳에 쓰라며 그토록 강력한 권한을 쥐어준다. 하지만 그 힘은 독재자가 죽거나 끌려내려올 때까지 쥐고 흔들던지, 아니면 대통령이 임기도 다 채우지 못한 시기에 차기 대선 주자들에게 사실상 넘겨주고 만다.

우리가 흔히 쓰는 '레임덕'은 '절뚝거리는 오리'라는 뜻의 표현이다. 그렇잖아도 뒤뚱거리는 오리의 걸음걸이가 절름발이 탓에 한층 볼품없어지듯, 힘을 잃은 권력자의 말로가 처량하다는 뜻이다. 여전히 임기가 보장하는 권한이 있는데도 볼품없어진 권력자의 현실은 유쾌한 일이 아니다. 그 권한을 올바르게 행사하기도 힘들고, 어떻게 좀 써보려 해도 배경을 의심받는다.

어차피 어떤 권력도 영원할 수는 없다. 아무리 강한 활에서 발사돼 철갑도 뚫을 듯 맹렬히 날아가던 화살도, 떨어지기 직전 마지막에는 종이 한장 뚫을 힘도 없이 툭 떨어지는 게 강노지말強弩之末, 즉 세상 이치다. 화살의 강력한 전진을 계속 이어가려면, 힘이 꺾이기 전에 다음 화살의 시위를 당기는 순환을 만들어야 한다. 우리는 다음 화살의 시위를 과연 언제 당겨야 하는 걸까. 임기제와 선출제, 그리고 '제왕적' 권력으로 조합되는 한국 대통령제의 방정식에서, 미래의 우리는 과연 선순환의 정답을 찾을 수 있을까.

행정부의 구성

정부조직은 최고통치자인 대통령의 국정비전을 실행하는 중요한 통치수단이다. 정부조직의 개편 방향은 해당 시대에 국가의 정치·경제·사회·문화적 환경에서 정부 각 조직의 효율적인 대응과 역할에 대한 고민을 담은 것으로, 새 정권이 출범할 때마다 초미의 관심사다. 내무, 외무, 국방, 외교 등 핵심 조직은 이름이 바뀔 순 있어도 기본 틀을 유지했지만, 다른 부처들은 종종 통합, 분리, 폐지, 신설의 대상이 됐다.

김영삼 정부(1993~1998)는 국내 산업 경쟁력 강화 및 산업발전 기반 확충을 위해 상공부와 동력자원부를 통합해 상공자원부를 만들었고, 다시 통상산업부로 개편하며 세계화 역량을 강화시켰다. 정보통신 사업체계 보강 차원에서 체신부를 정보통신부로 개편했고, 환경 정책기능 보강을 위해 환경처를 환경부로 격상시켰다. 해양 경쟁시대에 대비하기 위해 해양수산부를 신설하고 해양경찰청을 설치하기도 했다.

김대중 정부(1998~2003)는 대통령 직속 기획예산위원회 신설하고 외무부에 통상교섭본부를 신설해 외교통상부로 개편하는 등 경제위기 극복 의지를 강조했다. 내무부와 총무처를 행정자치부로 통합하고, 교육 및 경제 부서를 부총리급으로 올렸다. 여성의 사회적 권익 보호를 실현하려는 목적으로 여성부를 신설하기도 했다.

노무현 정부(2003~2008)는 외형적인 대규모 조직개편보다는 주로 기능 조정을 통한 업무과정 개선에 나섰다. 과거 정부 시스템은 크게 바꾸지 않고 유지·보완한 셈이다. 이를테면, 보건복지부의 보육서비스 기능을 여성가족부로, 기획예산처의 행정개혁 기능을 행정자치부로 이양하는 식이었다. 철도청을 공사화하고, 다양한 위원회 조직을 활용한 것도 눈길을 끌었다.

이명박 정부(2008~2013)는 정부조직의 '군살 빼기'를 내걸고 11개 중앙행정기관을 줄였다. 정부 기능도 유사·중복 기능 중심으로 부처를 통합·광역화시켰다. 경제부처를 기획재정부, 지식경제부 등 대규모로 통폐합하고, 해양수산부를 폐지해 국토해양부·농림수산식품부·지자체 등에 기능을 이관했으며, 정보통신부를 폐지해 지식경제부·문화체육관광부·방송통신위원회 등에 기능을 맡긴 게 대표적 예다. 과학기술부와 교육부는 교육과학기술부로 통합하기도 했다.

정치라는 신기루 속에
숨은 비명을 들은 뒤

순식간에 무대는 해체된다

대통령을 꿈꾸는 유력 정치가들의 쩌렁쩌렁한 목소리가 귓가에서 채 사라지기 전이다. 불과 몇십 분 전만 해도 그들은 무대에서 자신이 왜 대통령이 돼야 하며 자신이 뭘 바꿀 수 있는지 외쳤다.

새누리당과 민주통합당이 전국을 돌며 대선 후보 경선 연설회를 위해 빌린 장소는 주로 체육관이나 컨벤션센터였다. 그들은 그곳에 연설회를 위한 무대를 세웠다. 무대는 화려했다. 대형 영상 화면이 후보들을 추어올렸고 지지자들은 환호했다.

2012년 여름과 가을, 우리 다섯도 그들을 따라다녔다. 연설회가 끝난 뒤, 우리를 비롯한 기자들은 정치가들이 쏟아낸 말의 향연을 기사로 옮기고 전송하기에 여념이 없었다.

그 사이, 시나브로 등장한 현장 노동자들이 무대를 해체하는 건조한 소리가 박수와 환호성과 야유가 뒤섞였던 열기의 공기를 채운다. 철제 기둥이 내려앉는 쇳소리, 나무 바닥이 해체되는 둔탁한 소리가 정치가들의 뜨거운 호소를 대신한다. 후보의 이름을 연호하는 지지자들의 함성은 무대를 떠나는 정치가들과 함께 저 멀리 떠나간다.

정치가들의 경연 무대는 사라졌다. 운동선수들의 땀으로 얼룩진 체육관, 박람회가 열렸던 컨벤션센터의 일상으로 돌아간다. 서서히 텅 빈 적막이 찾아온다. 정치가들의 열띤 논쟁은 언제 그런 일이 있었느냐는 듯 잊힌다. 짧은 시간, 분명 그곳에 정치가 있었지만 이젠 없다. 신기루 같다. 씁쓸해진다.

우리 정치가 그렇다. TV 화면에서, 신문에서, 인터넷에서, SNS에서, 총선에서 대선에서 표를 호소하는 정치인들을 조우한다. 요즘처럼 대선이 한창일 땐 온통 모든 곳에 정치가 존재하는 것 같다. 그렇지만 채널을 돌리고 다른 인터넷 페이지로 넘어가면, 정치는 사라진다. 선거를 앞두고 지하철 역 앞에서 90도로 인사하며 명함을 돌리던 정치인들도 선거 뒤 언제 그랬냐는 듯 모습을 찾기 어렵다. 어디에도 정치인은 있지만 그들이 우리 삶을 위해 무얼 해주는지, 내 삶과 정치가 무슨 상관이 있는지는 모른다. 우리 같은 젊은 유권자들의 표가 아쉬운지 '별이라도 따다주겠다'고 약속하지만 정작 '어떻게 따다줄 거냐'고 물으면 우물쭈

물한다.

　정치인은 있어도 정치는 없다. 우리는 신기루 같은 정치에 답답해하고 분노한다. 갈등을 해소해 문제를 풀어야 할 정치가 오히려 갈등을 일으키고 삶을 피곤하게 한다. 싸움만 하는 정치가 한심해진다. 냉소하고 외면한다. 문제는, 그 냉소와 외면을 틈타 정치가 권력을 남용하고 성찰할 줄 모르게 됐다는 점이다. 정치가 우리 삶에서 유리됐다.

　정말 정치는 우리 삶과 상관없을까. 정치인들이 무소불위로 행사하는 권력이 어디서 나왔을까. 민주주의란 주권이 국민에게 있다는 뜻이다. 정치는 그런 우리의 권한을 위임받았다. 우리가 없으면 그들의 권력도 없다. 정치에 귀를 닫는 건 우리의 권한을 포기하는 것이나 다름없다.

　우리 다섯의 고민은 여기서 시작됐다. 현학적이고 추상적 얘기보다 정치 현장을 취재하는 기자의 눈으로 새로운 '정치학 개론'을 써보자고 의기투합했다. 정치를 취재하며 이해한 정치의 이면, 삶의 깨달음을 공유하고 싶었다.

　그래서 우리는 때로 폭력 사태까지 일으키는 정당 당원들의 지나친 열정의 양면성을, 정치인들이 왜 SNS에 열중하는지를, 대선 후보들이 경쟁적으로 내놓는 캐치프레이즈에 진심이 담겨 있는지를, 정치인들이 왜 신념을 바꾸는 변신을 감행하는지를, 정당이 후보자를 추천하는 공천권이야말로 우리에게서 넘겨받은 권력이라는 점을 얘기했다. 기자이기에 들을 수 있었던 정치의 내밀한 속내를 우리의 성찰과 버무렸다.

우리가 건넨 얘기가, 정치를 알고 싶어도 무엇부터 알아야 할지 몰라 포기했던 당신에게 조금이나마 길잡이가 됐다면, 그를 통해 정치와 우리의 삶이 무관하지 않다는 걸 알게 됐다면 우리의 작은 소임은 다한 것이다. 이 작은 시작이 정치를 바꾸고 우리 삶을 바꿀지 모른다.

한여름 밤바다에 가본 적 있다면, 은은한 달빛을 받은 파도가 바위에 부딪혀 사라지는 소리만이 심장을 두드리는 고요를 경험했을 것이다. 이 세상에 아무 소리도 없는 듯한 그 적막. 하지만 그 적막 뒤엔 바다 아래의 생명체들이 저마다 내는 소리, 먼 바다의 뱃고동처럼 존재하지만 우리가 듣지 못하는 소리가 감춰져 있다.

그래서 그리스 작가 니코스 카잔차키스는 소설 《그리스인 조르바》에서 죽은 듯이 고요한 크레타 섬 바다 앞에 선 주인공 '나'의 목소리를 통해 "아득한 심연에 서서 우리 귀에 감청感聽되지 않는 수천 개의 목소리로 이뤄진 위험한 침묵"을 얘기했는지 모른다. 그는 "침묵이 고함 소리로 변했음"을 깨달았다.

우리는 여전히 우리 삶을 지배하는 위험한 침묵의 냉소를 깨뜨리고 싶었다. 정치와 우리 삶을 가로막는 벽에 균열을 내고자 했다. 그 벽에 가로막혀 보이지 않고 들리지 않으면 존재하더라도 존재하지 않는 것처럼 착각하기 마련이다.

정치를 신기루로 만드는, 정치와 우리 삶이 서로 보지 못하고 듣지 못하는 위험한 침묵을 깰 때다. 위험한 침묵을 서로가 소통하는 함성으로 바꿀 때, 정치는 우리 삶의 불안과 고통, 희망에 귀 기울이고 자신들이 휘두르는 권력이 우리한테서 건네받은 한 줌의 권한임을 깨닫게 될 것이다. 우리도, 정치로부터 터져 나오는 비명에 눈길을 돌리는 태도가 우리 삶을 더 풍요롭게 해줄 수 있음을 깨닫게 될 것이다.

윤완준

| 저자소개 |

김경진 | 〈중앙일보〉 기자

2007년 경찰팀 수습 기간 중 사수 선배가 가위바위보 게임에 지는 바람에 대선특별팀으로 파견됐다. 이 인연으로 수습이 끝난 후 정치부로 발령을 받는다. 그해 대선에서 당시 여당이던 대통합민주신당 정동영 후보를 따라 전국의 유세장을 다녔다. 2008년 대통합민주신당과 구민주당의 재결합을 통한 창당 과정과 총선을 지켜봤다. 서울시청과 경제부 증권 팀을 출입하면서 잠시 '저녁이 있는 삶'을 살기도 했지만, 2011년 1월 정치부에 다시 발을 디딘 후 술과 사람이 있는 삶을 살고 있다. 2011년 4·27 재 보궐 선거와 10·26 서울시장 보궐 선거의 현장에 있었고, 이듬해 4·11 총선을 거쳐 현재 대선에서 민주통합당 문재인 후보와 무소속 안철수 후보를 담당하고 있다.

정치인들 때문에 트위터와 페이스북에 가입했지만, 디지털과는 거리가 멀다. 사람을 직접 만나 눈을 보고 목소리를 들으며 대화하는 것을 좋아한다. 그동안 정치인들을 만나면서 늘 풀리지 않았던 의문은 '똑똑한 사람들이 모여서 내린 결론은 왜 똑똑하지 않은가'였다. 한편으론 '세상은 더디지만 발전한다'고 믿는 낙천주의자이기도 하다.

그녀가 프러포즈한 글들은 2장, 6장, 13장, 16장, 21장이다.

김외현 | 〈한겨레〉 기자

20대엔 대학을 다녔고, 군대를 다녀왔다. 졸업 뒤 3년가량 수출 업무를 담당했던 한 대기업이 첫 직장이었다. 외국 바이어들을 상대하며 가끔은 양복 차림에 007가방 들고 해외출장도 가는 '폼나는' 일이었다.

서른살엔 인생의 리셋 버튼을 눌렀다. 좀 더 많은 사람을 위해 일하고 싶었다. 회사를 관두고 백수가 돼서는 기자가 되겠다며 공부를 했다. 운 좋게 원했던 신문사에 입사했다. 기왕 하고 싶었던 일이니, 하고 싶은 일을 제대로 찾자고 생각했다. 기술이 세상을 어떻게 바꿔나가는지를 알아보고 이야기하는 일에 푹 빠졌다. 정치부를 자원했던 가장 큰 이유도, '올드미디어'와 가장 궁합이 잘 맞는 듯한 정치가 앞으로 '뉴미디어'와 어떻게 결합할지가 궁금해서였다. 다만, 아직 그 숙제는 풀지 못했다.

머릿속에서 나올 것보다 넣어야 할 게 훨씬 많은, 그래서 나름대로 공부하는 것도 꽤 좋아하는, 두 아들의 아빠다.

그가 프러포즈한 글들은 5장, 8장, 14장, 20장, 25장이다.

박국희 | 〈조선일보〉 기자

책을 많이 읽고 영어공부를 꾸준히 하자고 항상 생각한다. 술을 적당히 마시고 취해서 실수하지 말자고 언제나 다짐한다. 좀 더 밝고 둥근 성격이 되자고 결심한다. 동시에 "인사치레의 형식적인 100명을 사귀기보단 진정한 친구

1명을 만드는 게 낫다"고 자위한다. 좀더 겸손하게 살자고 자책도 한다. 하지만 "비난보다 비참한 것이 무관심", "무플보다 악플이 낫다"는 말에 내심 공감하고 있다.

인생에서 가족의 가치를 가장 소중하게 생각하고 있다. 그렇게 살아야 할 것 같다. 삶을 풍부하게 하는 것에 관심이 많다. 다가오는 여름, 서핑을 배울 꿈에 부풀어 있다. 여행을 좀 더 많이 다니고 싶어 하고, 일기를 꾸준히 쓰고 싶어 한다. 파워 블로거가 되어보고 싶어 한다. 직업 외에 근사한 전문분야 하나쯤 가지고 싶어 한다.

2011년부터 조선일보 정치부에서 막내 기자로 일해왔다. 같이 야당을 담당했던 YTN 신윤정 기자를 만나 결혼했다. 이 책의 아이디어를 처음 준 아내에게 꼼짝 못하며 살고 있다.

그가 프러포즈한 글들은 4장, 9장, 12장, 19장, 24장이다.

윤완준 | 〈동아일보〉 기자

야당 담당 기자로 취재를 시작한 첫날이 2011년 10월 3일, 민주당의 박영선 후보가 무소속의 박원순 후보에게 서울시장 야권 단일 후보 경쟁에서 패배한 날이었다. 시대정신을 읽지 못한 정당의 무력감을 목격했다. 대의민주주의, 정당정치에 대한 고민이 시작됐다. 그날 취재를 위해 장충체육관으로 향하던 날의 마음은 여느 30대처럼 '정치 혐오'에 가까웠지만 지금은 '연민'

으로 바뀌었다. 정치를 취재하면서, 변하지 않는 생각의 게으름을 신념으로 착각하고 자기만이 옳다는 이분법을 정치 행위의 원동력으로 삼는 태도가 얼마나 위험한지 깨달았다. 말하는 것보다 듣는 것이 중요하고 그보다 더 중요한 건 말해야 할 때 말하고 침묵해야 할 때 침묵하는 것임을 신조로 삼고 있다. 사태의 본질을 꿰뚫는 좋은 질문이 좋은 기자의 조건이라 여겨 노력 중이지만 갈 길이 멀다. 니체전집을 펴낸 출판사에서 일하다가 기자 시험을 봤다. 8년차 기자. 사회부, 문화부, 정치부 외교안보팀을 거쳐 정당팀에 있다. 남북관계, 국제정치, 우리 문화유산과 역사에 관심이 많다.

그가 **프러포즈한 글들은** 3장, 7장, 15장, 17장, 23장이다.

임지선 | 〈경향신문〉 기자

2010년 정치부 기자를 시작했다. 만 2년을 넘어 3년차로 접어들었다. 정치부 2년은 고스란히 새누리당 박근혜 후보와 함께했다. 박근혜 전 대표가 유력 대선 후보로 부상했을 때부터 그를 쫓아다녔다. 박 후보를 쫓아다니며 말과 행동을 유심히 지켜보고 있노라면 가끔은 '내가 스토커인가'라는 생각이 들기도 한다.

2005년부터 시작한 기자 생활. 의지와 상관없이 '정·경·사(정치부, 경제부, 사회부)'만 거쳤다. 경력만 들으면 무척이나 드센 강성 여기자를 상상하겠지만 실제로는 조용조용하고 고분고분(?)하다. 건들지만 않으면. 정치부에서 폭발한 적은 홍준표 전 한나라당 대표와의 사건이 유일하다. 역시나 의지와 상관없이 '홍준표 막말 여기자'의 주인공이다. 홍준표 전 한나라당 대표에게 '막말'을 듣고 다음날 그로부터 공개적인 사과를 받아냈다. 앞으로도 조용하지만 힘이 있고, 어디에서든 빛과 소금의 역할을 하는, 역사를 기록하는 기자가 되고 싶어 한다.

그녀가 프러포즈한 글들은 1장, 10장, 11장, 18장, 22장이다.

(이상 가나다 순)

멈추면, 비로소 보이는 것들
혜민 지음 | 우창헌 그림 | 14,000원

관계에 대해, 사랑에 대해, 인생과 희망에 대해… '영혼의 멘토, 청춘의 도반' 혜민 스님의 마음 매뉴얼! 하버드 재학 중 출가하여 승려이자 미국 대학교수라는 특별한 인생을 사는 혜민 스님. 수십만 트위터리안들이 먼저 읽고 감동한 혜민 스님의 인생 잠언! (추천: 쫓기는 듯한 삶에 지친 이들에게 위안과 격려를 주는 책)

아프니까 청춘이다 : 인생 앞에 홀로 선 젊은 그대에게
김난도 지음 | 14,000원

180만 청춘을 위로하다! 이 시대 최고의 멘토, 김난도 교수의 인생 강의실! 저자는 이 책에서 불안하고 아픈 청춘들에게 따뜻한 위로의 글, 따끔한 죽비 같은 글을 전한다. 스스로를 돌아보고, 추스르고, 다시 시작하게 하는 멘토링 에세이집. (추천: 인생 앞에 홀로서기를 시작하는 청춘을 응원하는 책)

날개가 없다, 그래서 뛰는 거다
김도윤 · 제갈현열 지음 | 14,000원

"실패하는 이유는 학벌이 없어서가 아니라 학벌 없는 놈처럼 살아서다!" 지방대 출신에 영어성적도 없는 두 청년. 그러나 의지로 대한민국 인재상을 수상하고, 광고기획자와 모티베이터라는 꿈을 이루었다. 그들이 후배들에게 들려주는 학벌천국 정면돌파 매뉴얼. (추천 : 위로와 격려를 넘어 현실적인 변화방법을 원하는 청춘들을 위한 맞춤 처방)

가끔은 제정신
허태균 지음 | 14,000원

우리가 무엇을 착각하는지 알면 세상을 알 수 있다! '착각' 연구 대한민국 대표 심리학자 허태균 교수가 선사하는 우리 '머릿속 이야기.' 이 책은 심리학적 이론을 토대로 '착각의 메커니즘'을 유래하게, 명쾌하게 때로는 뜨끔하게 그려낸다. (추천 : 타인의 속내를 이해하려는 사람이나, 중요한 의사결정을 내려야 하는 리더들에게 꼭 필요한 책)

당신의 말이 당신을 말한다
유정아 지음 | 값 14,000원

말을 할수록 마음의 문을 닫게 되는 사람이 있는가 하면, 말은 어눌해도 마음을 열게 하는 사람이 있다. 이 책은 소통에 대한 깊은 이해에 이르는 길을 안내한다. 저자는 20년간 현직 방송인으로서 쌓은 경험과 학생들을 가르치면서 다듬어온 소통의 지혜를 독자들이 읽기 편하게 되새김질해 풀어내고 있다. (추천 : 말의 품격을 고민하는 모든 이들을 위한 책)

누가 거짓말을 하고 있는가

김종배 지음 | 14,000원

우리 시대 '대체 불가능한' 저널리스트 김종배의 전방위 뉴스 비판·사용 설명서. 아무런 의심 없이 받아들이는 뉴스 속의 심각한 논리적 오류, 편가르기를 부채질하는 언론들의 부적절한 관계 등을 합리적으로 의심하는 법, 자기 생각을 설득력 있게 글로 풀어내는 법 등 세상을 똑바로 읽고 제대로 소통하기 위한 '정공법'을 담았다.

나는 다른 대한민국에서 살고 싶다

박에스더 지음 | 15,000원

대한민국의 규범과 상식에 사망선고를 보낸다! 부조리한 사건들과 불합리한 제도들, 몰상식한 사람들 때문에 대한민국에 놀라고 분노하고 실망한 사람들을 위한 책. 한국의 '오리아나 팔라치' 박에스더 기자가 대한민국에서만 통하는 '상식 같지 않은 상식'들, 평범한 일상에서 강요당하는 거대한 위선의 질서를 파헤쳤다.

우리가 만나야 할 미래

최연혁 지음 | 15,000원

국회의원에서 판사, 퇴직한 노부부, 보일러 배관공까지, 스웨덴의 다양한 목소리를 통해 본 '개념 있는 복지' 이야기. 우리는 어떤 정치인, 어떤 정책을 원하는가? 좀 더 행복하고 정의로운 사회를 만들기 위해 어떤 해법을 마련해야 할까? 스웨덴의 생생한 모습을 통해 복지국가를 꿈꾸는 대한민국의 미래 청사진을 그려본다.

저항자들의 책

타리크 알리 서문 | 앤드루 샤오, 오드리아 림 엮음 | 김은영 옮김 | 20,000원

결코 폭력으로 지배할 수 없기에, 우리는 인간이다. 스파르타쿠스에서 바그다드까지, 저항과 투쟁이라는 이름으로 인류 역사를 관통해온 전 세계 모든 대륙의 목소리들, 치열했던 역사의 한 페이지에 이름을 올렸던 전 세계 민중의 외침을 한데 모았다. 만적의 난, 동학농민운동, 광주민주화운동 등 한국 민초들의 목소리도 포함되어 있다.

위대한 연설 100 : 그들은 어떻게 말로 세상을 움직였나

사이먼 마이어 · 제레미 쿠르디 지음 | 이현주 옮김 | 18,000원

동서고금을 막론하고, 깊은 울림을 선사하는 역사상 가장 위대한 연설 100편의 에센스만을 뽑았다! 키케로부터 오바마까지, 인류 최고의 명연설가 100인의 '연설'은 물론, 그들의 '사상', 당대의 상황을 엿볼 수 있는 자료까지 소개하는 최고의 연설 콜렉션(추천 : 위대한 연설과 연설가의 삶을 함께 알고 싶은 이들을 위한 책)